Mosaik bei
GOLDMANN

Buch

Manchmal müsste der Tag 48 Stunden haben, damit man alles erledigen kann, was man sich vorgenommen hat. Man fühlt sich innerlich unter Druck, alles ist einem »zuviel« – zu viel Arbeit und Stress, zu viele Aktivitäten und Verpflichtungen.
Dann ist es an der Zeit, das eigene Leben zu bilanzieren und sich auf das Wesentliche zu konzentrieren. Weg mit allem, das einen nur aufhält und unnötig Geld und Zeit kostet. Weg mit den Steinen, die wir uns selbst in den Weg legen. Rita Pohles einzigartiges »Weg damit!«-Konzept hilft dabei, Altes loszulassen, Platz zu schaffen und den Weg frei zu machen für neue Impulse im Leben. In diesem Buch zeigt die Erfolgsautorin, wie man mit leicht umsetzbaren Tipps und Tricks nicht nur sein Büro, sondern auch seinen Alltag, sein menschliches Miteinander und sich selbst mental entrümpeln kann.

Autorin

Dr. Rita Pohle studierte Germanistik, Politologie und Industrial Design. Sie lebt in Stuttgart und arbeitet selbstständig als Interior und Industrial Designerin. Sie berät Firmen und Privatleute in Gestaltungs- und Konzeptionsfragen und hält darüber hinaus Vorträge über Feng Shui und Space-Clearing.

www.spaceclearing.de

Von Rita Pohle außerdem bei Mosaik bei Goldmann:
Weg damit! Entrümpeln befreit (16527)
Weg damit! Büro ohne Ballast (16620)
Weg damit! Die Liebe befreien (16785)

Rita Pohle

Weg damit! Die Seele befreien

In sieben Wochen das Leben entrümpeln

Mosaik bei
GOLDMANN

Alle Ratschläge und Hinweise in diesem Buch wurden von der Autorin und vom Verlag sorgfältig erwogen und geprüft. Eine Garantie kann dennoch nicht übernommen werden. Eine Haftung der Autorin beziehungsweise des Verlags für Personen-, Sach- und Vermögensschäden ist daher ausgeschlossen.

FSC
Mix
Produktgruppe aus vorbildlich bewirtschafteten Wäldern und anderen kontrollierten Herkünften

Zert.-Nr. SGS-COC-1940
www.fsc.org
© 1996 Forest Stewardship Council

Verlagsgruppe Random House FSC-DEU-0100
Das für dieses Buch verwendete FSC-zertifizierte Papier *Munken Print* liefert Arctic Paper Munkedals AB, Schweden.

2. Auflage
Vollständige Taschenbuchausgabe Oktober 2006
Wilhelm Goldmann Verlag, München,
in der Verlagsgruppe Random House GmbH

Umschlaggestaltung: Design Team München
Umschlagmotiv: Getty Images/Photonica/Wilson
Redaktion: Barbara Imgrund, Heidelberg
Satz: Uhl + Massopust, Aalen
Druck und Bindung: GGP Media GmbH, Pößneck
WR · Herstellung: Han
Printed in Germany
ISBN 10: 3-442-16690-X
ISBN 13: 978-3-442-16690-9

www.goldmann-verlag.de

Inhalt

Vorwort

Je weniger einer braucht, desto mehr nähert er sich den Göttern, die gar nichts brauchen. Sokrates (470–399 v. Chr.)

Ich hatte einen Traum:

Ich saß in meinem kleinen Holzhaus mit Blick auf die Alpen am PC und schrieb an meinem Buch. Zu meinen Füßen lag mein Hund und schnarchte, neben der Tastatur dampfte eine Kanne Tee. Es war Sommer, das Fenster stand offen, und es roch nach frischem Heu. Außer dem leisen Summen meines Computers hörte ich nur die Vögel zwitschern und die Grillen zirpen. Das Gefühl von Gelassenheit umhüllte mich wie ein seidenes Tuch, und gleichzeitig spürte ich ein leicht elektrisierendes Kribbeln in der Luft: die Energie meiner Ideen und Gedanken, die über meine Hände wie von selbst in die Tastatur flossen. Kein Telefon klingelte, niemand störte mich, und für mein Wohl war gesorgt. Ich fühlte mich ohne Druck und frei, ich hatte alle Zeit der Welt!

In Wirklichkeit sitze ich an diesem Vormittag in meiner Stadtwohnung und schreibe an meinem Buch. Der Abgabetermin sitzt mir im Nacken, und die Zeit rennt. Eigentlich sollte ich nichts tun außer schreiben, schreiben und nochmals schreiben. Wenn da nicht noch die anderen »Kleinigkeiten« wären, die auch noch erledigt werden müssen:

- Meine Internetseiten müssen dringend aktualisiert werden. Der Designer braucht hierzu neue Texte.
- Ein Kunde bittet für die nächsten Tage um einen kurzfristigen Termin, da er sein Geschäft umräumen will. Meine Hilfe hatte ich ihm vor Monaten zugesagt.
- Ein anderer Kunde braucht heute noch Vorschläge zu Deckenleuchten.
- Eine Freundin hat mich gebeten, doch mal schnell einen Prospekt für ein neues Sofa herauszusuchen.
- Einer Seminarteilnehmerin habe ich versprochen, ihr noch die Anfahrtsskizze zuzusenden.
- Der Elektriker wird auch gleich noch kommen, um sich meinen Herd anzusehen.
- Bis dahin muss ich mich noch entscheiden, ob ich ihn reparieren lasse oder mir einen neuen leiste.
- Immer wieder klingelt das Telefon.
- Meine Umsatzsteuervoranmeldung sollte dringend erledigt werden.
- Ich muss gleich noch einkaufen und danach meine Koffer packen.

- In drei Stunden werde ich meine Mutter vom Friseur abholen und sie zusammen mit meinem Hund nach Hause fahren.
- In zehn Minuten kommt meine Putzfrau. Sie ist zweifellos eine Entlastung für mich, aber ich muss zuvor noch einige Dinge wegräumen, damit sie putzen kann.
- Nicht zu vergessen mein Hund! Er sitzt bereits seit fünf Minuten an der Tür und muss dringend raus!

Vielleicht kommt Ihnen diese Momentaufnahme meines Lebens irgendwie bekannt vor. Beim Thema »zu viel« bin ich Spezialistin! Ich habe mehr als »genug«! Da soll noch einer behaupten, ich verstünde nichts von dem, worüber ich schreibe!

Einleitung: Weg mit dem mentalen Ballast!

Unser Leben scheint zunehmend unübersichtlicher und komplexer zu werden. Nicht nur, dass die Wohnungen immer voller werden und die Schränke überquellen, auch im täglichen Leben wird es »enger«. Wir haben mehr als nur genug und oftmals sogar zu viel: zu viel Arbeit, zu viele gesellschaftliche Aktivitäten und zu viele Termine. Und selbst das private Leben gestaltet sich stressig. Wir stehen unter Zeitdruck und kommen uns wie gefangen in einem Netz von Problemen vor. Wir rennen wie in einem Hamsterrad der Zeit hinterher, stecken fest in gesellschaftlichen Verpflichtungen und Verbindlichkeiten. Wir ärgern uns mit Leuten herum, die uns nerven, lassen uns von »energetischen Vampiren« aussaugen und fühlen uns zeitweise wie eine »Mülldeponie« für die Probleme anderer.

Im täglichen Kleinkrieg und Kleinkram kommen wir immer weniger zu dem, was uns eigentlich wichtig ist im Leben. Unsere Visionen und Ziele erscheinen nur noch verschwommen, falls wir sie inzwischen nicht vollkommen aus den Augen verloren haben! Vielleicht sind sie auch nur unter den unzähligen Bergen vergraben? Irgendwann, nach Jahrzehnten, werden wir uns fragen, wo all die Jahre mitsamt den schönen Plänen geblieben sind! Falls unser Gehirn diese Erinnerung überhaupt noch gespeichert hat …

Scheinbar aber hat es einen unbegrenzten »Speicher« für alles Wichtige und vor allem Unwichtige dieser Welt. Aber nur scheinbar, denn wir sind auch mental »überfüllt« und oft kaum mehr in der Lage, Neues aufzunehmen. Die Kanäle zu unserer Intuition sind verstopft mit unnötiger Information, verschlackt von Fernsehmüll und Banalitäten aus dritter Hand. Wir werden von außen mit »Abfall« zugeschüttet. Wenn wir langfristig nicht auch unser Innenleben entrümpeln, uns vom mentalen Ballast befreien, vergiften wir uns innerlich! Denn mentaler Ballast beeinflusst Körper, Geist und Seele. Er kostet wertvolle Zeit und bindet unsere Energien.

Es ist an der Zeit, den Weizen von der Spreu zu trennen! Das heißt, das Leben zu bilanzieren, den unnötigen, kräftezehrenden Aufwand zu drosseln, den mentalen Ballast zu reduzieren und auf Dauer möglichst klein zu halten. Das, was wir nicht ganz aus unserem Leben verbannen können, lässt sich zumindest räumlich und zeitlich begrenzen. Und es ist ebenso an der Zeit, den wertvollen Dingen im Leben den richtigen Stellenwert zu geben, die uns wichtigen Menschen zu achten, die persönlichen Werte zu kultivieren, die schönen Erinnerungen zu konservieren. Mental zu entrümpeln bedeutet auch, diesen Kostbarkeiten einen angemessenen Platz im Leben und im Herzen zu geben und Prioritäten zu überdenken. Denn alles, womit wir uns umgeben, und alles, was wir denken, tun und mit unseren Sinnen erfassen, hat Einfluss auf unser seelisches Wohlbefinden.

Wir legen viel Wert auf äußeres Wohlbefinden, Wohnen und gestalten unsere Räume. Schöne Räume beeinflussen die darin arbeitenden Menschen positiv in ihrer Lebensfreude und ihrer Motivation. Sie wirken sich auf die Lebensqualität der Menschen und auf Körper, Geist und Seele aus. Wir gestalten zwar unsere Räume, aber wenn es darum geht, das eigene Leben zu gestalten, fühlen wir uns oft völlig überfordert. Wir begreifen uns eher als »Opfer« der äußeren Umstände und haben nicht den Mut oder den Willen, unser Leben in die eigenen Hände zu nehmen. Dabei ist jeder selbst der Gestalter seines Innenlebens, seiner inneren Räume.

Wie Sie Ihre Möbel umstellen, Ihre Wände neu streichen, Ihre Wohnung entrümpeln können, so können Sie auch Ihr Leben entrümpeln! Sie können Ihr inneres »Haus« nicht abreißen, aber Sie können andere Materialien und mehr Farbe in Ihr Leben bringen! Sie können alte Mauern einreißen und mehr Licht hineinlassen. Sie können Ihre »Möbel« neu platzieren und sie vielleicht dann doch entsorgen! Und Sie können sich entscheiden, welche »Besucher« in Zukunft Zutritt zu Ihren heiligen »Innenräumen« erhalten und welche draußen bleiben müssen.

Es ist jedenfalls höchste Zeit für ein inneres Space-Clearing. Dieser Begriff setzt sich zusammen aus dem englischen *space* im Sinne von Freiraum oder freiem Platz und *Clearing,* das für Entrümpelung genauso wie für Klärung oder Reinigung steht. Mit Space-Clearing ist also der gesamte Prozess von der Beseitigung von Unordnung über das Ausmisten und Entrümpeln bis hin zur Klärung von Räumen und Situationen gemeint. Die energetische Raumklärung mit Hilfe von Räucherwerk und das energetische Aufladen gehören auch dazu. Das Space-Clearing schafft somit Platz im Haus wie auch Klarheit im Leben!

Ebenso wie beim Entrümpeln von Räumen ist es das Ziel eines mentalen Space-Clearings, in der Zukunft Freiräume zu schaffen und Klarheit ins Leben zu bringen. Dabei kommt keiner an den Fragen vorbei: »Was brauche ich wirklich im Leben, um glücklich zu sein, und worauf kann ich gut und gern verzichten? Was blockiert mich, und was stärkt mich?« Es ist also Zeit zu bilanzieren, die Dinge zu sichten, die Aktivitäten, Personen, Probleme zu sortieren, den Aufwand zu senken und Belastendes loszulassen. Wer im Leben neue Impulse erwartet, der muss sich von Altem trennen und Prioritäten setzen! Das Leben zu entrümpeln bedeutet, aktiv zu werden und endlich Platz für das Neue zu machen, was auch immer da kommen mag. Das mentale Loslassen ist ein magischer Prozess. Lassen Sie sich überraschen!

1. Woche: Weg mit allem, was zu viel ist!

Wenn Sie sich Ihren Alltag anschauen – worauf können Sie gut und gern verzichten? Was würden Sie am liebsten sofort auf Nimmerwiedersehen »auf den Mond« schießen?

Wer heute nicht gestresst durchs Leben geht, scheint etwas falsch zu machen. Und wer nicht jammert, dass er zu viel zu tun hat, erscheint faul. Fast könnte man meinen, dass es sich dabei nur um eine Zeiterscheinung, einen Trend handelt, der irgendwann einmal wieder vorbeigehen wird. Aber da unterschätzt man das Problem: Die meisten von uns fühlen sich tatsächlich überlastet, sie tun nicht nur so. Bereits Kinder haben Magenprobleme, weil der Zeit- und Leistungsdruck zu groß ist. Und der Stress zieht sich durch die ganze Familie. Mütter klagen: »Ich weiß nicht, wo meine Zeit bleibt. Ich fühle mich unfähig, meinen Alltag zu bewältigen, bin nur noch der Chauffeur der Kinder und deren Haushälterin.«

Auch und gerade wir Berufstätigen fühlen uns ausgebrannt. Die tagtäglichen Aufgaben liegen wie ein Berg vor uns, die Erledigungen nehmen kein Ende. Das Telefon klingelt ununterbrochen, und ständig ist man mit den Erwartungen anderer konfrontiert. Die Aussage »Ich werde noch irre! Ständig will einer was von mir! Und zu meiner eigentlichen Arbeit komme ich erst gar nicht!« können viele unterschreiben. Am Abend fragt man sich dann, was man eigentlich getan hat. Der alltägliche Kleinkram scheint uns vollkommen in der Hand zu haben – wir gewinnen den Eindruck, darin zu versinken und die wahren, die wichtigen Aufgaben des Lebens zu verpassen. Alles wird uns eben zu viel! Die recht banalen Dinge des Lebens belasten uns, brennen uns aus und beschweren uns. Kurz: Wir haben die Nase einfach voll!

Früher schien alles viel einfacher: die Arbeit und auch das Leben. Aber wie sah es denn in einem bäuerlichen Haushalt vor hundert Jahren aus? War das Leben früher tatsächlich leichter? Ich bezweifle das! Man verbrachte beispielsweise allein einen ganzen Tag mit der Wäsche und einen zweiten mit dem Brotbacken. Wie viel leichter fällt es uns da heute, mal eben die Wäsche in die Waschmaschine zu stecken und zum Bäcker zu gehen. Was uns heutzutage zermürbt und als ein Zuviel erscheint, ist eine Vielzahl von Aktivitäten und Anforderungen, die wir in ihrer Dauer oft nicht überblicken. Wir wissen nicht, wie lange wir mit unserer Steuererklärung beschäftigt sein, wie lange wir mit den Kindern an den Hausaufgaben sitzen werden. War das Leben früher mehr oder weniger an einen überschaubaren Ort gebunden, an dem sich Arbeiten und Wohnen abspielte, so leben wir heute in einer mobilen Gesellschaft und sind mehr im Auto zu Hause als daheim. Die Kinder werden zur Schule gebracht, Vater fährt in eine andere Richtung zur Arbeit. Mittags haben die Kinder irgendein Sportprogramm, dazwischen muss noch der Hund zum Tierarzt, und einkaufen kann man auch nur noch mit dem Auto.

Hatten die Menschen vor hundert Jahren noch klare Familienstrukturen, so sind an deren Stelle heute Patchworkfamilien oder Fernbeziehungen getreten – auch wieder Faktoren, die sich zeitlich und räumlich auswirken. Die heutigen Lebens- und Arbeitskonzepte verlangen Mobilität und Flexibilität. Möchte man Karriere machen, so muss man bereit sein, seinen Wohnort des Öfteren im Leben zu wechseln. Schon allein dieser Gedanke lässt ganze Familien erschaudern – von den Doppel- und Mehrfachbelastungen erziehender und berufstätiger Eltern ganz zu schweigen.

Doch das Leben sollte nicht nur aus Arbeit, sondern auch aus Erholung bestehen. Körper, Geist und Seele brauchen täglich eine Auszeit, um gesund und kreativ zu bleiben. Oft pflegen wir unsere Wohnungen und Autos mehr als uns selbst! Wir kümmern uns um alles Mögliche, helfen Bekannten beim Umbau und den Kindern beim Lernen. Aber wer kümmert sich um uns? Wenn wir es selbst nicht tun, tut es keiner! Viele Eltern sind der Meinung, dass es erst einmal ihren Kindern gut gehen sollte, sie selbst kommen erst an zweiter Stelle. Fakt ist aber, dass von ausgeglichenen und zufriedenen Eltern auch die Kinder profitieren. Was nützt ihnen schon ein gestresster Vater und eine schlecht gelaunte Mutter? Um ein Mehr an Lebensqualität, eine bessere Beziehung zwischen Partnern und der Familie zu erreichen, muss man sich Zeit für sie nehmen und dafür im Zweifelsfall etwas anderes, das zu viel ist, aufgeben.

Jetzt reicht's!

Wir können nicht alles leisten. Wie die Ochsen ackern, Karriere machen, nebenher noch Kinder großziehen und gleichzeitig Gäste bewirten. Irgendetwas bleibt dabei zwangsläufig auf der Strecke! Es geht einfach nicht ohne Abstriche. Das Limit ist erreicht, wir können nicht mehr höher klettern, weiter steigen, schneller laufen, noch mehr haben, ohne dass wir auf etwas verzichten. Manch einer kommt früher, der andere später an jenen Punkt, an dem klar ist, dass es so nicht weitergeht. Dass sich etwas verändern muss, weil die Energie-Ressourcen nicht unerschöpflich sind. Im schlimmsten Fall ist Krankheit der Impuls zur Veränderung: Mancher wurde so schon durch einen Herzinfarkt oder Schlaganfall aus dem Verkehr gezogen.

Das beste Warnsystem vor einem solchen drohenden Zusammenbruch aller Systeme führen wir immer bei uns: unseren eigenen Körper. Wie ein sensibler Seismograph warnt er uns vor kommenden »Beben«. Warum also nicht bereits auf die ersten Vorboten achten und diese Signale ernst nehmen? Orientieren Sie sich dabei nicht an dem, was andere scheinbar aushalten und ertragen können. Alles, was Sie ganz persönlich blockiert, was Ihnen zu viel ist, das ist auch zu viel! Auch wenn bei anderen die Schwelle höher liegen mag, vergleichen Sie sich nicht mit ihnen. Jeder Mensch ist unterschiedlich belastbar, jeder Mensch hat auch seinen ganz persönlichen »Ballast«. Der eine empfindet große Gesellschaften als Belastung und kann im Job jede Menge Stress ertragen, der andere fühlt sich von einem Termin am Tag unter Druck gesetzt, während er jede Menge handwerkliche Tätigkeiten noch nebenbei erledigt. Achten Sie daher auf sich ganz persönlich! Was ist Ihnen zu viel? Was empfinden Sie als Belastung und somit als Last? Sie selbst sind der Maßstab Ihres Handelns! Sie können keine Rücksicht von anderen erwarten, wenn nicht einmal Sie selbst sich genügend berücksichtigen!

Weg mit den scheinbar wichtigen Aktivitäten!

Wie viel Zeit verplempern Sie mit Dingen, die Ihnen keinen Spaß machen? Und das auch vielleicht nur, weil andere es von Ihnen erwarten? Vergeuden Sie nicht Ihre besten Jahre für das Kuchenbacken beim Schulbasar, falls Ihnen das keinen Spaß macht! Warum geben Sie diese Aufgabe nicht an jemanden ab, der sich dafür begeistern lässt? Oder warum kaufen Sie nicht gleich fertigen Kuchen? Stellen Sie sich nur einmal vor, was Sie mit der eingesparten Zeit alles für sich tun könnten: zur Massage gehen, einfach nur in der Badewanne liegen oder ein Buch schreiben.

Wenn man das Ziel hat, als freier Mensch ein selbstbestimmtes Leben zu führen, dann sollte man sich sein momentanes Leben einmal genauer anschauen. Was tun Sie so den ganzen Tag lang? Listen Sie das einmal auf und sortieren Sie aus! Für manche ist es sehr verlockend, am Abend noch unterwegs zu sein und Freunde zu treffen, ins Theater zu gehen, die Oper zu besuchen. Aber nicht für jeden! Kennen Sie nicht auch die Situation, dass Sie Konzertkarten für einen bestimmten Abend haben und genau an diesem Abend einfach nicht in der Stimmung sind, das Haus zu verlassen? Vielleicht sind Sie hundemüde? Oder Sie haben einfach nur mehr Lust, auf dem Sofa herumzuliegen! Was tun Sie also? Lassen Sie die teuren Karten verfallen, oder überwinden Sie Ihr Trägheitsmoment, damit es dann doch noch ein ganz netter Abend wird?

Wir denken, dass wir uns selbst etwas Gutes tun müssten, sei es gesundheitlich oder geistig. Und gönnen uns eine Mitgliedschaft im Fitnessstudio oder Tennisclub für den Körper und ein Theaterabonnement für den Geist. Für die Seele gibt es am Wochenende Intensivseminare bei indischen Gurus. Aber müssen wir das wirklich alles haben? Oder setzen uns diese, zweifellos durchaus sinnvollen, Aktivitäten nicht erneut unter Druck? Warum tun wir uns das also an? Warum ist der eine Kassenwart im Kleintierzüchterverband und der andere Vorstand im Golfclub? Zu Anfang hat es uns ja vielleicht sogar noch Spaß gemacht, aber in der Summe der Verpflichtungen und zusammen mit dem beruflichen Stress wird das einfach zu viel. Da hilft nur eines: Weg damit!

Unser Leben scheint überwiegend von äußeren Umständen bestimmt zu sein. Anstatt zu agieren, reagieren wir meist nur noch auf Anforderungen von außen: Der Herd ist kaputt, also muss der Elektriker her – wieder ein Termin mehr und Kosten dazu. Wir fühlen uns fremdbestimmt, so als hätten wir keinen Einfluss mehr auf den Lauf des alltäglichen Lebens. Während nur 20 Prozent unserer Tätigkeiten für 80 Prozent unseres Erfolgs verantwortlich sind, scheinen wir eher 80 Prozent unserer Energie für die 20 unwesentlichen Prozent des Lebens aufzuwenden. Für das wirklich Wichtige nehmen wir uns offenbar zu wenig Zeit. Da stimmt doch wohl die Bilanz nicht: Die eigene Lebensqualität bleibt auf der Strecke. Es ist daher an der Zeit, etwas zu verändern. Was für jeden Einzelnen persönlich nicht mehr wichtig ist, kann und muss weg!

Stattdessen: Das Wichtige erkennen!

Um dahinter zu kommen, was das Wesentliche im eigenen Leben denn eigentlich ist, kommt man an einer Bestandsaufnahme nicht vorbei. Was ist Ihnen persönlich wichtig? Welche Menschen, welche Dinge? Ihre Hobbys? Ihr Partner? Ihre Gesundheit? Sport? Und in welcher Reihenfolge? Wenn Sie Ihre Prioritäten betrachten und sich bei jedem Punkt noch die Zeit notieren, die Sie tatsächlich dafür verwenden, dann bekommen Sie ein authentisches Bild von sich selbst. Die Gesundheit ist Ihnen also wichtig? Aber was tun Sie tatsächlich dafür, und wie viel Zeit wenden Sie dafür auf? Was tun Sie für Ihre Kinder, und wie viel Zeit verbringen Sie mit ihnen? Es finden sich Dinge auf dieser Liste, hinter denen keine Zeit steht? Dann gibt es hier eine Diskrepanz zwischen Wunsch und Realität! Hand aufs Herz: Sie verbringen mehr Zeit vor dem Fernseher als mit Ihren Freunden? Dann ist Ihnen das Fernsehen – ob Ihnen diese Erkenntnis nun gefällt oder nicht – wichtiger als Ihre Freunde! Denn für das, was Ihnen wichtig ist, nehmen Sie sich auch Zeit! Und das, wofür Sie keine Zeit haben, ist Ihnen eben nicht wichtig.

Es liegt allein an Ihnen: Sie können die Prioritäten Ihres Lebens zu jedem Zeitpunkt verändern. Sie können Ihren Fernseher abschalten und sich mit Ihren Freunden verabreden! Schauen Sie sich Ihren normalen Tagesablauf einmal an. Was tun Sie, und was ist Ihnen hiervon wirklich wichtig? Was wollen Sie wirklich vom Leben? Worauf könnten Sie gut und gern verzichten? Welche Aktivitäten machen Ihnen Spaß und sind Ihnen wichtig? Was tun Sie nur ungern, oder wo gehen Sie nur sehr widerwillig hin? All diese Fragen münden am Ende in eine sehr banale Frage: Was brauche ich wirklich zum Glücklichsein? Oft ist jedoch der umgekehrte Weg leichter: Was brauche ich sicher nicht? Was raubt mir Zeit und Energie? Was macht mich unglücklich? Wer sich diese Fragen nicht stellt, braucht sich nicht zu wundern, wenn er am eigenen Leben vorbeilebt.

Beginnen Sie mit der Entrümplung Ihres Innenlebens zunächst in Ihrer äußeren Umgebung, beispielsweise in Ihrem Wohnzimmer: Gehen Sie mit drei Kisten durch den Raum: eine für den Müll, eine zweite für das, was noch brauchbar ist, und eine dritte als Schatzkiste.[1] Trennen Sie Wichtiges von allem, was alt und kaputt ist oder schon lange nicht mehr gebraucht wurde. Gehen Sie ebenso in Ihrem Wohnzimmerschrank vor: Welches Geschirr hatten Sie seit Jahren nicht mehr auf dem Tisch? Ist es Ihnen wirklich wichtig? Warum stellen Sie es dann nicht in Ihren Küchenschrank und benutzen es jeden Tag?

Das Zuviel ist Einstellungssache

Wer von uns fühlt sich nicht zuweilen wie erschlagen? Doch das Geständnis »Das ist mir zu viel« wagt man nur wirklich sehr guten Freunden oder Freundinnen zu machen. Denn diese Äußerung der Überlastung ist nicht gesellschaftsfähig: Wer nicht belastbar ist, kann nicht mitspielen, weder beruflich noch privat.

»Nicht belastbar« ist gleichbedeutend mit »nicht aufstiegsfähig«. Gestresst und genervt leidet man mehr oder weniger heimlich unter diesem Zustand. Hinzu kommt ein schlechtes Gewissen gegenüber den Familienmitgliedern und Freunden, die man vielleicht mit Überreaktionen ungerecht behandelt oder nervt.

Wenn man sich der Grenze seiner individuellen Belastbarkeit nähert, gibt es nur ein Mittel: die Notbremse zie-

[1] Siehe ausführlich: *Weg damit! Entrümpeln befreit,* München: Mosaik bei Goldmann 2003.

hen! Und sobald sich Anzeichen bereits auf der körperlichen Ebene in Form von Bluthochdruck, Kopfschmerzen und anderen Symptomen manifestieren, muss gehandelt werden. Symptome wie häufige Atemwegserkrankungen und Schnupfen können ausdrücken: »Ich habe die Nase voll.« Störungen des Magen und Verdauungstraktes wiederum signalisieren: »Mir schlägt das alles auf den Magen.«

Indes: Eine genormte Maßeinheit von Stress gibt es nicht. Dieselbe Art von Belastung wird von Mensch zu Mensch ganz unterschiedlich empfunden. Der sensiblere Typ ist weniger belastbar, hat weniger Selbstbewusstsein und macht sich mehr Sorgen. Er oder sie ist oft dazu noch ein schlechter Neinsager, der nicht signalisieren kann: Bis hierher und nicht weiter.

Stattdessen: Grenzen ziehen!

Es gibt Menschen, die selbst noch einen 16-Stunden-Tag locker und fröhlich wegstecken. Sie führen ein Unternehmen, haben »nebenbei« drei Kinder und arbeiten ehrenamtlich in verschiedenen Organisationen. Sie scheinen unendlich viel Energie zu haben und wirken dennoch ausgeglichen und nicht überarbeitet. Ihnen wird kaum einmal etwas zu viel, und alles gelingt ihnen mit Leichtigkeit und Souveränität. Was aber ist das Geheimnis ihres Erfolgs? Wodurch unterscheiden sie sich von den ewig Gestressten?

Zum einen kennen sie sich genau. Sie kennen ihre eigenen Stärken, aber vor allem auch ihre Schwächen und Grenzen. Und diese beachten sie, noch bevor sie erreicht sind. Zum anderen können sie diese Grenzen anderen gegenüber deutlich machen und auch einmal Nein sagen: »Ich helfe dir gern beim Umzug, aber nicht an diesem Wochenende.« Diese Menschen haben auch kein Problem damit, Arbeiten und Aufgaben zu delegieren. Sie wissen, was sie geleistet haben und noch leisten werden, und entwickeln keinen Ehrgeiz, etwas beweisen zu müssen oder überall dabei zu sein. Sie legen eine innere Gelassenheit auch äußeren Anforderungen gegenüber an den Tag. Sie tun, was sie tun wollen, und lassen sich nicht durch gesellschaftliche Zwänge beeindrucken. Ebenso können sie gut damit leben, bestimmte Dinge nicht zu tun. Denn es muss ja schließlich nicht jeder die Eigernordwand bestiegen haben!

Egal, zu welchem Typ Sie tendieren: Ihre eigenen Grenzen sind ausschlaggebend. Was Sie langfristig belastet, ist für Sie persönlich schädlich. Wenn Ihnen also alles zu viel ist, dann müssen Sie sich von irgendetwas trennen.

Der meiste Druck ist selbst gemacht

»Ich muss heute noch die Einladungen verschicken, mein Auto von der Werkstatt abholen, Hundefutter kaufen und das Bad putzen!« Diese austauschbare Liste der noch vor uns liegenden Aufgaben kann allein schon Druck erzeugen. Bevor schon im Vorfeld Panik auftaucht, hilft die richtige Einschätzung des Zeitaufwandes. 20 Minuten für das Verschicken der Einladungen, das Auto abzuholen und auf dem

Rückweg Hundefutter zu kaufen dauert 40 Minuten, das Bad hat man in zehn Minuten geputzt. Die Arbeit verbraucht oft genau so viel Zeit, wie man ihr zugesteht! Und wenn wir uns jetzt diese Liste anschauen, kommen wir auf eine Stunde und zehn Minuten. Seien wir großzügig und geben noch etwas dazu, so hat sich diese nach viel Zeit aussehende Liste der Tätigkeiten bei richtiger Einschätzung auf einen Aufwand von anderthalb Stunden reduziert. Was vorher nach einem Berg aussah, ist durch die Kalkulation zusehends geschrumpft. Der freie Abend ist also so gut wie gerettet!

Ein Großteil des Drucks im Leben kommt nicht von außen, sondern ist hausgemacht. Wir selbst setzen uns privat wie auch beruflich unter Druck, haben das Gefühl, alles perfekt tun zu müssen und etwas zu verpassen, wenn wir mal einen Film nicht sehen können, ein Buch nicht gelesen haben oder irgendeine Information nicht bekommen. Wir fallen herein auf Fragen wie »Was, das kennst du nicht?«, oder bekommen von anderen gesagt, zu welchem Italiener wir »unbedingt mal« gehen müssten. Das lässt sich beliebig fortführen: Wenn man mitreden will, muss man bestimmte Urlaubsziele dieser Welt kennen, sollte man bestimmte Sportarten beherrschen oder bestimmte Handtaschen besitzen. Wir wollen selbst auch immer mehr: besseres Aussehen, einen sportlichen Körper. Und so quälen wir uns mit hoch gesteckten Zielen, aufreibenden Trainingsprogrammen und komplizierten Diäten. Für unsere beruflichen Ziele bilden wir uns auch noch abends weiter und opfern unseren Urlaub für alle möglichen Seminare.

Egal, in welchem Milieu wir uns bewegen, irgendein sozialer Druck ist immer da, denn der Mensch hat von Natur aus das Bedürfnis, mitzureden und dazuzugehören. Ein gesundes Selbstbewusstsein, gepaart mit sozialer Kompetenz, vermag allerdings den Druck ein wenig zu nehmen. Wenn ich weiß, wer ich bin und was ich kann, wenn ich mit mir und meiner Umwelt im Einklang bin, verlieren diese Anforderungen von außen an Bedeutung.

Eigentlich ist alles gerecht verteilt: Jeder von uns bekommt am Tag 24 Stunden, in denen wir jede Menge arbeiten, erledigen und erleben. Aber wir können nun einmal nicht überall dabei sein – und das ist auch gut so! Wir sollten netter zu uns selbst sein und uns viel mehr Faulheit erlauben. Denn das ist der größte Luxus überhaupt: einfach einmal nichts tun und sich für nichts rechtfertigen zu müssen! Druck entsteht auch, wenn man privat zu viele terminliche Zusagen macht und sich dabei überschätzt: Wenn ich mich am Sonntag zum Brunch verabrede und Samstagnacht erst nach Hause komme, werde ich am Sonntagmorgen wohl ein Problem haben.

Stattdessen: Prioritäten setzen!

Ohne Prioritäten geht es also nicht. Man muss sich entweder für das eine oder das andere entscheiden. Das funktioniert ganz einfach, wenn ich mein eigenes Ziel vor Augen habe. Und das lautet: Das Wochenende ist auch zur Erholung da, darum möchte ich an einem Tag ausschlafen. Ich persönlich versuche, mir einen vollkommen terminfreien

Tag am Wochenende einzurichten. Verabredungen kann ich dann immer noch spontan treffen. An diesem einen Tag sitzt mir kein Termin im Nacken, ich kann, wenn mir danach ist, einfach nur herumhängen, dazwischen mal wieder schlafen, lesen oder auch arbeiten. Ich nenne diesen Tag »Lumpi-Tag«, da ich es mir dann auch einmal gönne, auszusehen wie »Nachbars Lumpi«, das heißt ungeschminkt und nicht gestylt, barfuß und im Schlabberlook. Schon allein die Aussicht auf diesen »freien« Tag im Kalender entlastet mich und nimmt mir den inneren Druck.

Weniger Freizeitstress

Eigentlich ist die Freizeit ja vor allem dazu da, den beruflichen Stress abzubauen. Doch nicht nur beruflich, sondern auch in der Freizeit steht der moderne Mensch heutzutage unter dem gesellschaftlichen Druck der »sinnvollen« Beschäftigung. Das italienische *dolce far niente,* das süße Nichtstun, ist in unserer preußisch geprägten Kultur geradezu verpönt. Selbst wenn der Mensch nichts tut, sollte es noch sinnvoll sein. Und das setzt viele unter enormen Stress! Somit wird die Freizeit wieder zur Arbeit, wenn auch unter anderen Vorzeichen. Beim Hobbygärtnern oder Heimwerken verwirklicht sich der Mensch immerhin kreativ, im Garten verbringt er immerhin Zeit in der Natur. Aber auch hier ist die Grenze zwischen erholsamer Beschäftigung und Knochenarbeit fließend! Denn wer etwa meint, sein

Garten müsste klinisch rein von Unkraut sein, macht seine Freizeit zur Arbeitszeit.

Sportarten versprechen zunächst mehr Spaß. Aber auch Sport ist Wettkampf und Statussymbol. Sportausrüstungen zeigen, welche Hobbys man hat, aber nicht unbedingt, welchen man nachgeht. So stehen Golfausrüstungen dekorativ im Flur herum, und die Schläger warten auf ihren Einsatz. Wir haben die Gewissheit: Wenn ich wollte, könnte ich ja … So werden auf Verdacht Dinge angeschafft, weil man glaubt: Wenn ich das habe, wenn das Geld gekostet hat, dann benutze ich es auch. Falsch gedacht! Selbst teure Mitgliedschaften von Fitnessstudios liegen brach, genauso wie Theaterabos oder andere »vollendete Tatsachen«, mit denen man sich und seinen »inneren Schweinehund« zum Handeln zwingen will. Das Einzige, was dabei funktioniert, ist allerdings das schlechte Gewissen. Und damit entsteht noch mehr Druck von außen. Die Ausrüstungen sind zwar vorhanden, was aber fehlt und käuflich nicht zu erwerben ist, ist die Zeit!

Entlasten Sie Ihr Konto und auch Ihr Gewissen, indem Sie sich Sportausrüstungen dann leihen, wenn Sie sie auch tatsächlich brauchen – und das gleich vor Ort! Dadurch entfallen Anschaffungs-, Transport- wie auch Aufbewahrungskosten. Und wozu ein Paar Ski im Keller herumstehen haben, wenn man nur eine Woche im Jahr fährt? Wozu ein teures Mountainbike anschaffen, wenn am Urlaubsort die neuesten Modelle zur Verfügung stehen? Derjenige, der sich jedes Gerät selbst anschaffen muss, hat oft Angst, etwas im Leben zu verpassen oder zu kurz zu kommen. Ausrüstungen sind für manch einen unverzichtbare Statussymbole, für den anderen aber nur belastender Besitz.

Stattdessen: Den Aufwand reduzieren!

Warum betreiben wir nur so einen großen Aufwand mit Sportausrüstungen, wenn wir doch ein Sportgerät immer bei uns haben: unsere Beine und Füße! Ein Paar Turnschuhe im Kofferraum, und schon kann man zwischen zwei Terminen noch einen Spaziergang einlegen. Und wenn man schneller geht, ist es schon wieder eine anerkannte Sportart: Walking! Bei noch schnellerem Tempo wird daraus gar Jogging. Ein Paar Schuhe für zwei Sportarten – wenn das nichts ist! Wenn ich Seminare in anderen Städten halte, dann durchlaufe ich diese abends schnell noch und habe zusätzlich zu meinem Fitnesstraining auch gleich noch die Stadt besichtigt.

Beim Gehen kann man sich die Probleme aus dem Kopf pusten und den Wind um die Nase wehen lassen – eine ebenso frische wie auch vollkommen kostenlose Entspannungsart! Auf federndem Waldboden gehe ich am liebsten, dort bin ich vollkommen geerdet. Aber es geht auch in der Stadt: Steigen Sie eine Station früher aus oder freuen Sie sich über den bevorstehenden Spaziergang, falls Ihr Parkplatz weiter weg liegt.

Im Sommer habe ich zusätzlich noch einen Badeanzug und Handtücher im Kofferraum. Bäder oder Seen gibt es fast in und um jede Stadt. Und nach einem anstrengenden

Termin ist die therapeutische Wirkung des Wassers nicht zu unterschätzen! Nach einer halben Stunde ist man vollkommen entspannt! Nicht alles, was Spaß macht, muss also teuer sein oder einen tieferen Sinn haben. Tun Sie doch auch einmal etwas »Sinnloses«! Was immer Ihnen dazu einfällt. Vielleicht macht es Ihnen Spaß, auf Bäume zu klettern, obwohl es momentan keine Trendsportart ist. Entspannung erfordert wenig Aufwand! Haben Sie im Sommer schon einmal im Schlafsack unter freiem Himmel auf einer Wiese übernachtet? Ein wunderbares Erlebnis und noch dazu ein preiswertes Vergnügen.

Stattdessen: Mal nichts tun!

Oder tun Sie doch einfach einmal nichts, auch wenn es sich wahrscheinlich erst durchsetzen wird, wenn man es offiziell zum neuen Wellnesstrend »Doing nothing« deklariert. Setzen Sie sich auf Ihren Balkon, schalten Sie ab, denken Sie nichts und beobachten Sie die Blätter am Baum. Das Nichtstun hält die Zeit an! Oder genießen Sie doch einfach die Aussicht, wo auch immer Sie gerade sind. Betrachten Sie den Weg zur Arbeit, als ob Sie ihn zum ersten Mal fahren würden! Ist Ihnen die Schönheit der Landschaft überhaupt jemals aufgefallen? Wunderbare Landschaften liegen vor der Tür, wir wohnen oft mittendrin und bemerken es meist selbst nicht einmal. Halten Sie an, wenn Sie mit dem Auto unterwegs sind, steigen Sie aus und schauen Sie einfach zehn Minuten in die Gegend: Das ist die kleine Erholung für zwischendurch.

Es ist egal, wo Sie nichts tun, aber tun Sie es einmal bewusst zehn Minuten am Tag: einfach nichts! Sie können beispielsweise am Abend eine Kerze oder, noch besser, ein Feuer im Kamin anzünden. Das Element Feuer ist ebenso entspannend wie faszinierend. Der Mensch hat ein archaisches Verhältnis zum Feuer. Es spendet nicht nur Wärme, es ist auch Mittelpunkt, Ort der Kommunikation und der Entspannung. Wenn wir ins Feuer starren, können wir alles um uns herum vergessen und fühlen uns vollkommen geborgen.

Weniger gesellschaftliche Verpflichtungen

Freizeit ist längst die zeitliche Verlängerung der Arbeitszeit geworden. Am Stammtisch werden private Bauvorhaben besprochen, in Golf- oder anderen Clubs werden Aufträge schon vorab vergeben, geschäftliche Beziehungen beim Essen geknüpft. Und so quält man sich auf langweiligen Vernissagen mit seichten Gesprächen, obwohl man viel lieber daheim in der Badewanne liegen würde. Man nimmt sterbenslangweilige Einladungen zum Essen an, verbringt den Abend mit Leuten, die einem überhaupt nichts bedeuten. Ob dabei oder danach wirklich ein »Auftrag herausspringt« – wer weiß das schon? Manche Menschen schließen sich Parteien an, weniger, weil sie an der politischen Arbeit oder deren Zielen interessiert sind, sondern weil sie sich dadurch mehr Möglichkeiten versprechen, um geschäftliche Beziehungen zu knüpfen. Der Glaube, immer und überall dabei sein zu müssen, weil einem ansonsten etwas »entgeht«, schafft einen enormen Druck. Sich zeigen zu müssen, um im Gespräch zu bleiben, oder die richtigen Leute am richtigen Ort zu treffen ist oft ein Mythos! Stellen Sie sich doch einmal die Frage: »Was verpasse ich wirklich, wenn ich einmal nicht dabei bin?«

Stattdessen: Einen Abend mit Freunden verbringen!

Ich selbst meide bestimmte gesellschaftliche Ereignisse, weil mich die Gespräche dort langweilen. Falls ich zu einer Ausstellungseröffnung gehe, dann nur, weil mich der Künstler interessiert. Aus meiner Erfahrung kann ich sagen, dass ich bei dieser Art von Events noch keinen einzigen Auftrag an Land gezogen habe. Man opfert seine kostbare Zeit, die man lieber mit netten Menschen verbringen sollte, immer in der Hoffnung auf einen zukünftigen Nutzen. Es ist übrigens nichts dagegen zu sagen, wenn frau glaubt, auf dem Poloplatz den Mann fürs Leben zu finden. Und ich habe auch nichts gegen Polo, falls man Pferde liebt und gern den Rasen platt tritt.

Weg mit dem Urlaubsstress!

Wer reist nicht gern und lernt gern Neues kennen? Das Einzige, was mich an langen Reisen abschreckt, ist der Stress davor und danach. Um mein Büro auch nur eine Woche allein lassen zu können, muss ich davor mehr arbeiten als sonst, meistens noch die halbe Nacht vor dem Abflug. Wenn ich zurückkomme, erlebe ich die Rache des vollen Schreibtisches und muss quasi für meine Abwesenheit »büßen«. Nicht nur Selbstständige wissen, wovon ich schreibe.

Urlaub an einem anderen Ort bringt Abstand zum Alltag, zeitlich und räumlich. Aber Urlaub bringt auch Stress in der Vorbereitung, zeitlichen Druck, um den Flieger rechtzeitig zu erreichen, physischen Druck durch die Reise an sich, finanziellen Druck durch die Kosten und nicht zu vergessen den psychischen Druck in Form von Erwartungshaltung eines jeden einzelnen Familienmitgliedes. Wenn man Urlaub als die schönste Zeit des Jahres »kauft« und am Urlaubsort nur Streit und Enttäuschungen erlebt, dann kann der Urlaub leicht zur schlimmsten Zeit des Jahres werden. Im letzten Sommer habe ich eine Woche auf der griechischen Insel Santorin verbracht. Zweifellos ein wunderschöner Ort, jedenfalls wenn man heil dort ankommt. Aus dem Gefühl der Vorfreude riss mich die Landung abrupt heraus. Gewitter über der Insel machten den Anflug zu einem Horrortrip, und ich fragte mich nicht nur einmal »Was tue ich eigentlich hier?«. Eine Woche Erholung erledigt sich für mich immer im Stress des Rückflugs, sodass man sich oft zu Hause erst einmal vom Urlaub erholen muss. Unterm Strich stimmt oft die Bilanz eines solchen Urlaubs also nicht. Fragen Sie sich doch einmal, in welchem Verhältnis der zeitliche und finanzielle Aufwand zu Erholung und Inspiration stehen.

Stattdessen: Die kleinen Momente genießen!

Urlaub ist für viele Flucht vor der Unzufriedenheit im Beruf und den Problemen des Alltags. Dass Urlaub dann oft in einer Enttäuschung endet, liegt nicht zuletzt daran, dass man zwar alles hinter sich lässt, aber sich selbst nun einmal leider mitnehmen muss. Also kann man auch gut und gern auf teure, aufwändige Reisen verzichten.

Für mich ist der erholsamste Urlaub der in homöopathischen Dosen verabreichte: der kleine Urlaub zwischendurch. Ich lege Wert auf die Gestaltung meiner Wohnung und meines Balkons, damit ich mich zu Hause so richtig wohl fühle. Dann kann ich auch einmal während der Woche eine Stunde auf meinem Balkon verbringen, lesend in der Sonne liegen und für den Rest des Tages Kraft tanken. Weniger kann oft mehr sein! Genießen Sie diese »italienischen Momente« des Lebens. Ein »kleiner Urlaub zwischendurch« kann aber auch eine Geschäftsreise an einem schönen Tag in eine schöne Gegend sein. Ich fahre das Rheintal hinunter und genieße die Landschaft, nehme mir ein bisschen mehr Zeit und besichtige unterwegs endlich diese Autobahnkirche, an der ich seit Jahren vorbeifahre und die ich noch nie von innen gesehen habe. Urlaub kann auch der Kaffee nach einem Termin sein. Ich setze mich in die Sonne in ein Straßencafé, relaxe, beobachte die Leute oder lese meine Zeitung. Nach einer halben Stunde spüre ich bereits erste Erholungseffekte.

Weniger Feierabendstress

Jeder von uns kennt jene Menschen, die anscheinend nie abschalten können. Wie meine Freundin Eva. Wir sitzen schön beim Italiener, die Familien sind weit weg, aber sie hat kein anderes Gesprächsthema als den Haushalt und die Kinder. Irgendwann nervt das! Ganz anders handhabt es meine Freundin Angelika: Sie erzählt höchstens fünf Minuten das Neueste aus der Familie und sagt dann bewusst: »So, und jetzt ist dieses Thema erledigt.«

Mit anderen verabrede ich mich schon gar nicht mehr zum Essen, denn sie erzählen mir stundenlang und in aller Ausführlichkeit die kleinsten Details aus ihrem ach so wichtigen Berufsleben. Nur leider interessieren mich die Feinheiten der Bilanzbuchhaltung ebenso wenig wie das Auf und Ab an der Börse. Hier kann man wirklich nur aktiv versuchen, das Gespräch zu steuern oder in der Konsequenz Verabredungen mit diesen Menschen auf die Länge eines Kaffees zu reduzieren. Oft bemerken diese »Alleinunterhalter« nämlich nicht, dass sie Monologe halten, die keinen anderen interessieren. Also sagen Sie es ihnen. Schauen Sie doch einfach mal auf die Uhr: »Ich schlage vor, dass du jetzt noch fünf Minuten über deinen Job redest, dann wechseln wir das Thema. Einverstanden?«

Fast jeder braucht Zeit, die Erlebnisse eines Arbeitstages zu verarbeiten, den Ärger loszuwerden oder einfach nur abzuschalten. Männer müssen vielleicht erst einmal eine halbe Stunde »ins Feuer«, sprich Fernsehen sehen, bevor sie ansprechbar sind und ihren Schalter umgelegt haben. Diejenigen unter den Selbstständigen, die schlecht abschalten können, sollten ihr Büro niemals im selben Haus wie ihre Wohnung haben. Wenn die mentale Trennung schlecht durchzuführen ist, muss nämlich zumindest die räumliche gegeben sein. Sonst hört man das Klingeln des Bürotelefons und nimmt selbst am Sonntag noch ab. Im Haus zu arbeiten setzt Disziplin oder Faulheit voraus. Ich verfüge über beides, und daher funktioniert bei mir seit Jahren die mentale Trennung zwischen Arbeit und Wohnung unter einem Dach hervorragend. Allerdings habe ich auch meine Regeln: In mein Schlafzimmer nehme ich keine Gedanken an meine Arbeit, meine Steuer oder meinen Kontostand mit. Und falls ich einmal nicht abschalten kann, stehe ich auf und gehe wieder eine Etage tiefer, um dort weiter zu denken.

Stattdessen: Bewusst abschalten!

Jeder muss eigene, für ihn funktionierende Entspannungstechniken finden, ansonsten schadet er seiner Gesundheit. Den Geist durch Meditation zu »leeren« ist eine Möglichkeit. Wer diese Technik nicht praktizieren kann, findet sicher andere. Am bewussten Abschalten kommen wir jedenfalls nicht vorbei. Also, gestatten Sie sich »Übergangszeiten«, und setzen Sie danach deutliche Zäsuren: Im Auto darf ich noch an die Arbeit denken; wenn ich aber aussteige, bleibt die Arbeit sitzen. Eine gute Möglichkeit ist auch, sich zu Hause komplett umzuziehen und die Arbeit somit hinter sich zu lassen. Aber tun Sie das stets bewusst. Sie können sich auch beim Verlassen Ihres Arbeitsplatzes andere Schuhe anziehen und die »Arbeitsschuhe« stehen lassen. Wenn Sie dann zu Hause immer noch an Ihre Arbeit denken, setzen Sie sich ins Auto und fahren den Weg noch einmal zurück. Auch der Weg vom Parkplatz in die Wohnung kann dazu genutzt werden, um mit jedem Schritt einen Teil der Arbeit an das Pflaster abzugeben.

Was Sie auch tun, um die Arbeit hinter sich zu lassen: Jeder von uns ist fantasievoll genug, um sich seine ganz persönliche Strategie des Abschaltens zu suchen. Dazu ist wenig Aufwand erforderlich, aber umso mehr Bewusstsein!

Mehr Gesprächskultur

Klatsch ist so alt wie die Welt und wird nie an Faszination verlieren. Davon lebt die gesamte Presse sowie das Fernsehen, indem sie uns die allzu menschlichen Probleme und Fehltritte anderer nahe bringen. Dass wir dafür so empfänglich sind, mag zum einen an der neugierigen Natur des Menschen liegen. Denjenigen, die besonders aufgeschlossen sind für die Geschichten aus dem Leben anderer, fehlt oft im eigenen Leben »Lebendigkeit«. Sie erleben selbst wenig, haben vielleicht zu wenige soziale Kontakte und spüren sich nur in der Lebendigkeit anderer. Dass diese Eingriffe eigentlich »Übergriffe« sind, die uns nicht zustehen, wird oft nicht gesehen. So wühlen wir verbal im Leben der anderen herum, lösen ungefragt deren Probleme und spekulieren wild darüber, wie es bei den Prominenten wohl weitergeht.

Aber auch Worte sind Energie und haben die Macht, uns zu stärken oder uns zu schwächen. Wie viel Zeit verbringen Sie am Tag mit Gesprächen, die Ihnen »aufgezwungen« wurden, ohne dass Sie das Thema bestimmten? Manchmal erzählen uns wildfremde Menschen ihre persönlichsten Probleme oder, noch schlimmer, die Probleme anderer Menschen, die man selbst noch nie getroffen hat und sehr wahrscheinlich auch nie treffen wird. Diese unfreiwilligen Einsichten in das Privatleben Dritter berühren oft peinlich. Helfen würde hier ein direktes und nettes Wort: »Du, sei mir nicht böse, aber das interessiert mich nicht so sehr!«

Nichts gegen den so genannten Smalltalk: Er ist sozialer Schmierstoff und häufig die Aufwärmphase der Kommunikation und dient auch oft als Einstieg in andere Themen. Man kann auch gleich zu Beginn eines Gesprächs ein zeitliches Limit setzen: »Ich habe nur zehn Minuten Zeit mitgebracht, und wir wollten doch eigentlich über das Thema X sprechen.« Im besten Fall steigt man also direkt in die Materie ein. Es stellt sich dennoch die Frage, wie man im Gespräch bei Themen am besten reagiert, die einen negativ berühren und die man nicht vertiefen will, da sie nicht interessieren. Da bleibt nur die Möglichkeit, selbst das Thema zu wechseln und bis dahin nichts, aber auch gar nichts zum Gespräch beizutragen. Den Ball, der Ihnen zugespielt wird, dürfen Sie nicht auffangen, denn sonst geht das Pingpong weiter, und Sie finden überhaupt nicht mehr aus diesem Thema heraus.

Auch Worte sind Energie

Wir überschreiten auch hier Grenzen, klettern verbal über Zäune und wühlen in den Blumenbeeten anderer herum. Oft vergessen wir, dass uns das alles nichts angeht. Falls Sie sich nicht an diesen Gesprächen über andere beteiligen wollen, hilft zunächst Schweigen. Kein Kommentar, kein Nicken, kein Zustimmen. Wenn Ihr Gesprächspartner das Thema immer noch nicht wechselt, dann tun Sie es: »Können wir nicht das Thema wechseln? Was XY so tut, ist für mich nicht von Interesse.« Oft schlittern wir in diese Gespräche hinein, haben bereits unsere Kommentare abgegeben und erkennen plötzlich, dass wir im falschen Film sind. Dann steigen Sie aus! Verlassen Sie das Kino! Sie sind ja nicht geknebelt und können den Verlauf eines Gesprächs durchaus auch in eine andere Richtung lenken.

Auch Worte sind Energie und bringen das zu einem zurück, was man aussendet. Worte wollen sich erfüllen, daher Vorsicht! Zieht man über einen anderen Menschen verbal her, so erntet man Ähnliches! Die einfache Regel, nur das über andere zu er zählen, was man ihnen selbst ins Gesicht sagen würde, hat sich hier bewährt. Also, hungern Sie den anderen durch Ihr Schweigen aus und heucheln Sie kein Interesse. Themen, bei denen ich beispielsweise regelrecht verstumme, sind Steuerfragen und Kontostand. Ebenso passe ich bei den ausführlichen Schilderungen des Lebens der Kinder oder Kindeskinder und Beziehungsproblemen. Falls man nach seiner Meinung gefragt wird, kann man immer antworten: »Ich habe dazu nichts zu sagen.« Wer Ihre Distanz immer noch nicht spürt, ist selbst schuld! Eine andere Möglichkeit ist, sich wirklich für die Anwesenden zu interessieren und ihnen gezielt Fragen zu ihrem Leben oder Beruf zu stellen. Im Laufe der Unterhaltung finden Sie bestimmt ein Thema, das Sie beide interessiert.

Wer es genau wissen will, kann in der Benimm-Fachliteratur nachlesen, welche Gesprächsthemen sich bei welcher Gelegenheit mehr bzw. in der Öffentlichkeit, beispielsweise im Restaurant, weniger eignen. Dass Krankheiten, Details über Körperfunktionen und andere Peinlichkeiten nicht in die Nähe von Essen gehören, versteht sich eigentlich von selbst. Oder haben Sie Lust, Ihrem Tischnachbarn bei der Schilderung seiner Krankheitssymptome zuzuhören? Bestimmte Berufsgruppen sollten auch die Schilderung ihres Arbeitsalltags bei Tisch unterlassen. Dazu gehören unter anderem Chirurgen und Pathologen. Hier hilft zweierlei: Wenn Sie unfreiwillig Zeuge einer solchen Unterredung am Nachbartisch werden, können Sie aufstehen, sich einen Stuhl schnappen und sich mit den Worten »Ist ja interessant, erzählen Sie mehr« dazusetzen. Oder Sie hören weg und konzentrieren sich auf Ihr Gespräch. Oft hilft es auch, sich am Tisch so umzusetzen, dass man den lauten Erzähler nicht mehr direkt sehen kann. Dann kommt uns das Gespräch oft leiser vor.

Weg mit dem geistigen Müll!

Alles, was wir unserem Körper zumuten, hat Folgen. Dauerhafte Mangelernährung führt früher oder später zu gesundheitlichen Störungen. Der Mensch ist schließlich, was er isst, das hat sich inzwischen herumgesprochen. Der Mensch ist aber auch, was er liest, hört und sieht. Geistige »Nahrung« in Form von Fernsehen, Medien und Gesprächen hinterlässt Spuren und formt den Menschen ebenso. Was wir über unsere Sinnesorgane aufnehmen, verfestigt sich in unserem Innern. Daher sollte es selbstverständlich sein, auch hier auf die Qualität des Inputs zu achten und sich zu fragen: Schadet mir das oder stärkt mich das Ganze?

Dass eine Stunde Bewegung an der frischen Luft gut tut, dagegen eine Stunde Stau in den Abgasen des Berufsverkehrs schadet, dürfte jedem einleuchten. Warum aber setzen wir uns seelischen »Schadstoffen« Abend für Abend aus, in dem wir uns mit drittklassiger Information belasten? Das Fernsehen etwa zählt zu den größten mentalen »Umweltverschmutzern«. Es lähmt, macht träge und süchtig. Es erstickt jede Unterhaltung im Keim, weil man sich ihm nicht entziehen kann. Jedenfalls nicht, solange der Kasten läuft.

Alles, was wir sinnlich aufnehmen, beeinflusst unser Wohlbefinden: ob wir nun ein Buch lesen, einem Gespräch lauschen oder Musik hören. Das sollte uns vor allem auch im Hinblick auf Kinder klar sein. Nichts wirkt auf sie faszinierender als die sich bewegenden Bilder auf einem Monitor. Oft wird das Fernsehen als Babysitter missbraucht bzw. die Kinder werden vom Fernsehen missbraucht! Beobachten Sie einmal Kinder dabei – sie sind fasziniert und wie gebannt. Doch die gesehenen Bilder graben sich in ihre kleinen Seelen ein, denn sie können noch nicht zwischen echt und fiktiv unterscheiden. Untersuchungen haben schon vor Jahren gezeigt, dass – im Gegensatz zum Medium Kino übrigens – das Fernsehen direkt und ungefiltert auf die rechte Hirnhälfte wirkt. Durch das Fernsehen werden wir direkt auf unserer Gefühlsebene angesprochen, die Inhalte werden vorher nicht durch den Verstand gefiltert. Das gilt übrigens auch für bewegte Bilder am PC, also etwa für Computerspiele.

Die meisten Kinder und Erwachsenen verbringen mehrere Stunden täglich vor diesen Medien und klagen auf der anderen Seite über zu wenig Zeit. Nach stundenlangem Fernsehen schläft manch einer auch noch davor ein. Wenn der Mensch schläft, ist er jedoch besonders offen für subtile Reize und Botschaften. Und nur weil man sich am nächsten Tag nicht mehr an die Inhalte der Sendungen erinnern kann, die man verschlafen hat, heißt das noch lange nicht, dass sie keine Spuren im Innern hinterlassen haben.

Stattdessen: Geistig gesunde Ernährung!

Am Arbeitsplatz sind wir gesetzlich geschützt: Beispielsweise der MAK-Wert (Maximale Arbeitsplatzkonzentration) bestimmt, bei welcher Schadstoffkonzentration in der Luft wir wie lange arbeiten dürfen. Andere Richtlinien regeln, unter welcher maximalen Lautstärke wir ohne Hörschutz arbeiten können. Was wir danach bei einem Rockkonzertbesuch unseren Ohren zumuten, kontrolliert indes keiner mehr. Es gibt nichts, was uns vor uns selbst schützt! Was wir lesen und uns ansehen, welcher geistigen und seelischen Umweltverschmutzung wir uns selbst aussetzen, kontrolliert keine Instanz. Jeder Mensch ist somit für sein seelisches, geistiges und körperliches Wohlergehen allein verantwortlich.

Was können Sie sich und auch Ihren Kindern zumuten? Führen Sie doch einmal spaßeshalber Buch über die Zeiten, die Sie vor dem Fernseher verbringen. Stimmt hier Ihre Bilanz oder ist es reine Zeitverschwendung? Keine Zeit für einen Waldlauf? Keine Zeit für einen Besuch bei Freunden? Keine Zeit für berufliche Fortbildung oder einen kleinen Job nebenher, durch den Sie sich einen lang gehegten Wunsch erfüllen könnten? Sie werden sehen: Es ist vieles machbar, wenn wir nur auf die Droge Fernsehen verzichten.

Weniger kleine »Ge-Fallen«

Zweifellos bin ich genauso wie Sie ein hilfsbereiter Mensch. Nur schätze ich manchmal die Konsequenzen nicht richtig ein, die (scheinbar) kleine Gefallen haben können. Nicht umsonst steckt in dem Wort »Gefallen« die »Falle«. Und diese Fallen lauern überall! Wir tappen gern in sie hinein, weil wir ja in der Tiefe unserer Seele anderen Menschen »gefallen« wollen.

Nach einem Vortrag fragt mich eine Teilnehmerin nach einem Projekt. Da ich darüber einmal einen Artikel geschrieben habe, allerdings nicht mehr weiß, wo und wann, verspreche ich, ihr den Artikel zuzusenden. Tage später erinnert sie mich per Mail an mein Versprechen. Ich muss mich wohl oder übel auf die Suche nach der alten Zeitschrift machen. Zeitaufwand immerhin eine halbe Stunde. Dann kopieren, kuvertieren, beschriften, zum Briefkasten bringen. Solche kleinen Gefallen können sich täglich zu Stunden summieren, wenn man alle derartigen Anfragen abdecken wollte. Für den, der etwas haben will, ist es wirklich nur eine Kleinigkeit. Da aber leider nicht nur einer anfragt, sind all diese kleinen Dienste in der Summe kaum mehr zu bewältigen. »Kannst du mir mal schnell ein Farbmuster besorgen?« bedeutet, ich muss den Farbfächer auspacken, das Farbmuster heraussuchen, der Firma ein Anschreiben mit der Farbnummer faxen, das Muster später aus einem Umschlag nehmen und in den neuen Umschlag stecken, frankieren, die Adresse suchen, darauf schreiben, den Umschlag zum Briefkasten bringen – macht in der Summe eine halbe Stunde Arbeit, die ich bei kleinen Gefallen nicht mal berechnen kann.

Das Internet zieht noch weitere dieser kleinen Anfragen nach sich. Mal schnell das Feng Shui fürs Schlafzimmer geprüft, eine kleine Farbberatung für die Küche gemacht, nur eine kleine Information an den Mann gebracht, wo der

Teich im Garten am besten platziert ist. Was nichts kostet, ist nichts wert, denken manche Leute offenbar. Da kann man doch eben mal diese und jene Information geben! Solche Anfragen beantworte ich inzwischen sehr kurz mit dem Hinweis darauf, dass ich für Beratungen zu diesen Konditionen und diesem Preis zur Verfügung stehe.

Haben Sie nicht auch manchmal das Gefühl, regelrecht überfahren zu werden? Da fragt eine Freundin: »Hast du morgen Zeit?«, und nachdem Sie bejaht haben, lässt sie die Katze aus dem Sack: »Schön, dann kannst du doch sicher für eine Stunde die Kinder nehmen.« Und schon sitzen Sie wieder in der Falle. Erst danach fällt Ihnen auf, dass Sie viel zu langsam reagiert haben, und nun trauen Sie sich nicht mehr, einen Rückzieher zu machen. Ihr einziger freier Tag in dieser Woche ist dahin. Diese Fallen stehen überall: »Könntest du mich zum Flugplatz bringen... mir beim Umzug helfen... mir schnell mal das Rezept raussuchen... deine Bohrmaschine leihen?« Instinktiv reagiert man mit Hilfsbereitschaft und lässt sich allzu schnell zu einem Ja hinreißen. Aber Vorsicht, diese kleinen Gefallen können in wahre Blockaden ausarten, die Zeit, Energie und Kosten verursachen. »Könntest du mit dem Auto meine Tasche mitnehmen und sie zur Bahn bringen?« bedeutet im Klartext: einen Umweg zum Bahnhof machen, Parkplatz suchen, Schalter suchen, anstehen, Parkgebühren zahlen, im Berufsverkehr durch die Stadt fahren – und flugs hat man neben einigen Euro auch noch den halben Tag geopfert. Diese ausufernden Gefallen sind wahre Übungsräume für ungeübte

Neinsager: Den Satz zu äußern »Nein, das schaffe ich leider nicht« ist nämlich durchaus trainierbar.

Stattdessen: Nein sagen!

Warum kommt dieses Wort im Sprachschatz vieler Menschen (vor allem vieler Frauen!) so gut wie nicht vor? Es gibt Sekretärinnen, die nicht in der Lage sind, am Telefon zu sagen: »Tut mir Leid, mein Chef ist jetzt nicht zu sprechen.« Vor allem, wenn am anderen Ende der Leitung ein Mann hängt. Diesem nicht helfen zu können, Nein sagen zu müssen scheint vielen, vor allem älteren Frauen fast körperliche Schmerzen zu bereiten! Doch Nein sagen kann jeder üben. Beginnen kann man beim Fleischer. »Darf es ein bisschen mehr sein?« Sagen Sie doch einfach mal Nein. Wieso und warum, geht keinen etwas an, Sie müssen sich nicht rechtfertigen. Sie wollen es eben nicht. Und siehe da, Sie bekommen tatsächlich nur hundert Gramm Schinken und haben auch noch Geld gespart. Die Verkäuferin hat vielleicht ein wenig merkwürdig geschaut, aber das ist ihr Problem. Und vom Neinsagen ist schließlich noch keinem der Himmel auf den Kopf gefallen…

Wie oft halten uns Freundinnen am Telefon auf mit ihren ewigen Tratschereien. Zu sagen: »Hör zu, ich habe jetzt keine Zeit« wäre eine so einfache Übung. Aber wir bringen es nicht übers Herz und beschweren uns lieber, dass man uns die Zeit stiehlt. So leben ganze Berufsgruppen, beispielsweise Vertreter und Spendensammler, davon, dass der Mensch schlecht Nein sagen kann. Ein klares und knappes

»Nein, danke« ohne Schnörkel und Begründung wirkt jedoch oft Wunder. Wir sagen ungern Nein, weil wir so konditioniert sind, andere nicht vor den Kopf zu stoßen und nicht zu verletzen. Wir wollen sie nicht verletzen, aber was tun sie mit uns? Sie überfahren uns mit ihrer Art. Wir wollen die Vertreter an der Tür nicht vor den Kopf stoßen. Aber wer rettet uns vor ihnen?

Unsere anerzogene Aversion gegen ein Nein machen sich auch Verkäufer zunutze. Mein Gemüsehändler fragt immer: »Ist das alles?« und erntet als Antwort meistens ein Ja. Das Ja geht den Menschen eben schneller über die Lippen. Es würde seinem Unternehmen indes mehr Umsatz bringen, wenn er sein Verkaufsgespräch mit der Frage »Darf's außerdem etwas sein?« abschließen würde. Dann müsste der Kunde Nein sagen, wozu er »zu gut erzogen« ist – also kauft er vielleicht doch noch etwas!

Schluss mit dem Perfektionszwang!

Sie lächeln von Plakatwänden, tanzen durch die Werbung und füllen ganze Romane. Eines allerdings haben sie mit den Märchenprinzen gemein: Es gibt sie nicht wirklich, diese Superfrauen, sie sind ein Mythos! Diese scheinbar multifunktionalen Haus- und Karrierefrauen, die schon am Frühstückstisch gestylt und auf Pumps ihren Kindern Frühstück servieren, ihren Gatten küssen, die Kleinen in die Schule fahren, danach ins Büro schweben, dort mal eben im Vorbeigehen Karriere machen und die Welt bewegen, ihren Körper im Fitnessstudio auf Modelmaße bringen, nach erledigtem Einkauf rasch ein gesundes Menü für die Familie zaubern, nach dem Bügeln den Kindern noch eine Gutenachtgeschichte vorlesen und sich danach in eine perfekte Geliebte verwandeln.

Der Druck, in allem, was wir tun, vollkommen zu sein, wird zum einen von außen an uns herangetragen, zum anderen sitzt er aber auch tief in uns. »Was ich anpacke, mache ich richtig!« ist sicherlich eine sinnvolle Grundhaltung. Nur wollen wir es nicht nur richtig tun, sondern »richtiger« und legen somit selbst die Messlatte ein ganzes Stück weiter nach oben. Um perfekt in der Kindererziehung zu sein, werden Bücher gelesen und Kurse besucht. Wenn die Kinder nicht »funktionieren«, heißt das umgekehrt, dass wir als Erzieher versagt haben. Dabei sind Sie ja perfekt! Ja, Sie! Sind Sie nicht die beste Mutter, die Sie momentan sein können? Sind Sie nicht der beste Ehemann, der Sie momentan sein können? Es ist vollkommen in Ordnung, wie Sie sind. Seien Sie einfach netter zu sich und nachsichtiger in der eigenen Beurteilung, und sehen Sie sich nicht immer nur in Bezug auf Ihre Defizite. Sein Bestes zu geben ist mehr als perfekt!

Zusammen mit dem ungeheuren Druck in der Arbeitswelt summiert sich der eigene Anspruch auf Perfektion im Privat- und Berufsleben. Hinzu kommt der gesellschaftliche Anspruch an den erfolgreichen und äußerlich perfekten Menschen. Dieser Anspruch hat inzwischen auch die Männerwelt erreicht. Auch sie hecheln dem Idealgewicht hinterher und quälen sich für einen Waschbrettbauch, müssen erfolgreich sein, gut aussehen, sowohl gute Zuhörer als auch blendende Unterhalter sein. Trotz ihres Aussehens sollten die Traummänner aber bitte bescheiden sein wie der Dalai Lama und treu wie Nachbars Hund! Hier entsteht ein Druck, den kein Mann jemals erfüllen kann.

Wer selbst zum Perfektionismus neigt, kann schlecht delegieren und nicht einmal das Geschirrspülen seinen Kindern anvertrauen. Ihm oder ihr ist so gut wie nicht zu helfen. Wer an sich selbst überhöhte Ansprüche stellt, stellt diese natürlich auch an andere. Partner wie auch Kinder sind da sehr schnell überfordert und trauen sich nichts mehr zu. Denn sie leben immer in der Angst, Ihren Anforderungen nicht gerecht zu werden. Wenn Sie die perfekte Köchin sind, wie können Sie da von Ihrem Mann erwarten, dass er auch einmal was kocht? Er wird Ihnen doch auf diesem Gebiet nie das Wasser reichen können. Also tut er doch lieber in der Küche gar nichts. Wenn ich selbst kaum meine eigenen Ansprüche an meine Arbeit erfüllen kann, wie sollen dem dann meine Angestellten oder Kollegen gerecht werden?

Perfektionisten müssen lernen, Verantwortung abzugeben, ansonsten droht über kurz oder lang der körperliche und seelische Zusammenbruch. Warum trauen Sie Ihren Kindern nicht zu, dass diese auch einmal eine warme Mahlzeit für die ganze Familie zaubern? »Wenn ich mal am Wochenende weg bin, kommt doch der ganze Haushalt durcheinander!« Und was ist, wenn Sie nach zwei Tagen nach

Hause kommen und feststellen, dass Ihr Partner sowohl die Kinder als auch das Haus hervorragend gemanagt hat? Dass weder das Kaninchen verhungert ist noch die Küche im Müll versinkt? Vielleicht sind Sie ja dann eher sauer als glücklich. Denn festzustellen, dass es auch ohne einen selbst geht, dass man zumindest haushaltstechnisch und kurzzeitig ersetzbar ist, kann gerade für Perfektionistinnen schmerzhaft sein – vor allem, wenn man sich selbst über Fähigkeiten und nicht über innere Werte definiert.

Stattdessen: Mehr Mut zu Fehlern!

Der Anspruch an die eigene Perfektion erzeugt einen Drang nach ständiger Optimierung. Im Restaurant zu sitzen und die Unfähigkeit des Kellners zu beobachten, der vollkommen überfordert und nicht in der Lage ist, seinen Job effizient zu erledigen, kann für Perfektionisten eine Qual bedeuten. Denn sie sind penetrante Besserwisser. Ständig gibt es in ihrer Umgebung und bei anderen etwas zu optimieren. Mit ihrer scheinbaren »Hilfsbereitschaft« mischen sie sich ungefragt ständig und immer ein. Ich weiß, wovon ich rede! Ich selbst bin ein ideenreicher, lösungsorientierter Mensch und muss mich sehr zurückhalten, um mich nicht ständig in das Leben anderer einzumischen. Sich einfach zurückzulehnen und zu genießen, wie ein anderer mit seinem Liegestuhl kämpft, kann ich nur dank der Situationskomik ertragen. Sich selbst zu sagen: »Das geht dich nichts an, auch andere Wege als deiner führen nach Rom« ist der erste Schritt, um sich als Perfektionist aus dem Leben anderer herauszuhalten. Ungefragt Ratschläge zu geben kommt wirklichen »Schlägen« nahe: Denn damit fühlt sich der andere unfähig und klein und muss sich »geschlagen« geben.

Aber jeder ist genauso perfekt, wie er ist! Die kleinen Fehler und Macken machen den ganz persönlichen Charme eines jeden von uns aus! Perfektionisten müssen lernen, Fehler zu machen, den »Charme der Brüche« zu akzeptieren. Wussten Sie, dass orientalische Weber immer gezielt einen Fehler in ihre Teppiche weben? Denn ohne Fehler sein zu wollen gilt als Anmaßung. Der Einzige, dem das vorbehalten ist, ist schließlich Allah!

Exkurs: Leichter leben ohne Ballast

In vielen Wohnungen und Unternehmen herrscht das alltägliche Chaos: Jeder von uns hat mehr oder weniger Gerümpel zu Hause. Man stolpert schon im Flur über Kisten und Kartons, oder die Schreibtische biegen sich unter Papierlasten. Haben Sie das Chaos im Griff oder ist es eher umgekehrt? Jeder von uns hängt mehr oder weniger an seinen Dingen und trennt sich nur ungern davon. Man ordnet sie, kauft ihnen Schränke, zieht mit ihnen um und stapelt sie von einer Ecke in die andere, obwohl man sie eigentlich nicht braucht oder lange nicht benutzt hat.

Manch einer sammelt Briefmarken oder Eisenbahnen, Schuhe, Bücher oder Parfumflakons. Andere horten alles Mögliche, weil man es ja vielleicht irgendwann irgendwo noch einmal gebrauchen könnte oder es doch eigentlich zu schade zum Wegwerfen ist. Im Extremfall verwandelt sich die Wohnung eines solchen Zeitgenossen über kurz oder lang in eine Müllkippe, aus der er ohne die Hilfe anderer nicht wieder herausfindet. Daneben gibt es, wenn auch selten, Menschen, die alles wegwerfen, was nicht unmittelbar zum Leben gehört. Dieser Typ liebt es leicht und will sein Leben nicht mit unnötigem Ballast beschweren. Es ist für die meisten von uns schmerzhaft, sich von den Dingen zu trennen. Das Festhalten an den Dingen hingegen, das ständige Suchen, das Aufräumen, das Ordnen und all die anderen Unannehmlichkeiten, die damit verbunden sind, ertragen wir offensichtlich leichter.

Aber Gerümpel blockiert! Gerümpel kostet Zeit und Geld, kostet Schrankplatz und Raum. Gerümpel bindet Energien und schwächt uns. Die wenigsten Menschen fühlen sich damit wohl, es belastet Beziehungen, prägt Kinder, führt zu Verwirrung im Haus und erzeugt Frust! Gerümpel bedeutet Stagnation und verhindert die persönliche Weiterentwicklung. Tatsache ist: Wenn wir uns nicht von unserem alten Plunder trennen, kann auch nichts Neues in unserem Leben passieren. Sie wollen sich neu orientieren? Es soll sich etwas verändern? Dann fangen Sie bei sich zu Hause damit an: Das Entrümpeln Ihrer eigenen vier Wände ist ein äußerer Impuls zur inneren Veränderung.

Die Wohnung und das eigene Leben zu entrümpeln tut jedem gut. Dabei ist es billig, kinderleicht und führt sofort zu einem Erfolgserlebnis. Es tritt ein ungeheures Gefühl der

Erleichterung und des Glücks ein. Das Gefühl, sein Leben im Griff zu haben, mehr Freiräume und Zeit zu haben und weniger zu suchen, ist unbeschreiblich. Faszinierend auch die Wirkung: Kaum hat man etwas hergegeben, sich von etwas, vielleicht auch einem Gedanken, verabschiedet, schon folgt etwas Neues nach. Als hätte es nur auf diesen frei gewordenen Platz gewartet. Denn erst das Loslassen schafft Platz für Neues. Entrümpeln Sie Ihr Haus und Leben, werfen Sie den Ballast endlich über Bord, und Sie werden sehen: Plötzlich können Sie fliegen!

Fragen Sie sich bei jeder Aktivität:

- Stärkt oder schwächt sie mich?
- Ist mir das, was ich tue, auch wirklich wichtig?
- Lohnt sich der Aufwand, oder vergeude ich meine kostbare Zeit?

Zusammengefasst:

- Zu viel ist das, was Ihr ganz persönliches Limit übersteigt!
- Streichen Sie das, was blockiert und nervt, soweit es geht, aus Ihrem Leben!
- Reduzieren Sie den zeitlichen Aufwand des alltäglichen Kleinkrams!
- Setzen Sie neue Prioritäten in Ihrem Leben!
- Bevor Panik auftaucht: Bringen Sie Ihre Aufgaben in eine

Reihenfolge nach Prioritäten und schätzen Sie den jeweiligen zeitlichen Aufwand ab!

- Weg mit dem, was Ihnen schon längst keinen Spaß mehr macht!
- Was wollten Sie schon immer mal tun? Klavierunterricht nehmen? Tanzen? Dann belohnen Sie sich damit als »Gegenleistung« dafür, dass Sie sich zuvor von etwas Altem verabschieden.
- Gehen Sie keine neuen Verpflichtungen oder Verbindlichkeiten ein, ehe nicht eine alte aufgegeben wird!
- Wenn Sie ein neues Hobby beginnen, muss dafür ein altes (mitsamt der Ausrüstung) gehen!
- Lassen Sie sich nicht jedes Gesprächsthema aufdrängen! Worte sind Energie.
- Schaffen Sie sich täglich Freiräume, ansonsten entstehen Aggressionen oder der Drang zur Flucht!
- Was auch immer Sie tun, tun Sie es bewusst und fragen Sie zuvor nach dem Sinn!
- Tappen Sie nicht in alle (Ge-)Fallen! Sie können und sollen nicht jedem gefallen!
- Sagen Sie Nein, wenn Sie auch Nein meinen!
- Sie haben alle Zeit der Welt, jedenfalls für das, was Ihnen wichtig ist.
- Stellen Sie sich vor, wie Sie sich ohne Druck fühlen würden. Druck ist Einstellungssache, und Sie können Ihre Einstellung dazu verändern!
- Gönnen Sie sich jeden Tag eine halbe Stunde Auszeit für sich selbst!

- Tun Sie doch auch einmal etwas »Sinnloses«!
- Genießen Sie täglich die kleinen Momente des Lebens.
- Jeder ist genau so perfekt, wie er ist! Sie sind perfekt, so wie Sie sind, mitsamt Ihren kleinen Fehlern.
- Nur wenn etwas Altes geht, kann etwas Neues kommen.
- Lassen Sie sich in Ihrem Leben nicht überfahren oder von Rasern bedrängen! Das Leben ist keine Autobahn.
- Schalten Sie einen Gang zurück, und treten Sie auf die Bremse, wenn Sie in die falsche Richtung unterwegs sind!
- Das eigene Leben zu entschleunigen heißt, das eigene Tempo zu finden und es sich nicht von anderen vorgeben zu lassen!

2. Woche: Weniger Arbeitsstress

Was stresst Sie beruflich ganz besonders? Wie könnten Sie die Situation verändern? Wie würden Sie sich fühlen, wenn Sie diesen Stress los wären?

Wer heute nicht über zu viel Stress jammert, ist entweder arbeitslos oder nicht von dieser Welt! Und wer nicht jammert, der zeigt durch einen überladenen Schreibtisch, auf dem Boden herumliegende Akten oder unbearbeitete Stapel in der Ecke, dass er »zu viel« hat, dass es ihm reicht! Chaos im Kopf, mentales Durcheinander, unstrukturierte Gedanken – der innere Zustand spiegelt sich in der Unordnung im Außen wider, und das äußere Chaos wirkt wieder auf das innere zurück. Überladene Schreibtische und Stapel sprechen eine eigene Sprache: Hier scheint einer nicht mit seiner Arbeit klarzukommen, ist überarbeitet und bringt es zu wenig Erfolgserlebnissen.

Die Handwerker haben es da besser, denn sie haben den Erfolg in greifbarer Form durch ein sichtbares Produkt täglich vor sich. Das Schmuckstück entsteht, nach Tagen hält es der Goldschmied in den Händen. Das »Erfolgserlebnis« ist hier weniger abstrakt, dafür fassbar und schafft damit die Voraussetzung für eine positive emotionale Bindung zum Beruf. In anderen Berufen fehlt das oft. Die Büroarbeit wird zunehmend abstrakter und ist wenig greifbar. Konzeptionelle Arbeit spielt sich fast völlig in unsichtbaren Sphären ab. Man sieht am Abend nicht, was man den Tag über geleistet hat. Konnte man früher selbst in der Behörde noch die Akten von links nach rechts stapeln, so ist mit dem PC vieles nicht mehr spürbar, und damit nimmt der Stress zu. Der Mensch braucht nun mal greifbare oder sichtbare Erfolgserlebnisse als positive Bestätigung seiner Arbeit. Je weniger fassbar das Arbeitsergebnis ist, desto stressiger wird die Arbeit empfunden.

Stattdessen: Den Schreibtisch entrümpeln!

Verschaffen Sie sich selbst ein Erfolgserlebnis, indem Sie Ihren Schreibtisch entrümpeln! Am besten räumen Sie ihn zunächst ganz leer. Also legen Sie erst einmal alles auf den Boden und sortieren von dort aus die Unterlagen anhand der folgenden Fragen auf die jeweiligen Stapel:

1. Was kann weg?
2. Was kann ich ablegen?
3. Was kann ich delegieren?
4. Was muss ich erledigen?

Im Stapel Nummer eins, der dann sofort im Papierkorb landet, befindet sich alles, was Sie nie mehr brauchen werden, wie Werbung, Prospekte und Infos. Überfliegen Sie die Unterlagen, und dann weg damit! In den Stapel Nummer zwei kommt alles, was sofort in Ordnern oder Hängeregistern abgelegt werden kann, wie bezahlte Rechnungen, erledigte Briefwechsel, Verträge etc. Auf Stapel Nummer drei landen die Vorgänge, die ein anderer für Sie erledigen kann. Falls Sie nicht delegieren können, da Sie allein arbeiten, kann das gleich auf den Stapel vier der Dinge, die Sie selbst erledigen müssen.

Stapel Nummer eins haben Sie gleich ganz in den Papierkorb geworfen, den zweiten Stapel in Ordnern untergebracht, Stapel drei können Sie gleich weiterleiten, also bleibt nun nur noch ein einziger Stapel, Nummer vier, auf Ihrem Schreibtisch liegen. Und auf diesem haben Sie jetzt jede Menge Platz und inspirierende Leere, um diese Vorgänge möglichst bald zu erledigen. Die täglich eingehende Post können Sie sofort nach diesem System erledigen, sodass ein überfüllter Schreibtisch auch langfristig zu vermeiden ist. Sie verlassen abends den Tisch in diesem Zustand und können so jeden Morgen mit Lust an die Arbeit gehen.

Stress ist Ansichtssache

Stress hat wenig zu tun mit dem tatsächlichen Arbeitspensum, sondern eher mit dem Gefühl, dieses Pensum nicht zu schaffen oder zu versagen. Wenn sich die Akten stapeln und Termindruck entsteht, stellt sich bei den meisten Stress ein. Dieser wiederum erzeugt Lähmung – man weiß gar nicht, wo man anfangen soll, und tut erst einmal gar nichts. Es kommt zu einer Ausschüttung von Adrenalin, und dieses Fluchthormon signalisiert unserem Körper: »Nichts wie weg hier!« Wer kennt nicht den Wunsch, am liebsten davonzulaufen und alles stehen und liegen zu lassen! Nur wird davon die Arbeit nicht weniger. Also, stellen Sie sich ihr! Nehmen Sie sich jeden einzelnen Stapel vor, jeden Vorgang, und listen Sie auf einem Zettel auf, wie viel Zeit Sie zur Erledigung der einzelnen Schritte wirklich brauchen werden. Unterm Strich ist das meistens gut zu schaffen, und man fragt sich, warum man sich eigentlich selbst so einen Stress gemacht hat!

Der größte Druck entsteht, wenn man das Gefühl hat, der Arbeit vom eigenen Können her nicht gewachsen zu sein. Diese Überforderung macht Angst vor möglichen Fehlern und Blamagen. Wenn ich etwa den Auftrag bekäme, eine Strafvollzugsanstalt nach den Gesichtspunkten des chinesischen Feng Shui zu planen, müsste ich dankend ablehnen. Es würde mich mental und emotional überfordern. Den Auftrag, das Corporate Design für eine Hotelkette zu entwickeln, würde ich hingegen annehmen. Dieses Projekt würde im Bereich meiner Fähigkeiten, aber außerhalb meiner bisherigen Erfahrung liegen – in diesem Fall würde für mich eine Überforderung zur Herausforderung, die ich durchaus gern annehmen würde.

Jeder, der professionell kreativ ist, hat mit Terminen und der Einhaltung von Terminen zu tun. Landläufig herrscht die Meinung vor, dass Druck für die Kreativität tödlich sei. Dem kann ich nicht zustimmen. Und dass ein »Künstler

Muße braucht«, ist ebenso fragwürdig. Welcher Künstler kann sich das denn leisten? Liest man Biografien von Künstlern, so fällt auf, dass viele Kunstwerke oft aus Leid, aus Schmerz heraus entstanden. Auch Armut ist ein guter Anlass! Warum soll man denn kreativ sein, Bücher schreiben, wenn man in seinem Haus am Meer von seinem Erbe leben könnte? Wer tut sich diesen Stress schon an? Es sei denn, man hat eine große innere Motivation. Diese setze ich als Grundlage voraus; dazu kann ein gewisser Druck von außen verstärkend hinzukommen und sich positiv auswirken. Irgendwann kann man sich auf die eigene Erfahrung und das Wissen verlassen: »Mir wird schon etwas einfallen, ich schaffe das in der Zeit. Ich habe es bisher immer geschafft. Und sollte ich es diesmal nicht schaffen, dann fällt mir der Himmel auch nicht auf den Kopf Das wäre dann eben das erste Mal, dass mein Entwurf nicht rechtzeitig präsentiert werden würde oder ein Buch verspätet erscheinen müsste!«

Mindestens genauso stressig und auf Dauer weitaus unangenehmer ist allerdings die Unterforderung der eigenen Fähigkeiten. Auch das kann einem zu viel werden. Zu viel Monotonie, zu viel Langeweile, zu wenig Spaß und keine Anerkennung! Unterforderung führt oft auch zu Schlamperei und Unaufmerksamkeit. Da überfährt ein Zugfahrer nach stundenlanger Fahrt ein Signal und löst eine Katastrophe aus. »Menschliches Versagen« basiert häufig auf monotonen Tätigkeiten, die man scheinbar »mit links« erledigen könnte und daher die Aufmerksamkeit zurücknimmt. Weitaus wichtiger als das, was man tut, ist jedoch, wie man es tut!

Ein weiterer Stressfaktor ist die so genannte Doppelbelastung von Haushalt und Erwerbsarbeit. In den USA erforscht man die Möglichkeit, beides in Harmonie, in *work life balance* zu vereinen. Überraschend zeigte sich, dass sich sowohl Männer als auch Frauen am Arbeitsplatz wohler als zu Hause fühlen. Am Arbeitsplatz wird das Leben offenbar als leichter empfunden als zu Hause, obwohl den Befragten die Familie wertvoller ist.[2]

Stattdessen: Eine Übung, um die Schwere des Tages loszuwerden

Mit dieser Übung sammeln Sie noch einmal alles, was Sie den ganzen Tag über belastet hat, und werfen es hinter sich: Sie stehen aufrecht da, die Füße etwa schulterbreit voneinander entfernt. Halten Sie Ihre Hände wie eine Schale vor Ihrem Bauch, die Handflächen nach oben gekehrt. Stehen Sie entspannt und atmen Sie tief ein und aus. Beim Ausatmen stellen Sie sich jedes Mal vor, dass Sie die schwere Last des Tages in Ihre Hände atmen. Die Last wird so schwerer und schwerer, und irgendwann zieht es Ihnen die Arme und auch den Oberkörper nach unten. Sie werden immer schwerer und gebückter. Mit der letzten Ausatmung atmen Sie das letzte Schwere in Ihre Handflächen, und mit dem

[2] Siehe Arlie Russel-Hochschild: *Keine Zeit. Wenn die Firma zum Zuhause wird und zu Hause nur Arbeit wartet*, Opladen: Leske + Budrich 2002.

nächsten Einatmen werfen Sie den Inhalt der Handflächen mit einem Schwung hinter sich. Beim Ausatmen stehen Sie wieder aufrecht da und fühlen sich erleichtert und erfrischt.

Schluss mit dem Haushaltsfrust!

Wer mit seiner Arbeit Erfolgserlebnisse verbinden kann und durch seine Arbeit Wertschätzung und Anerkennung erfährt, kann sich glücklich fühlen. Genau diese Faktoren fehlen aber zumeist in der familiären »Arbeit«. Die Erfolgserlebnisse treten beispielsweise bei der Kindererziehung erst Jahre später ein. Die Wertschätzung durch die Familienmitglieder und die gesellschaftliche Anerkennung ist weniger als gering, von einer angemessenen Bezahlung ganz zu schweigen. Das Frustrierende an Hausarbeit ist, dass sie niemals aufhört und man niemals fertig wird. Wenn man einmal herum ist im Haus, kann man am anderen Ende bereits wieder beginnen. Es gibt immer noch etwas zu bügeln, irgendein Fenster zu putzen oder den Keller zu entrümpeln. Erfolgserlebnisse bleiben aus, und man fühlt sich wie die Putzfrau der Familie. Dass sich die Kinder bei der Mutter für ein tolles Essen bedanken, kommt höchstens mal im Werbefernsehen vor. Nur was nicht gemacht wird, fällt sofort auf: Zwei Wochen nicht aufgeräumt, nicht abgewaschen, und das Chaos ist perfekt. Private Arbeit ist eine selbstbestimmte Art der Arbeit. Insofern bietet sie Freiräume, die selten sind und noch seltener genutzt werden. Aber denken Sie daran: Sie können selbst bestimmen, welchen Aufwand Sie betreiben, ob Sie jeden Tag Staub wischen oder nur einmal in der Woche. Den Maßstab geben Sie selbst vor! Zumindest ein Teil des Stresses ist selbst gemacht und ist genauso gut auch wieder selbst zu reduzieren.

Stattdessen: Freiräume schaffen!

In jeder Tätigkeit finden sich »Nischen«, also Frei- oder Zwischenräume, in denen man kurzzeitig bewusst entspannen oder etwas für sich selbst tun kann. Ähnlich wie kleine Nischen in den Räumen kommt es auch hier darauf an, wie man sie gestaltet! Sie müssen nur eingerichtet und nach außen verteidigt werden. Denn die notorischen Grenzverletzer warten nur darauf, in dieses Reich einzudringen. Meine Freundin begann nach der Geburt ihrer Kinder, sich nach dem Mittagessen bewusst Zeit für sich selbst zu nehmen. Die Kleinen schliefen, und so war es kein Problem. Aber auch als sie größer wurden, verstanden sie schnell, dass die Mutter zwar da war, aber jetzt einfach ihre Ruhe wollte. Diese Freizeit konnte sie mit zunehmendem Alter der Kinder zeitlich ausdehnen. Die Kinder lernten dadurch Respekt vor den Interessen ihrer Mutter und auch, dass es so etwas wie eine Privatsphäre gibt. Die Mutter konnte sich erholen und war nach ihrem Mittagsschlaf fit und gut gelaunt.

Stattdessen: Delegieren!

Falls für Sie Hausarbeit, so wie für mich, zu den unbeliebteren Arbeiten gehört, holen Sie sich Hilfe. Meine Putzfrau ist jeden Euro wert, weil ich dankbar bin für die Entlastung. Aufräumen und andere Kleinigkeiten muss man sowieso ständig erledigen, aber um die Grundreinigung kann sich auch jemand anders kümmern. Glücklich auch, wer Kinder hat, denn diese sollten sich an der Hausarbeit beteiligen. Und das können sie durchaus, je nach Alter. Pläne mit Aufgaben, wer in der Woche was macht, haben sich bewährt. So weiß jeder, wer in dieser Woche für das Bad verantwortlich ist, und der Umgang mit den Räumlichkeiten wird ein ganz anderer, wenn man diese auch selbst putzen muss. Außerdem denken Sie an die Zukunft Ihrer Kinder: Wo sonst außer bei Ihnen können die Kinder lernen, eine Waschmaschine zu bedienen und eine warme Mahlzeit zuzubereiten? Die emanzipierten Mütter sollten auch bedenken, dass sie ansonsten ihre Jungen zu den Paschas von morgen erziehen!

Weniger Druck im Job

Kaum ein Mensch, egal in welchem Job, der nicht über zunehmenden Druck klagte! Kunden wollen sofort eine Einrichtungsberatung, da sie sich in den nächsten zehn Minuten entscheiden müssen. Schön für sie, aber ich muss *nicht* in den nächsten zehn Minuten eine Lösung bieten und kann diesen Eilauftrag auch dankend ablehnen! Bei Terminangelegenheiten zuzugeben, es in der kurzen Zeit nicht zu schaffen, kostet anfangs Überwindung, entspricht aber der

Wahrheit. Und es ist besser, als einen Abgabetermin zu versprechen, den man von vornherein nicht einhalten kann. Schätzen Sie Ihren zeitlichen Aufwand realistisch ein, und hängen Sie daran einen neuen Terminvorschlag: »Ich schaffe es zwar bis mittags nicht, aber bis 18 Uhr bin ich so weit.«

Der zeitliche Druck wächst durch die Schnelllebigkeit der Medien. So wird erwartet, dass E-Mails innerhalb eines Tages beantwortet werden. Anrufer bitten sofort um Rückruf. Normalerweise ist das kein Problem. Aber bei einem zweistelligen E-Mail-Eingang am Tag und ebenso vielen Anrufen auf dem Anrufbeantworter wird es zeitlich etwas eng. Auch hier hilft das Sortieren: Was ist wirklich wichtig, und was scheint nur so? Gewöhnen Sie sich an, die wichtigen Anfragen sofort zu beantworten, denn wenn man erst ein paar Tage wartet, wird der Haufen immer größer!

Auch der psychische Druck nimmt zu. Schon allein das Wissen, dass bestimmte Arbeitsplätze unsicher sind und Kündigungen an der Tagesordnung, kann mental sehr belastend sein. Auf der anderen Seite kann Unsicherheit auch zu der Motivation führen, im Beruf mehr Engagement zu zeigen. Druck hat immer zwei Seiten: Derselbe Druck kann den einen lähmen und den anderen anspornen. Sie allein haben es in der Hand, was Sie daraus machen! Dass ein bestimmtes Arbeitsergebnis in einem bestimmten Zeitrahmen abzuliefern ist, ist relativ normal. Unnötiger Druck entsteht dann, wenn Termine bewusst eng gesetzt sind, Ausarbeitungen noch am Abend angefordert werden und dann noch Tage auf dem Schreibtisch des Chefs herumliegen. Sicherlich kein Einzelfall! Druck entsteht auch aufgrund eigener unerledigter Arbeiten. Meist sind es die ungeliebten Tätigkeiten, die man herumliegen lässt in der Hoffnung, dass sie sich von selbst in Luft auflösen. Aber das tun sie natürlich nicht!

Stattdessen: Den Aufwand realistisch einschätzen!

Die auf den ersten Blick unüberwindbaren Berge von Arbeit erledigen sich bei genauerem Hinsehen oft innerhalb weniger Minuten – vergleichbar mit einem Berg, der aus der Ferne wie der Mont Blanc aussieht und zu einem Maulwurfshügel schrumpft, wenn man ihn aus der Nähe betrachtet. Listen Sie den zeitlichen Aufwand eines jeden unerledigten Vorgangs doch einmal auf, und Sie werden sehen, es sind überschaubare Stunden oder vielleicht auch nur Minuten. Die Blockade löst sich in dem Moment in Wohlgefallen auf, in dem man sich ihr stellt und sie anpackt!

Stattdessen: Engere Zeitfenster!

Egal, welche Aufgabe Sie sich vornehmen: Sie erfordert so viel Zeit, wie Sie ihr geben. Während des Studiums hatten wir für den Entwurf eines Geschirrs ein halbes Jahr Zeit. Und was hatten wir am Ende des halben Jahres für einen Stress! Dabei handelte es sich doch um eine Arbeit, die man auch in einer Woche erledigen kann. Die Steuererklärung ist ein ähnlicher Fall. Man kann Wochen damit verbringen, sie vor sich herzuschieben, oder sie einfach in zwei Tagen intensiver Arbeit vom Tisch räumen.

Manch einer fühlt sich bei der Aufgabe, einen Brief zu schreiben, regelrecht überlastet und braucht dafür Tage, während der andere ihn in fünf Minuten erledigt. Ein objektives Zuviel gibt es eben nicht, es ist nicht messbar, sondern höchst individuell! Wichtig ist hier, sich selbst eine zeitliche Grenze zu setzen und die Zeit realistisch einzuschätzen. »Ich brauche nicht mehr als eine Stunde für diesen Brief und stehe erst wieder vom Stuhl auf, wenn er geschrieben ist« ist beispielsweise eine gute Methode. Und sich umgekehrt zu belohnen, wenn man es früher schafft, indem man dann noch eine halbe Stunde frei hat, ist noch effektiver!

Weniger Termine

Kein Tag vergeht, an dem nicht telefonisch jemand einen Termin mit mir vereinbaren will, um mir bestimmte Produkte und Dienstleistungen zu verkaufen. Es fragen Versicherungen, Weinhändler, Anzeigenverkäufer oder Vertreter an. Mit diesen Terminen könnte ich locker meinen Tagesplaner füllen. Also stelle ich den Anrufern erst einmal die Frage, was sie konkret von mir wollen. Was soll besprochen werden? Wie lange dauert der Termin? Oder lässt sich das vielleicht auch telefonisch erledigen? Letzteres wird von mir bevorzugt, da es Zeit spart. »Ich möchte Sie zunächst einmal kennen lernen« mag zwar schmeichelhaft sein, aber ich frage mich dann, ob ich das Gegenüber überhaupt kennen lernen möchte, und erbitte meinerseits Informationen über das Unternehmen. Vielleicht interessiert mich die Kooperation nicht, vielleicht bin ich ja auch der falsche Ansprechpartner.

Stattdessen: Zeitliche Rahmen setzen!

Profis erkennt man nicht zuletzt daran, dass ihnen klar ist, was sie wann, wo und wie lange besprechen wollen. Daher bevorzuge ich als Ort der Gespräche das Büro des möglichen Auftraggebers, denn dann lerne ich über seine Umgebung auch ihn am besten kennen. Oder wir treffen uns an einem neutralen Ort außerhalb. In beiden Fällen kann ich mich nach einer vorher verabredeten Zeit verabschieden. Im eigenen Büro wird es schwieriger sein, Kunden höflich wieder loszuwerden. Nach der angekündigten halben Stunde allmählich zum Ende zu kommen und das Gespräch dann geschickt zu beenden erfordert Übung. Hüten Sie sich vor allzu persönlichen Fragen oder Themen! Ansonsten geht der Termin nämlich nahtlos in eine Plauderstunde über.

Weniger Sitzungen

Seit meiner Zeit im Öffentlichen Dienst sind sie mir verhasst: die Sitzungen von Fachgremien, Ausschüssen, Abteilungen. Zu viele Teilnehmer verbrachten viel zu viel Zeit mit Lappalien! Zu lange Redezeiten und abschweifende Redebeiträge führten schon früh zu Ermüdungserscheinungen bei allen, sodass zündende Impulse nicht mehr zu erwarten waren. Fast jeder stellte sich da die Frage: »Was habe ich hier verloren?«

Bei diesen zu langen oder gar unnötigen Sitzungen verpufft die Motivation, gar nicht zu reden von der vergeudeten Arbeitszeit. Ziel einer jeden Besprechung sollte daher sein, den Aufwand möglichst zu minimieren, die wertvolle Zeit eines jeden zu achten und die Teilnehmerzahl möglichst gering zu halten. Eventuell lassen sich die Themen ja in einer Konferenzschaltung erledigen. Mit der Vorbereitung steht und fällt jeder Termin und jede Konferenz. Dabei orientiert man sich an den sechs Ws: Was soll wann und wo mit wem wie lange und wozu besprochen werden? Was wird von jedem der Teilnehmer erwartet – ist es ein lockerer Meinungsaustausch oder stehen Entscheidungen an? Damit die Inhalte verbindlich sind, sollte jedem eine schriftliche Tagesordnung vorliegen. Dadurch entsteht Verbindlichkeit und Bereitschaft zur Kooperation. Eine solche Struktur und Vorbereitung kann auch in private Gespräche oder »Familiensitzungen« Ordnung bringen und Streitereien vermeiden.

Stattdessen: Die »Krickel-Krackel«-Übung

Diese kleine Entspannungsübung können Sie überall zwischendurch einschieben. Sie polt das Gehirn von der analytischen Seite um auf die kreative. Das ist vor allem dann besonders angebracht, wenn Sie gedanklich entspannen oder von der einen Tätigkeit auf eine andere umschalten wollen! Nehmen Sie ein leeres Blatt Papier ohne Linien und malen Sie es mit horizontalen und vertikalen Linien voll, ohne abzusetzen und bis das ganze Blatt gefüllt ist. Das lässt sich natürlich auch mit Diagonalen, Kreisen oder Rhomben durchführen.

Für die zweite Übung brauchen Sie ebenfalls ein unliniertes Blatt Papier und einen Stift. Malen Sie in die Mitte des Blattes eine kleine Acht. Ohne mit dem Stift abzusetzen, malen Sie nun diese Acht größer und immer größer, bis sie schließlich das ganze Blatt füllt. Auf ein anderes Blau zeichnen Sie eine große Acht, die das ganze Blatt ausfüllt, und lassen sie dann, wiederum ohne abzusetzen, immer kleiner werden.

Weg mit dem Informationsstress!

Der Mensch ist heutzutage nicht mehr in der Lage, auch nur über das eigene Fachgebiet flächendeckend informiert zu sein. Machte man es sich da auch noch zur Aufgabe, tagespolitisch und kulturell auf dem Laufenden zu sein, so käme man aus dem Lesen nicht mehr heraus. Und bei allen Bemühungen trifft man doch immer wieder jemanden, der mehr weiß als man selbst, der besser oder anders informiert ist. Wenn der Mensch Bücher nicht mehr liest, weil er sie interessant findet, sondern weil man sie gelesen haben sollte, dann stimmt etwas nicht! Ebenso wenig, wie man alles bekommen kann, kann man alles wissen. Eine Entscheidung für eine bestimmte Ausbildung ist eben auch eine Entscheidung gegen die andere.

Die Frage, wie man trotz Informations- und Reizüberflutung an die relevanten Informationen kommt, muss jeder für sich selbst entscheiden. Konzentrierte Informationen auf dem jeweiligen Wissensgebiet kann man aus Fachzeitschriften oder Fachkongressen ebenso wie aus dem Austausch mit Kollegen beziehen. Sich selbst unter Druck zu setzen bringt hier allerdings wenig. Man selbst sieht immer nur das, was man nicht weiß, und denkt, dass alle anderen einem haushoch überlegen sind. Doch dieses fortwährende defizitäre Fühlen führt nicht gerade dazu, berufliches Selbstbewusstsein auszustrahlen. Umso wichtiger ist es, in dem Fall, in dem man einmal etwas nicht weiß, souverän und ruhig zu bleiben. In den meisten Fällen geht es weniger um Fakten, sondern mehr um Zusammenhänge. Hier helfen eine gute Allgemeinbildung zusammen mit gesundem Menschenverstand und einer guten Portion Intuition. Falls man an seine eigenen Grenzen stößt, entwaffnet der selbstbewusst ausgesprochene Satz jedes Gegenüber: »Das kann ich Ihnen leider nicht sagen, ich weiß es einfach nicht.«

Stattdessen: Nicht alles wissen müssen!

Eine solide akademische Ausbildung zeichnet sich dadurch aus, dass man weiß, dass man nichts weiß. Man muss nur wissen, wo es steht, oder jemanden kennen, der es weiß. Gegen die unwichtigen Dinge kann man sich abgrenzen und auch in der Öffentlichkeit dazu stehen: »Das interessiert mich nicht.« Auf der anderen Seite besteht das Leben aus Erfahrung, und zu dieser gehört das lebenslange Lernen. Falls man nicht stagnieren möchte, sollte man in die eigene Fortbildung investieren. Wenn Sie auf einem Gebiet Hochleistung bringen wollen, dann heißt es üben, üben und üben. Im Sport geht es nicht ohne Training, das hat sich längst herumgesprochen. Da wird ein privater Lehrer für die Technik und ein Coach für die mentale Entwicklung engagiert. In schulische oder außerbetriebliche Ausbildung selbst zu investieren ist jedoch in Europa noch wenig verbreitet. Ausbildung und Universität sind umsonst und somit auch oft vergebens.

Wer weiterkommen will, muss aber auch in sein eigenes Wissen investieren. Kurse, Seminare, privater Unterricht, die Inanspruchnahme von persönlicher Beratung sind hier ein Muss! Andere geben Geld aus, um ein teures Hobby zu pflegen oder ein großes Auto zu fahren. Investieren Sie stattdessen doch in Ihr eigenes Leben, in Ihr Wissen und Können. Eigeninitiative bei der persönlichen Entwicklung kann Ihnen keine Institution und auch kein Außenstehender abnehmen.

Schluss mit dem Telefonterror!

Haben Sie eine Vorstellung, wie viele Stunden Sie täglich am Telefon verbringen? Stoppen Sie doch einmal die Zeit eines jeden einzelnen Anrufs – es kommen sicher auch bei Ihnen an einem Arbeitstag mehrere Stunden zusammen. Wollen Sie Ihre Telefonate effektiv und kurz halten, so fragen Sie niemals: »Wie geht es Ihnen?« Das öffnet dem Gesprächspartner Tür und Tor für eine ausführliche Beschreibung seines Gesundheitszustandes oder der Bilanzen. Als Anrufer dürfen Sie gleich mit dem Thema beginnen, der andere wird Ihnen dankbar sein für Ihre Prägnanz! Als Angerufener tut es ein freundliches »Was kann ich für Sie tun?«, das führt ebenso schnell zum Thema. Stundenlange Gespräche kosten Zeit und Energie. Und beides sind kostbare Ressourcen.

Auch am Telefon lauern Fallen: Manche Kunden erwarten sofort eine Antwort auf all ihre Fragen und die Lösung ihrer Probleme: ob man ein Schlafzimmer in Gelb streichen, eine Küche mit Parkett auslegen und wie man seine Kinder zum Aufräumen bringen kann. Natürlich kann man, aber wie und ob sich das im Besonderen empfiehlt, ist eine andere Frage. Ich selbst biete keine telefonischen Lösungen an, denn in der Regel liegt zu diesem Zeitpunkt ja noch kein Auftrag vor. Man muss sich als Berater wirklich davor hüten, sich von Kunden »überfahren« zu lassen. Für Gespräche stehen ich und mein Wissen gern bereit, die Preise bekommt der Kunde aber ebenfalls genannt. Denn am Telefon Probleme umsonst zu lösen ist auch für den Kunden »umsonst«. Die Kunden, die ich gestalterisch berate, wissen, dass ich auch telefonisch zu einem Honorar X, das vom Zeitaufwand abhängt, zur Verfügung stehe. So liegt es im Interesse des Kunden, Zeit und somit auch Geld zu sparen. Ich weise auch gern darauf hin, dass ich nicht hellsichtig bin und mir erst einmal vor Ort einen Eindruck von den Räumlichkeiten verschaffen muss, bevor ich Alternativen anbiete. Schnelle Lösungen sind nämlich keine geschätzten Lösungen.

Stattdessen: Lächeln Sie am Telefon!

Wenn ich den Hörer abnehme, muss ich für den anderen voll präsent und in guter Verfassung sein. Über die Stimme wird die Befindlichkeit des Menschen subtil transportiert, schlechte Laune »schwingt« auch durch die Leitung. In schlechter Stimmung jemanden zu begrüßen ist daher gerade am Telefon absolut geschäftsschädigend. Dass ich auf jeden Anrufer gespannt bin und gern mit ihm spreche, kommt meinem Geschäft sehr zugute. Beim Telefonieren habe ich mir angewöhnt, mir sofort den Namen des Anrufers zu merken, damit ich ihn im Laufe des Gesprächs damit ansprechen kann. Das schafft eine persönliche Verbindung und dadurch Verbindlichkeit, und diese wiederum führt zur Kundenbindung. Wer sich über unhöfliche Zeitgenossen am Telefon beschwert, der ist selbst meist nicht sehr höflich, vielleicht auch ohne das zu wissen. Was man im persönlichen Gespräch noch durch Mimik, wie etwa ein

Lächeln, korrigieren kann, ist am Telefon nicht möglich. Bei manchen Menschen schwingt in der Stimme allein schon bei der Begrüßung mit: »Was wollen Sie eigentlich von mir, und wie kommen Sie dazu, mich zu stören?« Es kann schon einmal sein, dass ich krank oder schlecht gelaunt bin, aber dann vermeide ich es eben, an diesem Tag zu telefonieren. Zum einen schadet es in diesem Zustand eher meiner Firma, und zum anderen möchte ich meine schlechte Laune keinem anderen zumuten.

Chefs rate ich immer, ihr eigenes Unternehmen einmal über die Zentrale anzurufen und sich die Telefonstimmen ihrer Mitarbeiter anzuhören. Dabei gilt festzuhalten: Wer am Telefon nicht »lächelt«, schadet dem Image der Firma! Und wer seine eigene Telefonzentrale anruft, kommt auch einmal selbst in den »Genuss«, in der Warteschleife zu hängen und sich das Gedudel anhören zu müssen.

Anrufe unterbrechen meistens den Arbeitsfluss. Darum rufe ich für aufwändigere Gespräche zu einem vereinbarten Termin zurück. Dann kann ich meine Unterlagen hinzuziehen und mich voll und ganz auf dieses Thema einlassen. Da das Telefon ein schnelles und direktes Medium ist, werden Entscheidungen ebenso schnell und am liebsten sofort erwartet. Lassen Sie sich aber nicht unter Druck setzen, sondern bitten Sie um Bedenkzeit und rufen Sie zurück.

Stattdessen: Einfach mal ausschalten!

Mit der Verbreitung des Handys entstand der Zwang, immer und überall erreichbar zu sein. Selbstständige tragen ihr Handy scheinbar immer nur bei sich, weil sie ja einen Auftrag verpassen könnten. Die übrigen Handybesitzer verpassen vielleicht den Mann ihres Lebens oder irgendeine wichtige Verabredung. Und wenn sich dann jemand verabreden möchte, traut man sich noch nicht gleich zuzusagen, weil ja vielleicht noch ein besseres »Angebot« kommen könnte. Dieses kleine Gerät ist ein Symbol für die zeittypische Angst, man könne ja etwas verpassen. Man sagt also nicht ab und sagt nicht zu, bleibt ambivalent und zerrissen. Und am Ende steht man allein da! Aber auch auf der anderen Seite der Leitung wird der Anspruch formuliert, immer erreichbar zu sein. Dass ich in Seminaren mein Handy ausschalte, wird von manchen Kunden vorwurfsvoll moniert: »Ich konnte Sie ja gar nicht erreichen!«

Wenn Sie nicht der ständigen Kontrolle durch andere unterliegen wollen, schalten Sie Ihr Handy doch ab und zu mal aus oder lassen Sie es ganz zu Hause. Weltbewegendes erfahren Sie sowieso nicht. Um sich die Abhängigkeit vor Augen zu führen, in der man inzwischen von diesem Medium lebt, kann man doch einfach mal einen handyfreien Tag einführen. Es gehört schon Mut dazu, einfach mal nicht erreichbar zu sein und dazu zu stehen. »Ich hatte heute keine Lust zu telefonieren!« Schluss, aus! Ein Tag in der Öffentlichkeit ohne elektronisches Gebimmel wäre ein Traum! Wie sehr das Klingeln in den unterschiedlichsten Melodien Teil der natürlichen Geräuschkulisse geworden ist, lässt sich auch daran ablesen, dass einige Vogelarten dazu übergegangen sind, diese Tonfolgen zu imitieren, und sie zu einem Teil ihres Sangesrepertoires gemacht haben. Das spricht doch Bände.

Anrufbeantworter sollten entlasten

Anrufbeantworter sind nicht immer eine Entlastung. Wenn man nach einem Tag Abwesenheit alle Nachrichten mit einem Rückruf beantworten wollte, wäre oft vom nächsten Tag schon wieder die Hälfte vergeudet. In manchen Fällen, beispielsweise in psychologischen Praxen, empfiehlt es sich daher, den Anrufbeantworter nur als Ansagegerät zu benutzen. Er weist hin auf Telefonzeiten, zu denen man persönlich erreichbar ist. In dieser Zeit muss sich dann auch der Kunde Zeit nehmen und es, falls nötig, mehrmals versuchen. Am sinnvollsten erachte ich bei stark frequentierten Anrufbeantwortern den Hinweis auf Fax oder E-Mail. Denn was Menschen schriftlich machen, halten sie kürzer und durchdachter. Was sie sagen, ist dagegen meist unüberlegt. Und sollte ein Anrufbeantworter einmal nicht eingeschaltet sein, so ist das auch kein Beinbruch. Man erinnere sich nur an Zeiten, zu denen es diese Geräte noch nicht gab. Personen, die einen wirklich erreichen wollen, die ein wichtiges Anliegen haben, werden es einfach immer wieder versuchen!

Am meisten stört mich die Unsitte, dass im Beisein von Kunden oder Besuchern telefoniert wird. Man sitzt in einem Gespräch, und das Gegenüber nimmt beim Klingeln ab und führt ausufernde Gespräche. Ich aber sitze inzwischen tatenlos herum und weiß nicht, wo ich hinhören soll! Ein solches Verhalten zeugt von absoluter Unhöflichkeit und Ignoranz. Manche machen sich auf diese Art und Weise auch noch wichtig: Kaum sitzt man mit ihnen im Restaurant, da kommt ein Anruf herein und wird prompt beantwortet. Als Gegenüber fühlt man sich ignoriert und nicht geschätzt. Ebenso unhöflich ist es, lange Telefonate zu führen, wenn man zu Hause Gäste hat. Warum kann man es denn nicht einfach einmal klingeln lassen? Oder kurz rangehen und den Anrufer auf später vertrösten. »Ich habe Besuch und rufe später zurück.« Angerufen zu werden ist wie unangemeldeter Besuch. Und dieser darf sich nicht wundern, wenn er eben mal stört. Die anwesenden Gäste haben Vorrang!

Stattdessen: Fasse dich kurz!

Viele meiner Kunden klagen über zu lange Telefonate. Beobachtet man sie einmal dabei, so fällt eines auf: Sie selbst verlängern, wahrscheinlich ohne es zu ahnen, das Gespräch. Der erste Fehler, den man macht, ist, das Gegenüber zu fragen: »Wie geht es Ihnen?« Das kann den anderen dazu verleiten, seine gesamte Lebens- und die aktuelle Krankengeschichte zu erzählen. Wenn Sie das nicht wirklich interessiert, vermeiden Sie die Frage besser. »Was kann ich für Sie tun?« erfordert vom anderen Ende eine klare Antwort, und man erfährt sofort, ob man überhaupt der richtige Ansprechpartner ist. Diese Frage ist auch bei privaten Telefonaten vorzuziehen, falls man diese kurz halten will. Dann erfährt man sehr schnell, ob die Freundin nur plaudern, sich ausheulen oder eine Einladung zum Essen aussprechen will oder eine Frage hat. Falls Sie ein Langzeittelefonat ahnen, dazu aber keine Zeit oder Lust haben, geben Sie Ihrem Gegenüber ein zeitliches Limit. »Ich bin jetzt zehn Minuten lang ganz für dich da, aber mehr Zeit habe ich nicht.« Punkt! Und dann, bitte, schauen Sie auf die Uhr. Nach zehn Minuten brechen Sie ab: »Ich habe jetzt wirklich keine Zeit mehr.« Ohne Wenn und Aber, ohne fadenscheinige Begründung, warum Sie keine Zeit haben oder was Sie jetzt machen müssen. Das geht zum einen keinen was an, und zum anderen können Sie ja selbst entscheiden, womit und mit wem Sie Ihre Zeit verbringen möchten. Manche Anrufer könnten einen Stunden am Telefon festnageln, heulen sich aus, und man selbst ist danach fix und fertig. Diese Telefonvampire müssen Sie aushungern, indem Sie klare Vorgaben machen. Unterbrechen Sie zur Not, und wenn der andere gar nicht reagiert, legen Sie doch einfach mal auf! Das ist heilsamer als so manche Vorankündigung.

Weniger Wartezeiten

Sicherlich kennen Sie auch Leute, die immer zu spät kommen. Sie nerven damit andere, die schon lange da sind und auf sie warten müssen, und stehlen ihnen sozusagen ihre Zeit. Diese Zeiträuber sehen das selbst oft gar nicht so tragisch. »Wegen der paar Minuten machst du so ein Theater!« Das »Theater« ist aber durchaus berechtigt: Denn ein Mensch, der zu spät kommt, missachtet den anderen und gleichzeitig sich selbst! Ist man selbst pünktlich und erwartet das auch vom anderen, so wird man oft als »kleinlich und spießig« tituliert. Die Zeiträuber hingegen verfügen über klare Vorteile: Sie werden beachtet und wahrgenommen, stehen im Mittelpunkt der Gesellschaft, in der sie als Letzter auflaufen – und genießen diese Aufmerksamkeit oft auch noch! Peinlich ist es meist nur den anderen, die sich ohnehin schon ärgern.

Ändern kann man die chronischen Zuspätkommer selten, nur seine Einstellung zu ihnen. Entweder man toleriert dieses Verhalten, oder man verabredet sich nicht mehr mit diesen Zeitgenossen. Verbringt man mehr Zeit damit, auf eine Person zu warten, als mit ihr zusammen, so stimmt die Bilanz nicht mehr, und man sollte von weiteren Treffen wie auch von der Person Abstand nehmen. Andere warten zu lassen ist eine Missachtung ihrer Person. Meine Toleranz bei persönlichen Treffen ist eine Viertelstunde. Wenn der andere nach 20 Minuten immer noch nicht da ist oder sich gemeldet hat, gehe ich.

Stattdessen: Wartezeit ist freie Zeit!

Sicher gibt es Situationen, in denen das Warten nicht zu vermeiden ist. Man kann also nur versuchen, das Beste daraus zu machen. Eine Möglichkeit ist, eine Umwertung der Wartezeit vorzunehmen: Plötzlich hat man Freizeit, kann noch etwas lesen, ein Eis essen, Leute beobachten, sich Geschichten über sie ausdenken oder einfach nur dasitzen und entspannen. Hierbei kann man seine Aufmerksamkeit schulen und ganz im Hier und Jetzt sein.

Warte- und Reisezeiten sind für mich Lesezeiten. Wenn dann der Zug Verspätung hat, stört mich das nicht weiter. Ich persönlich bin lieber etwas früher da als zu spät, gehe lieber noch einen Kaffee trinken, bevor ich hektisch zu einem Termin renne. Mein Timing ist relativ gut, mein Zeitgefühl entspricht einem 24-Stunden-Tag: Ich weiß also, wie viel Zeit mir am Tag zur Verfügung steht. Jeder Mensch hat sein ganz eigenes Zeitgefühl, und wenn Ihres einem 28-Stunden-Tag näher kommt, sollten Sie Ihren persönlichen Puffer einbauen und sich weniger Termine am Tag vornehmen.

Weniger Klatsch und Tratsch

Wie viel Zeit in Büros mit Tratschen verbracht wird, hat wohl noch keiner untersucht. Dieses unproduktive Reden über Dritte scheint nicht nur am Telefon eine der Lieblingsbeschäftigungen vieler zu sein. Als Chef sollten Sie so etwas unterbinden. Es ist ja schließlich Ihr Geld in Form von Zeit, das hier vergeudet wird! Doch nicht nur die Zeit ist eine Energieform, auch die Worte haben Kraft. Wie kleine graue Wölkchen braut sich im Unternehmen durch Gerüchte eine Atmosphäre zusammen, die über allen schwebt. Worte sind Energie, die das Betriebsklima beeinflusst. Ob Mitarbeiter oder Chef, Sie können sicher sein: Wer über andere klatscht, der tratscht auch über Sie, sobald Sie den Raum verlassen haben!

Stattdessen: Worte wählen!
Die einzige Möglichkeit besteht hier, sich an diesen Gesprächen überhaupt nicht zu beteiligen. Lassen Sie die Klatschtanten einfach stehen, und gehen Sie weiter. Gibt es tatsächlich ein Problem mit einem Kollegen, dann schlagen Sie doch vor, dass man denjenigen mit ins Gespräch einbezieht.

Weg mit der »Endlich-ist-Freitag«-Haltung!

Schon am Freitagmorgen säuselt es uns aus dem Radio entgegen: »Nur noch wenige Stunden, dann haben Sie es geschafft! Endlich wieder Wochenende!« Als würden wir alle im Bergwerk schuften oder auf Galeeren unser Dasein fristen! Der einzige Sinn der Arbeit scheint für viele darin zu liegen, sie so schnell wie möglich hinter sich zu lassen. Sie leben am Montag schon wieder auf den Freitag hin und zählen die Stunden. Das ganz große Ziel im Jahr ist der Jahresurlaub, und auf den wird hingearbeitet, werden Tage im Kalender gestrichen. Für manche ist Montag der schlimmste Tag in der Woche, bis Freitag leben sie praktisch nur halb. Ist das nicht ein armseliges Leben, das fünf Tage in der Woche so gut wie ausschließt? Irgendwann wartet diese

Spezies nur noch auf die Rente und hofft, bis dahin von Arbeit möglichst verschont zu bleiben.

Diese Einstellung drückt sich zwangsläufig in der Qualität der Arbeit aus. Wer mit dieser Haltung an seinen Job herangeht, bringt wohl kaum die Leidenschaft mit, diesen auch gut zu machen. Sollten Überstunden nicht zu umgehen sein, so werden sie eben gemacht, weil es dafür mehr Geld gibt, mit dem man sich wieder seinen Urlaub finanzieren kann. Wer zugibt, gern zu arbeiten und Spaß an seinem Beruf zu haben, wird dagegen von vielen als nicht ganz normal angesehen.

Stattdessen: Die Woche genießen!

Wenn Sie merken, dass auch Sie am Montag bereits wieder auf den Freitag hinleben und die Woche nicht genießen können, dann überdenken Sie einmal, was Sie da eigentlich tun. Vielleicht haben Sie ja nicht den richtigen Job, nicht den richtigen Beruf? Damit einem die Arbeit, die man nun mal tun muss, Spaß macht, gibt es nur eines: Sie mit Freuden tun! Oder Sie tun so, als ob sie Ihnen Spaß machen würde, der Spaß kommt dann irgendwann von allein. Sie können ja vielleicht nicht ändern, was Sie tun, aber Sie können bestimmen, wie Sie es tun.

Schluss mit dem Gejammer!

Fragen Sie mal einen Kollegen, was ihn an seinem Job stört, sicher fallen ihm hundert Gründe ein: Der Weg ist zu weit, die Kantine liefert schlechtes Essen, der Chef ist inkompetent, die Arbeitszimmer sind viel zu hell und die Kunden unfreundlich etc. Es ist schließlich chic, zu jammern und an allem und jedem etwas auszusetzen! Im Ausland wird diese Mentalität als typisch deutsch gehandelt. Im Geschäftsleben wird sie allerdings zur Blockade: Denn wer nicht jammert, der wird nicht ernst genommen! Wer am Arbeitsplatz glücklich wirkt, scheint mit dem Status quo zufrieden und gilt somit als unmotiviert. Als ob Unzufriedenheit motiviert. Lachen am Arbeitsplatz wird mit Misstrauen beäugt: Anscheinend darf Arbeit keinen Spaß machen. Wer Spaß daran hat, ist nicht ernsthaft bei der Sache, und wer nicht ernsthaft und zu locker ist, kann auch nichts leisten. All jene, die nicht über Chef, Arbeit oder Kollegen jammern, machen offenbar etwas falsch. Man muss sich vielmehr schon richtig »abrackern«, um dazuzugehören. Wer das scheinbar mit Charme und Leichtigkeit erreicht, der macht sich, zumindest in unseren Breiten, unbeliebt.

Stattdessen: Mehr Humor!

Jammern macht unglücklich. Also sollten Sie sich etwas Gutes tun und sich fern halten von den kollektiven Jammerlappen! Stärken Sie sich mit einem Lächeln auf den Lippen und entgegnen Sie einfach: »Ich weiß nicht, was ihr habt. Mir geht es gut.« Es gibt sicher noch den einen oder anderen in Ihrer Umgebung, der Ihre Einstellung teilt. Suchen Sie sich lieber Kollegen, die Ihnen gut tun, und vermeiden Sie solche, die Sie nur »herunterziehen«. Vorsicht: Jammern ist extrem ansteckend!

Weniger Kritik

Kritik ist wie ein Ball: Man bekommt ihn zugespielt, kann sich aber jedes Mal entscheiden, ob man ihn annimmt oder nicht. Jeder reagiert mehr oder weniger säuerlich auf Kritik, denn Kritik macht uns klein und hilflos. Hat man etwas falsch gemacht und wird darauf angesprochen, so schämt man sich und empfindet Schuld. Man fühlt sich schlecht, handlungsunfähig, abgelehnt und reagiert wie ein kleines Kind: bockig. Oft bringt Kritik, ob nun konstruktiv oder destruktiv, so gut wie nichts an Verbesserung. Sie kann sogar das Gegenteil erzeugen. Oft ist Kritik am anderen nämlich eine regelrechte Anmaßung. Wenn Ihnen Ihr Chef sagt: »Diese Farbe steht Ihnen nicht«, so geht ihn das eigentlich gar nichts an. Er kann es denken, aber er dürfte es nicht äußern. Kritik an der Arbeitsleistung hingegen würde ihm zustehen.

Denken Sie an den Ball: Es liegt in Ihrem Ermessen, ihn anzunehmen oder nicht. Fühlen Sie sich ungerecht kritisiert, so denken Sie sich, dass diese Kritik eigentlich ein verstecktes Kompliment war oder vielleicht sogar Neid. Erfolgreiche Menschen, die in der Öffentlichkeit stehen, sind besonders viel Kritik ausgesetzt. Wer etwas tut, findet immer Kritiker. Wer Bücher schreibt, macht sich angreifbar. Wer sich zu weit aus dem Fenster lehnt, riskiert hinauszufallen. Wer sich beispielsweise zu einer Wahl aufstellen lässt, muss auch damit klarkommen können, wenn er verliert. Auch das ist eine indirekte Kritik der anderen.

Kritisiert zu werden schätzt keiner, auch wenn er das Gegenteil behauptet! Im Einstecken sind wir klein, aber im Austeilen von Kritik oft umso größer. Und dazu noch schnell und unsensibel. Das Gegenteil davon, zu loben oder Komplimente zu machen, fällt uns ungeheuer schwer. Nach dem Motto: »Nichts gesagt ist genug gelobt« erspart man dem anderen oft seine Anerkennung. Dabei kann ein kleines, ernst gemeintes Kompliment einen ganzen Tag retten und weitaus motivierender sein als die Aussicht auf eine Extraprämie.

Stattdessen: Den Blickwinkel ändern!

Manches können wir nicht ändern, wir können aber immer unseren eigenen Standpunkt und somit unseren Blickwinkel verändern. Jeder Mensch hat etwas, das ihn einzigartig macht. Schauen Sie sich mal Ihre Mitmenschen diesbezüglich an. Ihr schrulliger Kollege hat bestimmt Fähigkeiten oder ein Wissen, von dem Sie gar nichts ahnen. Versuchen Sie, etwas an ihm zu sehen, das positiv ist. Könnten Sie ihm etwas Nettes sagen, ihn vielleicht loben? Jeder Mensch ist überaus empfänglich für Komplimente, jeder kann aber auch sehr genau unterscheiden, ob diese echt gemeint oder gelogen sind.

Ich hatte einmal eine Kollegin, die uns alle durch ihre Penetranz zur Weißglut brachte. Jeder mied sie, damit sie einen bloß nicht ansprach. Eines Montagmorgens entschied ich mich, entgegen meiner sonstigen Gewohnheiten, dieser Frau mal etwas Neues zu sagen. Ich hatte keine Ahnung, was das sein konnte. Als ich sie in der Küche traf, stand sie da in ihrem Sonntagskleid und sah wirklich gut aus. Das sagte ich ihr und meinte es auch so. Da sie merkte, dass mein Kompliment von Herzen kam, nahm sie es dankend an. Ich glaube, nicht nur ihr Montag begann etwas sonniger als sonst.

Vorsicht: Blockaden und Fallen im Job

Für ein bisschen Anerkennung tut der Mensch fast alles. Das ist unser innerer Antrieb, dann fühlen wir uns akzeptiert und gebraucht. Aber Vorsicht, dahinter kann auch eine Falle lauern: »Sie haben doch eine so schöne Handschrift, können Sie nicht mal eben ...« Schwupps, schon hat man wieder eine Arbeit am Hals, für die man eigentlich gar nicht eingestellt wurde. »Ich weiß, das sollte eigentlich Herr M. machen, aber Sie können das viel besser ...« Über diese Honignummer kriegt man(n) vor allem weibliche Mitarbeiterinnen. Welcher Geschlechtsgenosse würde schon auf diese Komplimente hereinfallen? Diese kleinen Gefallen am Rande drängen sich mitten ins Tagesgeschäft und sind immer eilig, denn wenn man erst noch lange darüber nachdenken könnte, würde man den Schwindel ja erkennen. Sätze wie »Sie haben doch sicher gerade einen Moment Zeit für mich?« sollten Ihre innere Alarmanlage in Gang setzen: »Für Sie doch immer, aber nicht für das, was Sie für mich zu tun haben.«

Stattdessen: Klare Zuständigkeiten!

Diese Nötigungen entstehen oft aus unklaren Zuständigkeiten heraus. Wer macht eigentlich was? Wie sind die

Hierarchien, und wo stehe ich? Diese Informationen fehlen oft! Oder haben Sie eine klar definierte, schriftliche Stellenbeschreibung Ihrer Tätigkeit? Druck entsteht aufgrund unklarer Strukturen. Man weiß nicht, wen man fragen kann, wer weisungsbefugt ist und wie die Hierarchien verlaufen.

Hier hilft nur Klarheit. Informieren Sie sich über die Rahmenbedingungen Ihres Unternehmens: Wo stehe ich innerhalb des Unternehmens hierarchisch? Wer hat mir etwas zu sagen? Wer ist mein direkter Ansprechpartner? Was habe ich zu tun, wie sieht meine Arbeitsplatzbeschreibung und die der anderen aus? Wem kann ich etwas abgeben? Diese Zuständigkeiten helfen auch im privaten Bereich. Zu wissen, wer für die Fütterung des Hundes zuständig ist, entlastet andere. Außerdem wird sichergestellt, dass der Hund sein Futter regelmäßig und ausreichend bekommt. Wenn alle ihn füttern, fühlt sich keiner richtig zuständig, er bekommt mal zu viel, mal zu wenig und mal gar nichts. Bis er eines Tages verhungert ist!

Schluss mit den unbezahlten »Freundschaftsdiensten«!

Kennen Sie das Vorurteil, dass Rechtsanwälte, Steuerberater und Ärzte viele Freunde haben? Ebenso wie Designer, ich spreche da aus eigener Erfahrung: »Ich brauche einen Schrank, kannst du mir mal schnell einen Entwurf machen?« Oder eine Farbe für das Schlafzimmer suchen oder einen Text schreiben oder oder oder… Die Liste ließe sich beliebig fortsetzen, und ich könnte aus meinen »Freundschaftsdiensten« gut und gern einen Vollzeitjob machen. Meine Antwort fällt in den meisten Fällen so aus: »Ja, sehr gern, ist ja schließlich mein Job. Ruf mich morgen im Büro an und wir vereinbaren einen Termin, damit ich dir einen Kostenvoranschlag mache.« Wie von allein lösen sich dann die meisten dringenden Aufträge in Luft auf! Umgekehrt erwarte ich ja auch nicht von meinem Freund, dem Anwalt, dass er mich umsonst vor Gericht vertritt. Gehe ich zu meiner Freundin, die Internistin ist, so bringe ich ihr natürlich auch meine Versicherungskarte mit. Kaufe ich bei meiner Freundin Kleidung ein, so rechne ich nicht damit, dass sie mir diese schenkt.

Stattdessen: Beruf und Freundschaft trennen!

Keine Frage, dass man seinen Freunden mit Rat und manchmal auch mit Tat zur Seite steht. Bezüglich eines Umbaus kann ich vorab einige (kostenlose!) Tipps geben. Artet das jedoch in Arbeit aus, so rechne ich professionell ab. Und das sollte man schon im Vorfeld klären! Unausgesprochene »Abmachungen« zählen nicht und führen am Ende zu Missverständnissen. Der eine stellt eine Rechnung, der andere glaubte, es sei zum Nulltarif, und schon ist die Freundschaft zu Ende! Wer sich damit schwer tut, sollte freundschaftliche »Aufträge« lieber meiden und sie besser Fremdfirmen überlassen.

Raus aus dem falschen Job

Erinnern Sie sich noch: Was war als Kind Ihr erster Berufswunsch? Lange bevor ich in den Kindergarten kam, wollte ich Braut und danach Tänzerin werden, in der Grundschule Stewardess, mit 16 Jahren Innenarchitektin und kurz vor dem Abitur Tierärztin. Was ich heute mache, ist davon gar nicht so weit weg: Ich schreibe, als Designerin gestalte und berate ich, privat reise und tanze ich gern, und ich habe einen Hund. Die Berufswünsche unserer Kindheit sind nicht nur Träume, sondern stellen auch eine Verbindung zu unserem Innern dar. Sehnsüchte, die wir als Kinder bereits hatten, haben wir heute wahrscheinlich immer noch. Oder wir haben sie verdrängt und vergessen und quälen uns heute in Jobs, die wir lieber heute als morgen an den Nagel hängen würden. Wenn Sie jeden Morgen mit Widerwillen zur Arbeit gehen und sich auf der Körperebene schon Krankheiten zeigen, die mit diesem ungeliebten Job zusammenhängen, dann müssen Sie handeln! Wenn Sie auch nur ein Drittel des Tages widerwillig Ihrer Arbeit nachgehen, schadet das Ihrem Körper, Ihrem Geist und Ihrer Seele.

Tun Sie stattdessen das, was Sie tun, mit Leidenschaft! Tun Sie mehr für Ihre berufliche Entwicklung. Ob Sie das Karriere und Erfolg nennen oder Zufriedenheit und Erfüllung, ist zweitrangig. Jeder Mensch sollte beruflich das tun, was ihn erfüllt. Es gibt Menschen, die »packen« einen förmlich! Sie faszinieren, haben Ausstrahlung und scheinen das große Los gezogen zu haben. Sie berichten begeistert von ihrem Unternehmen, ihrem Projekt. Man könnte ihnen stundenlang zuhören, ist ganz von ihnen in Bann gezogen. Was diese Personen tun, welche Aufgabe sie im Leben haben, ist dabei zweitrangig. Aber diese »leidenschaftlichen« Menschen haben etwas gemein: Sie sind von dem, was sie tun, überzeugt und besitzen daher sowohl Ausstrahlung als auch Autorität. Sie sind authentisch und machen das, was sie machen, aus vollem Herzen.

Unzufriedenheit im Beruf kann man zum Teil durch eine sinnvolle Freizeitbeschäftigung kompensieren. Gartenarbeit schafft Ausgleich und stiftet Sinn, ebenso wie ehrenamtliche Tätigkeiten in einem gemeinnützigen Verein. Das stärkt und erfüllt in Situationen, in denen sich beruflich wenig verändern lässt, sicher seinen Zweck. Wer hat noch nicht davon geträumt, im Lotto zu gewinnen und aus seinem Leben auszusteigen! Wie aber wäre das, ohne dass Sie im Lotto gewonnen hätten? Stellen Sie sich doch einmal Folgendes vor: Sie gehen morgen zu Ihrem Chef und kündigen. Wie würden Sie ihm das beibringen? Was würden Sie ihm sagen? Würden Sie diesen Satz überhaupt über die Lippen bringen? Nein? Also ist das nur Illusion. Dann verschieben Sie die Kündigung und bringen Sie erst einmal Ordnung in Ihren jetzigen Job.

Stattdessen: Bilanz ziehen und Visionen entwickeln!

Ziehen Sie Bilanz: Was ist Ihnen tatsächlich wichtig im Beruf, und was bringt Ihre jetzige Tätigkeit? Was würden Sie gern verändern, und worauf möchten Sie verzichten? Wo liegen Ihre Prioritäten? Was sind Ihre wahren Fähigkeiten? Was können Sie gut?

Definieren Sie Ihre Ziele, am besten schriftlich! Erinnern Sie sich dazu ruhig an Ihre Träume, die Sie hatten, als Sie gerade fertig waren mit der Ausbildung, nach Ihrem Studium. Schätzen Sie Ihre Fähigkeiten und Möglichkeiten realistisch ein und definieren Sie ein machbares Ziel. Wie könnte ein erster Schritt in diese Richtung aussehen? Wo würde die Zielgerade weiter hinführen? Jeder von uns ist Gestalter seines Lebens und nicht Opfer der äußeren Umstände. Allein dieses Bewusstsein kann Berge versetzen! Was tun Sie mit Leidenschaft? Kann Ihr Beruf diese Leidenschaft in Ihnen entzünden?

Exkurs: Das Leben ent-schleunigen

In der alltäglichen Jagd nach geschäftlichen Erfolgen und Perfektion vergessen wir oft, anzuhalten und nachzudenken. Wir trennen Spannung von Entspannung, die wir in die Abendstunden verlegen. Wie wäre es dagegen einmal mit mehr Gelassenheit und Ruhe in der Hektik des Alltags? Eine Haltung von Gelassenheit wirkt sich im Außen als das souveräne Auftreten aus, das wirklich erfolgreiche Persönlichkeiten auszeichnet. Mit Gelassenheit zu agieren heißt auch, ab und zu nicht zu handeln. Einfach abzuwarten und den Dingen ihren Lauf zu lassen. Verglichen mit der Technik des Bogenschießens bedeutet das im Alltag, dass man sein Ziel anvisiert, den Bogen spannt und den Rest einer anderen Macht überlässt. »Es« trifft von ganz allein. Die Gelassenheit wirklich zu leben heißt, darauf zu vertrauen, dass der gesäte Keimling wächst. Nicht gelassen zu agieren hieße, ständig den kleinen Trieb aus der Erde zu ziehen, um nachzusehen, wie lang die Wurzel schon ist. Ohne Gelassenheit zu leben heißt, ohne Vertrauen zu sein.

Während wir in unserer westlichen Kultur ständiges Handeln und Aktivsein als Voraussetzung für beruflichen Erfolg sehen, wird im Taoismus dem Nichthandeln sehr viel mehr Macht eingeräumt. Das Handeln an sich ist ein müheloser Akt, der mit geringem bis gar keinem Kraftaufwand zustande kommt. Es handelt quasi von allein; dieses Allein-Handeln wird »Wu Wei« genannt. Wu Wei ist das wahre Geheimnis der Lebenskunst Tao und bedeutet übersetzt so viel wie »Handeln durch Nichthandeln«. Hier steht Leichtigkeit im Gegensatz zum blinden Aktionismus, Mühelosigkeit kontra Kraftaufwand.

Sie haben Ihr Bestes gegeben, das Angebot abgegeben und telefonisch noch einmal nachgefragt, ob es angekommen ist? Jetzt ist es Zeit für Wu Wei, also den Geschehnissen ihren Lauf zu lassen und darauf zu vertrauen, dass sich alles zum eigenen Besten entwickelt. Den potenziellen Kunden ständig anzurufen und auf eine baldige Entscheidung zu pochen, also Druck auszuüben, wäre nach der Logik des Wu Wei kontraproduktiv. Die Energie wurde in diese Richtung fokussiert, und jetzt kann man ihr vertrauen, auch ohne künstlichen Kraftakt. Diese Haltung durchzuziehen setzt eine große innere Sicherheit in sich und Vertrauen in den Lauf der Dinge voraus, denn sollte etwas mal nicht klappen, so ist auch nichts zu erzwingen. Zugegeben, diese Einstellung fällt uns kontrollwütigen Westlern überaus schwer und stellt unsere Geduld auf die Probe.

Also, versuchen Sie es doch mit etwas mehr Wu Wei auch in Ihrem Leben! Finden Sie Ihr eigenes Tempo und lassen Sie sich nicht immer den Takt von den anderen vorgeben! Als Selbstständige verlangsame ich bewusst meinen hektischen Alltag und genieße ab und zu den Luxus der ganz persönlichen Entschleunigung. Luxus heißt für mich, dass ich mich auch mal nachmittags hinlege. Ein Mittagsschlaf kann Wunder wirken! Übrigens lassen sich manche Dinge wie telefonieren, Fachliteratur studieren, Post lesen und nachdenken auch im Liegen erledigen. Sollten Sie nicht in den Genuss eines kleinen Schläfchens kommen, so versuchen Sie doch einmal, in Ihrer Mittagspause wenigstens für fünf Minuten die Beine hochzulegen. So langsam spricht es sich auch in der Wirtschaft herum, dass eine Siesta um einiges regenerierender ist als ein schweres Mittagessen. Manche Unternehmen institutionalisieren diesen Trend sogar und richten Entspannungsräume ein.

Mehr Langsamkeit im Umgang miteinander nimmt auch den Druck, ständig vorschnelle Entscheidungen treffen zu müssen. Sagen Sie lieber einmal mehr als weniger: »Das muss ich mir erst überlegen, darüber muss ich noch eine Nacht schlafen.« Halten Sie den Film an, immer wenn Sie das Gefühl haben, dass etwas schief oder in die falsche

Richtung läuft – in Verhandlungen und Diskussionen, bei Telefonaten und Streitereien. Sie halten ja unterwegs auch an, wenn Sie das Gefühl haben, sich verfahren zu haben. Sie schauen auf die Landkarte, bevor Sie in die falsche Richtung stundenlang weiterfahren und genau dort ankommen, wo Sie garantiert nicht hinwollten! So verhindert man auch in Gesprächen, sich irgendwo hineinzureden, wo man nur schwer wieder herausfindet. »Lass uns die Diskussion hier abbrechen. Ich sage sonst Dinge, die ich eigentlich nicht sagen möchte« ist eine gute Möglichkeit, auf Distanz zu gehen, bevor einem die Situation zu entgleiten droht. Probleme laufen nicht weg, sie sind auch noch morgen da!

Achten Sie selbst auf Ihr inneres Stoppschild, überhören Sie Ihre Alarmanlage nicht! Bevor die Situation eskaliert, sagen Sie Stopp, und nehmen Sie sich Zeit nachzudenken! Das Denken funktioniert am besten, wenn Sie sich räumlich verändern, in die Bewegung gehen. Bei einem Spaziergang bewegen sich auch die Gedanken. Bevor man sich in Wut redet und Dinge sagt oder tut, die man später bereut, empfiehlt es sich, mal mit dem Hund eine Runde um den Block zu drehen. Durch die Distanz betrachtet entschärft sich die Situation, und die Sichtweise verändert sich.

Fragen Sie sich bei all Ihren Tätigkeiten:
- Tut mir diese Tätigkeit gut oder schwächt sie mich langfristig?
- Ist das überhaupt meine Aufgabe?
- Kann ich sie delegieren?

Zusammengefasst:
- Drosseln Sie den Aufwand bei der Hausarbeit! Der Orangensaft muss ja nicht jeden Tag frisch gepresst sein, und die Fenster brauchen Sie nicht wöchentlich zu putzen.
- Delegieren Sie Aufgaben und verteilen Sie sie an alle Familienmitglieder!
- Die Arbeit nimmt so viel Zeit ein, wie man ihr gibt.
- Weg mit dem, was aufhält, Geld kostet und Zeit frisst!
- Weg mit allem, was nichts bringt!
- Sie können den Druck wahrscheinlich nicht abschaffen, aber Ihre Einstellung dazu verändern.
- Störende Aufgaben, die Sie nicht loswerden, sollten Sie in ihrer Bedeutung zu kontrollieren und richtig zeitlich einzuschätzen lernen.
- Reduzieren Sie bei manchen Aufgaben Ihren Aufwand!
- Hinterfragen Sie den Sinn und Zweck von Terminen und Besprechungen, begrenzen Sie sie zeitlich und definieren Sie das Ziel!
- Man muss nicht alles wissen – nur jemanden kennen, der es weiß, oder wissen, wo es steht!

- Der Satz »Ich weiß es nicht« ist befreiend und nimmt Druck weg.
- Jeder Job bietet Nischen und Freiräume. Nutzen Sie diese!
- Gönnen Sie sich selbst und anderen handyfreie Zeiten!
- Lächeln Sie am Telefon und fassen Sie sich kurz!
- Falls Sie der Anrufbeantworter belastet, schalten Sie ihn zeitweise ab!
- Wer wartet schon gern, also lassen Sie die anderen auch nicht warten!
- Jammern ist kontraproduktiv und zieht genau die Situation an, die man beklagt.
- Halten Sie sich aus dem Bürotratsch heraus! Er tut keinem gut.
- Ungerechte Kritik ist ein verkapptes Kompliment, also seien Sie stolz darauf!
- Trennen Sie Ihre privaten von Ihren geschäftlichen Angelegenheiten!
- Übernehmen Sie keine kostenlosen »Freundschaftsdienste« mehr!
- Weg mit der Hektik! Schalten Sie einen Gang herunter!
- Mehr Langsamkeit im Umgang miteinander nimmt den Druck, ständig vorschnelle Entscheidungen treffen zu müssen.
- Halten Sie den Film an, immer wenn Sie das Gefühl haben, dass etwas schief oder in die falsche Richtung läuft!

3. Woche: Weg mit den Nervensägen!

Welche Menschen sind für Sie wirklich wertvoll? Wer unterstützt Sie bedingungslos? Und wer raubt Ihnen den letzten Nerv?

Kontakte zu unseren Mitmenschen bestimmen einen Großteil unserer täglichen Zeit. Wir reden am Frühstück mit dem Partner und den Kindern, grüßen die Nachbarn, bedanken uns bei der Kassiererin, telefonieren mit Freunden und Kunden, tauschen uns mit Kollegen aus, sprechen mit unseren Kunden. Mit wie vielen Menschen stehen Sie tagtäglich in Kontakt? Wie viele davon treffen Sie persönlich? Mit wie vielen telefonieren Sie? Wie viele Menschen sind ein Teil Ihres gesamten Lebens? Schätzen Sie mal! Sind es eher zehn oder hundert?

Kontakte mit Menschen, ob telefonisch, schriftlich oder persönlich, berühren uns auch immer innerlich. Manche Personen erfreuen uns durch ihre Art, mit einem netten Wort, einer unscheinbaren Geste, andere lassen uns kalt, und ein (hoffentlich nur geringer) Prozentsatz löst negative Gefühle in uns aus, macht traurig oder wütend oder vermag uns zu ärgern. Um diese letzte Personengruppe geht es hier!

Denn wer oder was uns ärgert – absichtlich oder unabsichtlich –, schwächt uns. Eine nette Stimme am Telefon bringt Sonne in den Tag, wohingegen ein schlecht gelaunter und wenig kooperativer Kollege einem den ganzen Tag vermiesen kann. Und auch Sie haben es mit Ihren Worten in der Hand, ob Sie den Tag des anderen bereichern oder ob Sie ihn überschatten.

Der Mensch braucht Wertschätzung

In der Natur des Menschen liegt eine tiefe Sehnsucht, von anderen geliebt oder wenigstens anerkannt und wertgeschätzt zu werden. Dieses Bedürfnis erfüllt sich nur im Austausch mit den Mitmenschen. Darum vermögen uns scheinbare Kleinigkeiten wie ein unfreundliches Wort oder eine abweisende Haltung schnell zu irritieren und zu verletzen. Wir suchen nach Menschen, die uns gut tun – mit ihnen machen wir viel lieber Geschäfte als mit den komplizierten Kunden. Denn jene versuchen durch die Art, wie sie ihre sozialen Kontakte gestalten, ihren Selbstwert zu erhöhen.

Unser Bedürfnis nach harmonischen Beziehungen wird jedoch zuweilen besonders auf die Probe gestellt. Wir versuchen, übel gelaunte Kollegen zu motivieren, wütende Chefs milde zu stimmen, traurige Freundinnen zu trösten. Immerzu unzufriedene Mitmenschen und solche, die ständig etwas von uns wollen, werden durch eine Menge Beachtung ständig »gefüttert«, und je unzufriedener sie sind, desto mehr Aufmerksamkeit bekommen sie auch. Dabei sollten wir uns lieber um die Menschen kümmern, die wir lieben und die wir meist vernachlässigen: unsere Freunde und unsere Familie. Mit diesen Menschen sollten wir bewusst mehr Zeit verbringen, ihnen ab und zu auch mal etwas Neues sagen, unsere Gefühle zeigen, anstatt uns von den energetischen »Vampiren« aussaugen, kontrollieren und schwächen zu lassen. Die Menschen, die uns durch negative Emotionen binden, wie nervende Kunden, streitende Nachbarn, immer noch präsente Ex-Partner und andere, sollten wir aus unserem Leben verbannen. Wenn sie gegangen sind, sollten wir die Tür hinter ihnen endgültig schließen und ihnen keinen Zutritt mehr in unser innerstes Reich gewähren. Zeigen Sie diesen Menschen in Zukunft das Schild: »Wir müssen leider draußen bleiben!«

Was uns trifft, das betrifft uns

Wer uns innerlich trifft, hat ein Thema, das uns auch betrifft. Das, was uns am anderen stört, was uns an ihm ganz besonders aufregt, ist meist auch ein Teil von uns. »Was, so nervend soll ich sein?«, werden Sie vielleicht empört fragen. Vielleicht, wer weiß. Denn wenn uns etwas negativ bewegt, uns aufregt oder nervt, dann berührt uns das. Wenn uns etwas nicht berührt, lässt es uns kalt, und wir verlieren kein Wort darüber. Andere Menschen sind unsere Spiegel. Wenn ich unfreundliche Menschen anziehe, sollte ich mir überlegen, wann ich selbst auch unfreundlich bin. Wenn man davon ausgeht, dass man im Außen nur sich selbst gespiegelt bekommt, sich selbst begegnet, dann muss man sich schon fragen, ob man nicht auch irgendwo eine Nervensäge ist oder sich auf irgendeinem Gebiet so verhält. Und wenn man sich nur selbst nervt! In dem Moment, in dem man bestimmte Eigenschaften beim anderen ablehnt, sollte man sich selbst fragen, ob man nicht genauso ist. Wollte man dieser Logik folgen, so hieße das, sich entsprechend zu verändern und dadurch auch andere Menschen anzuziehen.

Tatsache ist jedoch, dass gerade Menschen, mit denen wir weniger gut klarkommen, mit denen es Probleme gibt, es immer wieder schaffen, unsere Aufmerksamkeit und somit unsere Energie an sie zu binden. Wir reden mit anderen Menschen über diese Störenfriede, versuchen eine Lösung für bessere Kommunikation und Möglichkeiten zu finden, wie man sich im Unternehmen besser mit diesen Nervensägen verstehen kann, und sinnen über die Ursachen nach.

Menschen kommen und gehen

Die ersten Beziehungen in unserem Leben haben wir zu unseren Eltern und unserer Familie. Diese Bindungen sind die stärksten, sie prägen uns und geben uns Kraft. An ihnen kommen wir, selbst wenn wir es wollten, nicht vorbei! Daher sollten wir diese Beziehungen pflegen und wertschätzen.

Andere Personen stoßen nach und nach zu uns: Freunde, Bekannte, später Kollegen. Manche werden unsere Freunde, manchmal auf Jahre und Jahrzehnte hinaus, andere kommen in unser Leben und verlassen es nach einer Weile wieder.

Wir können, auch wenn wir es wollten, nicht jeden Kontakt über Jahre hinweg pflegen. Mit Kollegen, die wir tagtäglich sehen, freunden wir uns an. Wenn wir dann den Job verlassen und in anderen geschäftlichen Verbindungen stehen, können wir die meisten der alten kollegialen Beziehungen nicht weiterführen. Dazu reicht unsere Zeit und unsere Energie nicht aus. Neue Menschen bekommen plötzlich Prioritäten in unserem Leben, dafür verlassen uns alte. Das ist der Wandel des Lebens, und es ist normal. Untersuchungen zeigen, dass die menschliche Kontaktfähigkeit bei 150 Personen aufhört. Zählen Sie doch einmal alle Menschen durch, mit denen Sie geschäftlich, familiär oder freundschaftlich verbunden sind. Da kommen 150 schnell zusammen. Um dieses Gleichgewicht aufrechtzuerhalten, ist es normal, dass einer geht, sobald ein neuer Mensch in Ihr Leben tritt. Falls man sich von keinem alten Bekannten lösen will, darf man keine neuen Bekanntschaften schließen. Denn das Kommen und Gehen erfolgt meist unkontrolliert. Falls man sich bei Freunden oder Partnern darüber beschwert, ein Bekannter habe »sich so verändert«, so ist das oft Zeichen eines Entfremdungsprozesses, Ergebnis einer schleichenden Entwicklung. Hier hilft es nur, im Vorfeld bereits diese wichtigen Beziehungen im eigenen Leben mindestens genauso zu pflegen wie das eigene Auto! Haben Sie nicht auch seit Monaten vor, mal wieder diesen oder jenen Ihrer Bekannten zum Essen zu sehen oder ihn zumindest anzurufen? Und dann ist Weihnachten, und man hat sich in diesem Jahr schon wieder nicht gesehen!

Stattdessen: Qualität vor Quantität!

Wie und womit wir uns kleiden, wie wir uns einrichten, wie wir uns ernähren, hat einen genauso großen Einfluss auf unser Wohlbefinden wie die Bücher, die wir lesen, die Filme, die wir sehen, die Menschen, mit denen wir es zu tun haben. Das ist bekannt. Wir sollten daher auch die Nähe derjenigen Personen suchen, die uns stärken, und diejenigen meiden, die uns schwächen, bzw. den Umgang mit ihnen, soweit es geht, reduzieren. Darum gilt auch hier: Weniger ist mehr! Qualität vor Quantität! Ohne Absicht vernachlässigen wir die Menschen, die uns wichtig sind. Welche Freunde sind Ihnen wertvoll, wie viele wirkliche Freunde haben Sie überhaupt? Um diese Freundschaften zu pflegen, sollten Sie sich lieber von den Menschen trennen, die keinen Platz in Ihrem Leben haben, die Sie nerven, Sie Zeit und vielleicht sogar noch Geld kosten!

Weg mit den Energievampiren!

In der Kiste Nummer eins ist viel Platz für diese Spezies! Gibt es Menschen in Ihrem Leben, die immer nur dann kommen oder anrufen, wenn Sie etwas von Ihnen wollen? Menschen, die Sie als »seelische Mülldeponie« missbrauchen, Sie zu jeder Tageszeit anrufen mit einem Problem, das absolut dringend ist und noch nicht mal warten kann, bis Sie gefrühstückt haben? Diese Sorte Menschen fragt meistens nicht, ob sie ungelegen kommen oder ob sie vielleicht stören. Sie überfallen uns ungerührt mit ihrem Anliegen und zeichnen sich durch eine extreme Dickhäutigkeit aus. Es sind die geborenen Egoisten, die sich das holen, was sie brauchen. Und wenn Sie es bei Ihnen erhalten, dann kommen sie von nun an öfter.

Vampire kennen keine Grenzen. Wenn sie etwas brauchen, dann sofort. Und wie seltsam, dass sie gerade immer dann, wenn man mal selbst etwas von ihnen braucht, keine Zeit haben oder verreist sind! Diese Zeitgenossen haben ein untrügliches Gespür für Situationen, in denen es etwas zu holen gibt. Sie kommen immer rechtzeitig zum Essen, welch ein Zufall! Der Vampir kommt allerdings nicht auf die Idee, auch mal mit einer Flasche Wein bewaffnet hereinzuschneien. Bittet man ihn, für das Grillfest etwas mitzubringen, dann belässt er es beim eigenen Schnitzel. Er ist zwar gesellig, aber meist nicht sozial. Vampire haben naturgemäß oft einen großen Verschleiß an Bekannten. Jeder »Neue« macht das eine Zeit lang mit und entsorgt den Vampir dann wieder. Der Typ des Vampirs kann unentwegt nehmen, aber er kann nicht geben! Wobei er selbst damit kein Problem hat, denn er sieht gar nicht, worum es geht. Er nimmt emotional, braucht viel Raum, Zeit und Aufmerksamkeit. Sie allein können bestimmen, ob Sie das Spiel mitspielen.

Stattdessen: Grenzen setzen!

Wenn keiner meine Grenzen achtet, habe ich diese wahrscheinlich nicht klar definiert. Hier helfen nur deutliche Ansagen: »Nein, ich will nicht. Nein, ich leihe dir das nicht.« Ohne Rechtfertigung Ihrerseits. Diese energetischen Vampire haben genauso wie die Nervensägen ein enormes Durchhaltevermögen und eine gewisse Penetranz. Dieser Penetranz kann man nur durch ein ständiges, mantraartiges Wiederholen der gleichen Sätze, eine innere Ruhe und Nerven wie Drahtseilen begegnen. Wer will denn gegen Ihr »Nein, das will ich nicht« noch schlagende Argumente vorbringen? Schalten Sie Ihren Überlebenstrieb ein und verjagen Sie diese kleinen und vielleicht auch größeren Vampire, denn ansonsten werden Sie ausgesaugt, oft ohne es zu merken. Brechen Sie den Kontakt ab, rufen Sie nicht mehr an und stellen Sie Ihren 24-Stunden-Schnellservice ein. Der Vampir braucht einen deutlich sichtbaren Zaun – am besten aus Stacheldraht!

Weg mit den Zeiträubern!

Nicht ganz so nervend, aber ähnlich anstrengend sind die Zeiträuber. Es kann sich dabei um Menschen handeln, mit denen Sie auskommen müssen oder wollen. Im Gegensatz zu den Vampiren wollen Sie diese auch nicht loswerden. Vielleicht handelt es sich um durchaus liebenswerte Menschen, die Sie nur mit ihrer Art und Weise zur Weißglut treiben? Die Zeiträuber treten meist telefonisch in Erscheinung. Sie können einen über Stunden hinweg ans Telefon fesseln. Manche sind geborene Telefonterroristen. Falls Sie selbst viel Zeit haben und Ihnen das Spaß macht, dann haben Sie kein Problem. Aber wenn Ihre Zeit eine knappe und kostbare Ressource ist, dann lassen Sie sich diese nicht auch noch stehlen! Hier gilt eine klare Regel: Falls es Sie nicht interessiert, so fragen Sie diesen Menschen nicht, wie es ihm geht. Mit dieser Frage öffnen Sie ihm nämlich Tür und Tor, und er wird dies zum Anlass für seine Lebensbeichte nehmen!

In unseren zwischenmenschlichen Beziehungen spiegeln sich die Probleme, die wir in der Beziehung mit uns selbst haben. Rücksichtslose Menschen, die unseren Weg kreuzen oder sich uns in den Weg stellen, können ein Hinweis sein auf fehlende Rücksicht uns selbst gegenüber. Klagen über Menschen, die einem nie zuhören, können darauf hinweisen, dass man selbst nicht auf seine innere Stimme hört! Sobald man diese Botschaft von außen verstanden hat, dürften die nervenden Menschen in der Umgebung weniger werden. Aber bis dahin muss jeder von uns mit nervenden Bekannten, Kollegen oder Verwandten klarkommen. Die Verwandtschaft bleibt einem ein Leben lang erhalten, Kollegen kann man sich auch nicht aussuchen, und selbst Nachbarn tauchen ungefragt auf. Die Menschen, zu denen wir keinen guten Draht haben, die wir jedoch aus unserem Leben nicht verbannen können, müssen wir tolerieren und akzeptieren. Auch wenn sie noch so nerven!

Stattdessen: Beziehungen gestalten!

In allen Fällen kann man den Kontakt bewusst gestalten. Nehmen Sie die Regie für den Umgang mit schwierigen Menschen selbst in die Hand! Sie haben die Kontrolle und lassen sich nicht übervorteilen. Begrenzen Sie Übernachtungen zeitlich auf eine Nacht, ohne Begründung. Länger geht es eben nicht. Punkt! Zeitliche Grenzen haben sich auch am Telefon bewährt: »Ich habe jetzt eine halbe Stunde Zeit!« Stellen Sie Personen, die sich telefonisch nur »entleeren« wollen, die Frage: »Was kann ich für dich tun?« Wenn der Betreffende das selbst nicht weiß, woher sollen Sie es dann wissen! Falls Sie Freundinnen haben, die unentgeltlich und tagtäglich von Ihnen telefonisch therapiert werden möchten, dann lassen Sie sich doch eine 0190er-Nummer einrichten! So werden Sie immerhin für Ihre Dienste bezahlt! In jedem Fall geht es auch hier um Grenzen. Falls Ihre ganz intimen Grenzen missachtet werden, dann wehren Sie sich! Stecken Sie Ihre Grenzen sichtbar für den anderen ab und formulieren Sie das auch: »Ich will nicht über dieses Thema mit dir reden« hilft vor allem dann, wenn über Dritte hergezogen werden soll.

Mir selbst ist mein Tag zu schade, um ihn mit Nervensägen aller Art zu verbringen. Und ich schließe mich voll und ganz der Meinung General Eisenhowers an, der darüber hinaus empfahl, keine Minute damit zu vergeuden, an Menschen zu denken, die man nicht mag!

Stattdessen: Die eigene Einstellung ändern!

Menschen, die man nicht ändern und vielleicht auch nicht leiden kann, von denen man sich aufgrund äußerer Zwänge aber auch nicht fern halten kann, muss man eben anders begegnen. Sie können keinen anderen Menschen verändern, wohl aber Ihre Einstellung zu diesem Menschen. Begegnen Sie ihm oder ihr mit Achtung, auch wenn Sie ihn nicht leiden können. Sie können distanziert und freundlich sein und einfach akzeptieren, dass man nicht jeden auf dieser Welt lieben muss! Und es muss auch nicht jeder Sie lieben. Distanziert in der Firma zu sein heißt, mit Kollegen auf einer sachlichen Ebene zu kommunizieren und private Themen einfach außen vor zu lassen! Wenn Sie bestimmte Personen nicht zu nah an sich heranlassen, können Ihnen diese auch nicht zu sehr »auf die Pelle rücken«.

Weg mit den Schwarzsehern!

Ich stand mit einem Freund zusammen auf einer Party, und wir unterhielten uns. Ein anderer kam hinzu, nahm an unserem Gespräch teil und verließ uns wieder. »Siehst du«, sagte mein Freund zu mir, »überall, wo ich bin, gehen die Leute weg.« Ich schätzte die Situation anders ein: »Zuerst ist er aber zu uns gekommen. Du kannst also auch sagen:

Siehst du, überall, wo ich stehe, kommt noch einer dazu.« Dass das Glas für den einen halb leer und für den anderen halb voll ist, ist meist unabhängig vom tatsächlichen Inhalt. Und beide Aussagen sind korrekt. Jeder hat »Recht«. Was die eine Aussage von der anderen unterscheidet, ist lediglich die Betrachtungsweise.

Ich selbst habe ein sonniges Gemüt, bin schon frühmorgens gut gelaunt und grundlos optimistisch. Wo immer ich kann, meide ich die Gegenwart der ewigen Pessimisten. Ich habe oft das Gefühl, dass sie meine positive Einstellung schwer ertragen, mich aber dennoch anzapfen wollen, um von meinen Ressourcen zu profitieren. Solange es mir gut geht, kann ich andere durchaus auf diese Weise »mitfüttern«. Nur profitiere ich umgekehrt wenig von diesen Schwarzsehern und stelle mir daher die Frage, warum ich mich mit ihnen überhaupt noch verabrede. Hier stimmt die Bilanz von Geben und Nehmen in den wenigsten Fällen.

Stattdessen: Auf Distanz gehen!

Früher glaubte ich noch, dass sich durch meine überwiegend gute Laune andere anstecken ließen. Jetzt sorge ich mehr für mich und sehe zu, dass die negative Laune anderer mich nicht erreichen kann! Eines habe ich gelernt: Es besitzt zwar jeder Mensch ein gewisses Veränderungspotenzial, aber in der fundamentalen Beziehung zum Leben ist wenig Veränderung möglich. Zu denken: »Den überzeuge ich schon noch« ist langfristig frustrierend! Eher hat er Sie mit seinem Frust angesteckt als Sie ihn mit Ihrem Frohsinn.

Meine Empfehlung: Gehen Sie auf Distanz! Lassen Sie die negativen Schwingungen anderer nicht an sich heran! Ich stelle mir bei solchen Gelegenheiten immer vor, dass ich eine gelbe Regenjacke anziehe, an der alles Negative wie Regen abperlt!

Weg mit den Bremsern!

Ganz ins Negative rutscht die Bilanz bei Personen, die uns kleiner machen wollen, als wir in Wirklichkeit sind. »Ich habe die Aufnahmeprüfung auch nicht geschafft, obwohl ich gut zeichnen kann. Wie willst du das dann erst schaffen?«, war die Reaktion meines Onkels, als er hörte, dass ich mich an der Hochschule der Künste beworben hatte. Ein wahrhaft aufbauender Satz, mit dem er weniger mich klein als sich selbst groß machen wollte. Dass ich die Prüfung dann doch schaffte, habe ich nur meiner inneren Einstellung zu verdanken, mich von der Meinung anderer Menschen nicht abhängig zu machen. Die Beispiele lassen sich natürlich beliebig fortsetzen: »Hast du dir auch gut überlegt, wie du das ganz allein schaffen willst?« (So lautete die Reaktion meines Freundes auf meine Entscheidung, mich selbstständig zu machen.) »Pass auf, dass sie dich nicht über den Tisch ziehen!« (Dies die Reaktion derselben Person, als ich wegen meines ersten Buchvertrags Freudentänze aufführte.) »Gib Acht, dass du dich nicht verzettelst!« (Dieses Feedback erhielt ich von einem Bekannten auf meine

Projekte.) Derartige Reaktionen unserer Umwelt mögen durchaus liebevoll gemeint sein, vielleicht will man uns ja vor Enttäuschungen und Fehlschlägen schützen. Meines Erachtens schwingt aber auch Neid mit und der Versuch, über das Kleinmachen des anderen das eigene Ego aufzublähen!

In neuen Phasen des Lebens, wenn wir andere Wege eingeschlagen, uns für eine neue Ausbildung oder eine berufliche Veränderung entschieden haben, brauchen wir »Rückendeckung«. Diese Stärkung erwarten wir zu Recht von den uns nahe stehenden Menschen wie Familie und Partner. Solange die erwähnten »Bremser« im entfernten Bekanntenkreis sitzen, mag uns das auch wenig tangieren. Wenn aber der eigene Partner oder enge Freunde uns auf diese Weise ausbremsen und somit die Unterstützung versagen, brauchen wir enorm viel Kraft, um an unserem Entschluss festzuhalten. Denn bei jedem noch so kleinen Rückschlag oder bei jedem Selbstzweifel kommen dann die Unkenrufe: »Siehst du, ich habe es dir ja gleich gesagt!«

Stattdessen: Mentale Unterstützung suchen!

In bestimmten Situationen im Leben brauchen wir mentale Unterstützung von außen. Hier bieten sich vor allem enge Familienangehörige wie Eltern an, die sich in den meisten Fällen immer nur das Beste für ihre Kinder wünschen. Enge Freunde ins Vertrauen zu ziehen, die ihre Eigeninteressen und Bedenken außen vor lassen, ist eine andere Möglichkeit. Sich mental von einem Coach unterstützen zu lassen setzt sich ebenfalls allmählich durch. Gerade wenn man eine höhere Position erreicht hat und sich auf dieser Ebene schlecht mit anderen austauschen kann, braucht man hin und wieder die Stärkung und die richtige Unterstützung von außen. Ich selbst coache andere, habe aber auch meinen eigenen Coach, der zeitweise mein Korrektiv ist und meine Ziele unterstützt.

Sich vor wichtigen beruflichen oder geschäftlichen Entscheidungen beraten zu lassen erspart oft Enttäuschungen. Hierbei geht es mehr um die Begleitung des Weges und weniger um die Inhalte. Diese sollte man auch gut schützen. In vielen Fällen sollte man mit seinen Ideen erst an die »Öffentlichkeit«, wenn man selbst gut gestärkt ist und sich in seinem Entschluss absolut sicher fühlt. Denn fragen Sie drei Menschen, ob Sie sich einen neuen Job suchen sollten, so bekommen Sie drei verschiedene Antworten. Was gut für Sie ist, können nur Sie selbst wissen. Befragen Sie hierzu Ihre Intuition und Ihren Verstand!

Stattdessen: Sich nach oben orientieren!

Anstatt seine Zeit mit Bremsern zu verbringen, diese zu überzeugen und mit Energie zu »füttern«, sollte man sich lieber selbst hochwertiges Futter suchen. In allen Bereichen ist uns klar, dass alles, womit wir uns umgeben, Einfluss auf unser Wohlbefinden hat. Warum also sollte das bei menschlichen Kontakten anders funktionieren? Falls Sie beruflich erfolgreich werden oder sich selbst weiterentwickeln wollen, orientieren Sie sich an Menschen, die bereits dort angekommen sind, wo Sie gern hinwollen. Lesen Sie Biografien, gehen Sie zu Vorträgen. Lassen Sie sich von anderen Menschen inspirieren, suchen Sie ihre Nähe und vielleicht auch ein Gespräch. Ich selbst habe die Erfahrung gemacht, dass selbst Prominente wie beispielsweise bekannte Autoren durchaus auf Post oder Mail reagieren. Sofern man ein Anliegen hat oder eine konkrete Frage stellt, bekommt man auch meistens eine Antwort.

Aber auch in Ihrer unmittelbaren Umgebung, in Ihrem weiteren Bekanntenkreis oder in der Verwandtschaft finden sich sicher Menschen, von denen Sie etwas lernen und von deren Wissen Sie profitieren können. Das setzt allerdings voraus, dass Sie mehr über den anderen wissen. Sich für andere Menschen und das, was sie tun und denken, zu interessieren ist der erste Schritt, um von ihrem Wissen zu profitieren. Vor allem ältere Menschen faszinieren mich persönlich aufgrund ihrer Erfahrung. In ihnen steckt ein altes Wissen, das wir noch direkt abfragen können. Ich ärgere mich heute noch, dass ich mich mit meiner Urgroßmutter und meiner Großmutter nicht mehr über ihr Leben unterhalten habe. Dinge, die ich heute gern wissen würde, waren mir zu ihren Lebzeiten unwichtig. Ältere Menschen und ihr Leben sind oft wie vergrabene Schätze, die es zu heben gilt!

Weg mit den nervenden Kunden!

Als Unternehmer oder Selbstständiger sind Sie natürlich von Kunden abhängig, die Ihre Produkte oder Dienstleistungen in Anspruch nehmen. Als Verkäufer trifft man sie persönlich, ich kommuniziere mit meinen Kunden zunächst nur telefonisch. Manche scheinen schwierige Kunden, die kaum zufrieden zu stellen sind, oder Kunden, die ihre Rechnungen nur ungern bezahlen, regelrecht anzuziehen. Hier zeigt sich die innere Einstellung: Wenn Verkäufer mit der Haltung »Schon wieder ein nervender Kunde« dem Kunden gegenübertreten, erfüllt sich meist auch ihre Befürchtung. Das Gesetz der »sich selbst erfüllenden Voraussage« greift hier offenbar und zieht meistens genau die Kunden an, die dem Bild entsprechen.

Sie können den einzelnen Kunden nicht verändern, wohl aber Ihre eigene Einstellung zu ihm. Egal, wie sehr er nervt, er ist König. Er hat Anspruch auf einen guten Service und eine freundliche Bedienung, egal wie schlecht es Ihnen heute gerade geht. Wenn man als Dienstleister tätig ist und keinen Spaß am Dienen hat, sollte man den Beruf wechseln. Dabei hat »Dienen« hier nichts mit völliger Unterwerfung zu tun, sondern mit großer Professionalität. Die richtige Einstellung zur eigenen Arbeit ist hier wichtiger als Verkaufsschulungen. Spaß an der Arbeit zusammen mit fachlicher Kompetenz und einer gewissen Souveränität führt hier zu einer authentischen Ausstrahlung und ist Grundlage des geschäftlichen Erfolgs.

Sie können sich doch Ihre Kunden aussuchen: Entscheiden Sie sich hier und heute dafür, nur noch Kunden anzuziehen, die genau den gleichen hohen Anspruch an Leistung haben wie Sie. Stellen Sie sich vor Ihrem inneren Auge Kunden vor, die Ihre Arbeit wertschätzen und das auch in ihrer Zahlungsmoral ausdrücken – Kunden, die nett und freundlich sind, mit denen die Zusammenarbeit Spaß macht! Visualisieren Sie bei jedem Telefonklingeln diesen Kunden. Treten Sie jedem potenziellen Kunden mit dieser Haltung gegenüber, und Sie dürfen mir glauben: Bald sind Sie von netten Menschen umgeben! Überlassen Sie die »Härtefälle« getrost Ihrer Konkurrenz. Falls ein solcher schwieriger Kunde mal nicht bei Ihnen ordert, freuen Sie sich auf seinen zahlungskräftigen Nachfolger! Dann bleibt Ihnen schon der Ärger der späteren Reklamation erspart. Denn manche Menschen wollen einfach nicht glücklich werden oder haben Ihr Produkt gar nicht verdient!

Stattdessen: Aufträge auch mal loslassen!

Ich erlaube mir den Luxus, mir meine Kunden auszusuchen. Im Gegensatz zu einer Verkaufssituation, die nach ein paar Minuten beendet ist, verkaufe ich Beratung und Planung. Die Kundenbeziehungen sind daher zeitlich länger angelegt. Und wenn dabei die Chemie nicht stimmt, sind Konflikte vorprogrammiert. Diese Fälle sind selten, aber sie kommen vor. Dabei mache ich mir die Entscheidung nicht leicht. Ich ziehe meine Intuition zu Rate, und wenn da irgendwo ein rotes Alarmlämpchen blinkt, trete ich lieber nett und freundlich vom möglichen Auftrag zurück. Wenn ich einen Auftrag losgelassen habe, tritt oft Erstaunliches ein: Der potenzielle Auftraggeber versucht, mich zu überreden, das Projekt doch anzunehmen. Je deutlicher ich mein fehlendes Interesse artikuliere, desto interessanter scheine ich zu werden. Ganz wie eine tibetische Weisheit weiß: »Was ich jage, das flieht vor mir. Und was ich loslasse, das folgt mir nach!«

Weg mit den losen Bekannten!

Jeden Tag – sei es beim Einkaufen, beim Sport oder bei der Arbeit – trifft man Menschen, die einem auf den ersten Blick sympathisch sind. Sie hätten das Potenzial, dass man sich mit ihnen befreunden könnte. Diese so genannten Zufallsbekanntschaften, die ein winziges Stück des Wegs mit uns gehen, uns viel leicht etwas verkaufen, uns beraten oder sich beraten lassen, treten in unser Leben und verlassen es wieder. Besteht von einer Seite das Bedürfnis, sich wieder zu sehen, so werden Telefonnummern ausgetauscht, und vielleicht kommt es noch zu weiteren Begegnungen. Aber seien Sie doch mal ehrlich! Haben Sie die Telefonnummer vielleicht nur genommen, weil Sie nicht sagen können: »Vielen Dank für das Angebot, aber ich habe Hunderte von Bekannten und weiß schon gar nicht mehr, wie ich diese pflegen soll«? Diese Antwort, nett und freundlich gesagt, nimmt dem anderen Illusionen, bevor er überhaupt welche haben kann. Denn so verlagert sich das Problem nur. Man muss ihm telefonisch absagen, ihn abwimmeln, und das wird dann nur noch peinlicher!

Schauen Sie sich doch mal Ihr Adressbuch an. Wie viele »Beziehungsleichen« sind darin zu finden? Menschen, die Sie seit Jahren nicht mehr persönlich gesprochen haben, denen Sie wahrscheinlich auch nicht mehr viel zu sagen hätten. Vielleicht schreiben Sie ihnen sogar noch jedes Jahr eine Weihnachtskarte? Vergessen Sie es und sparen Sie sich das Porto! Die »halblebigen« bis leblosen Bekanntschaften können Sie genauso gut entsorgen wie die hohlen Rituale des Kartenschreibens, die Energie, Zeit und Geld kosten. Entrümpeln Sie Ihre Visitenkartensammlung! Alle Karten, mit denen Sie kein Gesicht verbinden, können, zumindest auf der privaten Ebene, gleich weggeworfen werden. Es ist der Lauf des Lebens, dass Bekannte kommen und gehen. Aus Kunden können Bekannte, aus Bekannten können Freunde werden. Aber jedes Mal, wenn ein neuer Mensch in Ihr Leben tritt, muss dafür ein anderer gehen. Also, schnappen Sie sich Ihr Handy und löschen Sie die Nummern im Speicher, mit denen Sie das letzte Jahr nicht telefoniert hatten. Ebenso können Sie mit Ihren E-Mail-Adressen und Ihrem Adressbuch verfahren.

Urlaubsbekanntschaften macht man in einem Ausnahmezustand, im Urlaub. Dort versteht man sich bei ein oder zwei Cocktails am Pool ganz gut, macht vielleicht auch mal einen Ausflug zusammen. Aber zu Hause angekommen, schmecken die karibischen Cocktails plötzlich anders, und mit den Bekanntschaften ist es sehr ähnlich. Oft sind wir sehr unüberlegt in unseren spontanen Äußerungen: »Ihr könnt ja mal klingeln, wenn ihr in der Nähe seid.« Und wenn die Urlaubsbekanntschaft dann plötzlich vor dem Haus steht, kann man sie doch schlecht draußen stehen lassen! Warum nicht im Hier und Jetzt leben und sich nichts vormachen? Dort versteht man sich gut, aber im Alltag führt jeder ein völlig anderes Leben! Also, lassen Sie die Urlaubsbekanntschaften besser im Urlaub, und es bleiben Ihnen Enttäuschungen erspart.

Falls Sie sich mit losen Bekannten treffen und dieses Treffen so kurz wie möglich halten wollen, empfiehlt sich immer ein neutraler Ort außerhalb der eigenen vier Wände. Denn zum einen sollte man behutsam mit seinem Heim umgehen und nicht jeden in die absolute Privatsphäre lassen. Alles ist Energie – also fragen Sie sich, ob Sie wirklich die Schwingungen dieses Menschen im Haus haben wollen. Zum anderen können Sie als Gastgeber nicht nach einer halben Stunde den Besuch hinauskomplimentieren. Auf neutralem Boden, in einem Café etwa, haben Sie jedoch die Fäden in der Hand und können sich, wann immer Sie wollen, verabschieden.

Stattdessen: Freunde wertschätzen!

Statt unsere Zeit mit mehr oder weniger unwichtigen Bekannten zu verbringen, sollten wir uns lieber mehr um unsere wahren Freunde kümmern und uns über diese Beziehungen Gedanken machen. Was macht eine wahre Freundschaft für Sie aus? Zweifellos, dass man sich zu jeder Zeit auf den anderen verlassen kann und nicht über das, was man hat oder gesellschaftlich ist, definiert wird! Wie stünde es um die Freundschaften, wenn Sie plötzlich nicht mehr gemeinsam Golf spielen würden? Freundschaften zu pflegen heißt, auch in Phasen, in denen man wenig Zeit hat, ab und zu mal zu telefonieren oder sich zu schreiben. Freundschaften sind auch nicht abhängig von der Häufigkeit der Treffen. Es gibt Freunde, zu denen die Zuneigung selbst nach fünf Jahren »Abstinenz« nicht eingeschlafen ist. Meine guten Freunde und Freundinnen machen mir kein schlechtes Gewissen, wenn ich mich mal einige Wochen nicht melde. Sie verstehen, dass ich viel arbeite, und sind nicht persönlich beleidigt, wenn ich mich eine Zeit lang zurückziehe. Diejenigen, die meinen Lebensstil nicht verstehen und akzeptieren, sind nämlich im Laufe der Zeit bereits auf der Strecke geblieben.

Weg mit den scheinbaren Prinzen!

Bevor wir uns einen Geschirrspüler kaufen, lesen wir Prüfberichte, informieren uns über Preise und Leistungen und wissen so ziemlich genau, was das Gerät können soll. Auch jede Urlaubsreise ist bis ins Detail geplant. Aber bei der Wahl ihrer Männer versagt frau oft hoffnungslos! (Wie das bei Männern im umgekehrten Fall ist, entzieht sich meiner Kenntnis.) Frau scheint oft am »Nächstbesten« hängen zu bleiben und verhält sich, als ob er der letzte Mann auf diesem Planeten sei. Wo sind hier unsere Prüfberichte und Checklisten? Sie würden Zeit und Enttäuschungen sparen. Mit manchen Männern lassen wir uns auf Höhenflüge ein – wir steigen in den Flieger und springen dann plötzlich ab, ohne geprüft zu haben, ob wir auch tatsächlich einen Fallschirm tragen!

Gehen Sie bei einem neuen Bewerber daher lieber systematisch vor, und zwar von außen nach innen: Schauen Sie sich die Schuhe an – wer sie nicht pflegt, pflegt auch den Rest nicht. Weiter geht es mit der Unterwäsche. Im Rausch der ersten hormongesteuerten Nächte achtet frau wenig auf die gemusterten Unterhemden oder die Unterhosen in klassischem Doppelripp. Nach ein paar Jahren Ehe kann uns jedoch allein dieser Anblick frigide machen! Nehmen Sie also das männliche Exemplar vor Ihrer Nase genau unter die Lupe. Es ist schließlich wie bei einem gebrauchten Auto: Schöner und schneller wird es nicht mehr werden! Was nicht heißt, dass Gebrauchtwagen keine Reize besitzen. Man muss wissen, dass man nur das bekommt, was man sieht – verändert werden kann hier nichts mehr. Zu hoffen: »Wenn er mich liebt, wird er mir zuliebe seine Haare schneiden lassen« ist pubertäres Gedankengut. Er wird sich nicht ändern!

Die Werte und Einstellungen dem Leben gegenüber werden bei Partnern oft nicht genügend hinterfragt. Enttäuschungen sind hier vorprogrammiert. Und nach einiger Zeit heißt es dann: »Sie oder er hat sich ja so verändert!« Liebe macht ja bekanntlich blind, und daher sind die meisten Enttäuschungen oft nichts anderes als Selbsttäuschungen. Ist es nicht seltsam, dass man die großen und kleinen Schwächen eines Menschen zu Anfang einer Beziehung als niedlich und putzig betrachtet, sie sich im Laufe der Zeit aber zu regelrechten Albträumen auswachsen? Und wir beschweren uns dann, wie sehr der Mensch sich verändert hat. Das hat er meistens gar nicht, sondern vielmehr unsere eigene Sichtweise hat sich verschoben. Zu Beginn nimmt man überwiegend das Positive an einem Menschen wahr. Und das, was man nicht wahrhaben möchte, übersieht man geflissentlich.

Man hat sich im ersten Glück etwas vorgemacht, nicht sehen wollen, wie der andere tatsächlich ist. Und seltsamerweise hatten einen die Freundinnen schon lange vorher gewarnt. Hier kostet die Blindheit weniger Geld, dafür aber umso mehr Energie, Leid und Trauer. Damit es nicht nach Jahren zu diesen »Ent-täuschungen« kommt und um überhaupt zu wissen, ob der Prinz auch alltagstauglich ist, rate ich daher zu einem schnellstmöglichen Testlauf! Was man sieht, das bekommt man, nicht mehr und nicht weniger. Entweder man nimmt die Menschen so, wie sie sind, oder man lässt gleich die Finger von den »falschen« Prinzen! Denn: Sie werden sich nicht verändern. Auch wenn sie tausend Eide schwören. Sie tun es nicht.

Stattdessen: Checken!

Also, weg mit den aussichtslosen Affären mit verheirateten oder anderweitig gebundenen Partnern! Die Chancen, dass sich ein auch noch so unglücklich verheirateter Ehemann von seiner auch noch so unattraktiven und zickigen Ehefrau trennt, sind statistisch gesehen geringer als sechs Richtige im Lotto. Und falls er es doch tut, so werden wahrscheinlich Sie nach ein paar Jahren die Betrogene sein, denn eine Geliebte braucht diese Sorte Mann langfristig immer. Wie ein Mann mit seiner Frau umgeht, ist immer auch ein Maßstab dafür, wie er irgendwann mit Ihnen als Frau umgehen wird. Frau wird nicht jünger und schöner, also warum Zeit, Gefühle und Energie vergeuden! Die uralte Weisheit »Andere Mütter haben auch schöne Söhne (oder schöne Töchter)« will man zwar im Moment der Trauer nicht hören, sie trifft aber ins Schwarze und ist ein gewisser Trost.

»What you see is what you get«: Man bekommt nur das, was man sieht. Hier hilft oft, sich den Menschen aus ein paar Metern Entfernung anzusehen und ihn realistisch einzuschätzen. Wenn man sich eine Veränderung der Persönlichkeit wünscht, ist die Enttäuschung nach der ersten Ernüchterung vorprogrammiert. Menschen verändern zu wollen ist zum einen so gut wie aussichtslos und zum anderen anmaßend! Entweder Sie nehmen Ihren Partner genau so, wie er im Moment ist, oder Sie lassen ihn ziehen! Denn alles andere ist Illusion. Darüber hinaus haben wir nicht das Recht, uns andere Menschen »zurechtzubiegen«, wie wir es gerade gern hätten. Wenn es hier etwas zu verändern gilt, dann ist es höchstens die eigene Sichtweise. Verändern kann sich jeder nur selbst! Denn jeder andere hat das Recht, so zu sein, wie er ist. Ob uns das gefällt oder nicht: Jeder Mensch ist in sich vollkommen, auch wenn sich seine Vollkommenheit nicht im ersten Moment offenbart.

Stattdessen: Beziehungen bilanzieren!

Das, was ich ausstrahle, bekomme ich zurück. Wenn ich mich also entscheide, nur noch höfliche Kunden, freundliche Nachbarn anzuziehen, sende ich schon mal entsprechende Signale aus. Wer auf Streitereien aus ist, gibt dies meist schon durch seinen Gesichtsausdruck zu erkennen und ist wie von einer unruhigen Aura umgeben. Um Missverständnissen vorzubeugen: Kleine Reibereien machen das Leben lebendig! Zu zwischenmenschlichen Beziehungen gehören Diskussionen ebenso wie Auseinandersetzungen und ab und zu auch mal Ärger. Dass wir uns verletzt, versetzt und enttäuscht fühlen, ist Teil unseres Lebens und noch kein Grund, geliebte Personen einfach aufzugeben. Eine Aussprache und die Versöhnung nach einem Streit können eine Bereicherung sein und führen zu einem Ausgleich innerhalb der Beziehung. Und gerade die ausgeglichene Bilanz aus Geben und Nehmen ist doch die Grundlage harmonischer zwischenmenschlicher Beziehungen auf geschäftlicher wie privater Ebene.

Verliert man nun in einer Beziehung über Jahre hinweg mehr Kraft, als man bekommt – wartet man beispielsweise länger auf seinen Partner, als man mit ihm Zeit verbringt –, dann stimmt die energetische Bilanz nicht mehr. Über einen längeren Zeitraum hinweg gerät eine derartige Beziehung total aus dem Gleichgewicht und kippt. Die Bilanz stimmt auch dann nicht, wenn wir langfristig das Gefühl haben, menschlich zu kurz zu kommen. Oft geben wir uns mit Krümeln zufrieden, anstatt auf einer richtigen Mahlzeit zu bestehen. Wir trauen uns nicht, Ansprüche zu stellen, weil der andere zu wenig Zeit und einen anstrengenden Job hat. Wir geben unser Bestes, aber wir gestehen es uns selbst nicht zu, vom anderen ebenfalls nur das Beste zu verlangen.

Stattdessen: Kartons packen!

Diese Methode eignet sich für Personen, die man aus seinen Gedanken und seinem Leben verbannen will, und funktioniert bei »kurzfristigen« Fällen, weniger nach langjährigen Beziehungen. Um die immer wiederkehrenden Gedanken an eine bestimmte Person in den Griff zu bekommen, kann man gedanklich einen Karton packen: Visualisieren Sie einen leeren Pappkarton und packen Sie in Gedanken zwei bis drei Dinge oder Kleidungsstücke hinein, die Sie mit dem betreffenden Menschen verbinden, beispielsweise einen roten Motorradhelm und eine orangefarbene Jacke sowie eine Landkarte von Italien. Dieser Karton wird jetzt verschlossen und mit Papier umwickelt. Stellen Sie sich das Papier und die Farbe der Schleife genau vor: zum Beispiel braunes Packpapier mit einer roten Schnur. Erlaubt ist alles, was Ihrer Meinung nach zu dieser Person passt.

Und jetzt stellen Sie den Karton gedanklich in ein Regal in Ihrem »inneren Keller«. Dort kann sich Ihr Unterbewusstsein oder was auch immer mit der Verarbeitung dieser Beziehung beschäftigen. Immer, wenn Sie wieder an diese

Person denken – und das ist anfangs sicher mehrmals täglich –, rufen Sie vor Ihrem inneren Auge das Bild dieses bestimmten Kartons wach. »Halt, stopp! Damit beschäftigt sich jetzt ein anderer«, lautet die Botschaft dieses Bildes an Sie. Will heißen: Sie müssen sich um diese Person nicht mehr kümmern. Somit können Sie Ihre Gedanken bewusst reduzieren. Kommt eine andere nervende Person dazu, die Sie gedanklich beschäftigt, obwohl Sie es nicht wollen (die Kollegin aus der anderen Abteilung beispielsweise), so packen Sie doch auch für sie einen Karton und stellen Sie diesen zu den anderen in den Keller!

Weg mit dem Ex!

Irgendwo habe ich einmal gelesen, dass man genauso viel Zeit braucht, um sich von einem einst geliebten Partner zu lösen, wie man Zeit mit ihm verbracht hat. Bei sieben Jahren Ehe wären das immerhin sieben Jahre bis zur endgültigen Heilung aller seelischen Narben. Darüber kann man sicher geteilter Meinung sein. Die Trauerphase von mindestens einem Jahr jedoch ist in jedem Fall realistisch. Vergessen, Vergeben und Verarbeiten dauert eben! Und auch bei der Frage, ob selbst zu verlassen oder verlassen zu werden einfacher sei, scheiden sich ebenfalls die Geister: Es ist in etwa so wie die Entscheidung zwischen Gehenkt- oder Erschossenwerden. Derjenige, der verlässt, scheint in der stärkeren Position zu sein, denn er hat die Fäden in der Hand.

Aber er ist gleichzeitig auch der Schwächere: geschwächt von Schuldgefühlen dem anderen gegenüber. Wer verlassen wurde, hat hingegen die Kontrolle verloren. Er ist abhängig von der Entscheidung des anderen. Diese muss er respektieren, auch wenn sie ihm anscheinend schadet. Die Entscheidungen des anderen sind heilig, man muss sie akzeptieren, auch wenn sie noch so wehtun! Den geliebten Partner gehen zu lassen heißt, ihn loszulassen. Das Loslassen setzt Energien frei! Es kann sogar dazu führen, dass der Losgelassene seine Richtung ändert und zurückkehrt. Loslassen, um ans Ziel zu kommen, ist Teil der uralten weiblichen Weisheit. Nur wir Frauen von heute haben diese Weisheit so gut wie vergessen und gehen lieber den »männlichen« Weg des Kampfes.

»Gib mir mein Herz zurück, du brauchst meine Liebe nicht! Gib mir mein Herz zurück, bevor's auseinander bricht!« (frei nach Grönemeyer): Sich von einem geliebten Menschen zu trennen ist wohl eine der schwierigsten Entscheidungen. Aber diese Entscheidung ergibt sich meist irgendwann von ganz allein. Wenn der Punkt erreicht ist, an dem man merkt, der andere will nicht, auch wenn man sich auf den Kopf stellt, dann muss man sich selbst zuliebe handeln. Wenn ich mehr an jemanden denke, als ich Zeit mit ihm verbringe, dann stimmt die Bilanz erst recht nicht.

Stattdessen: Sich bedanken!

Die Entscheidung kann folgendermaßen aussehen: Ich lasse dich in Ruhe und rufe nicht mehr an. Von mir geht keine

Aktivität mehr aus. So schwer es mir fallen wird. Sämtliche Nummern sind gelöscht (dass man die meistens noch im Kopf hat, macht es nicht einfacher!), und ich ziehe mich emotional zurück. Leider haben wir in unserer Kultur keine Trennungsrituale am Ende einer Beziehung. Immer mehr Therapeuten arbeiten mit Paaren in dieser Richtung, weil man merkt, dass eine förmliche Scheidung allein für eine »heilende« Trennung zu wenig ist. Zum gesunden Verarbeiten einer Beziehung gehört, sich beim Partner für das Gute, das er einem gegeben hat, zu bedanken. Oft vergessen wir, dass nichts, was wir erhalten, selbstverständlich ist. Es steht uns »von Natur aus« nichts zu. Der Dank muss sich nicht einmal in gesprochenen Worten ausdrücken, er kann auch in Form eines Briefes geäußert werden. Die Energien des Dankes drücken eine Wertschätzung und Achtung des anderen aus, trotz allem, was er einem an seelischem Schmerz zugefügt hat. Ihm zu verzeihen ist meist zu viel verlangt (falls das überhaupt nötig ist), aber ihm für das Positive zu danken, das er einem zweifellos hinterlassen hat, oder für die schöne Zeit, die man zusammen verbracht hat, kann Wunder wirken. Schreiben Sie ihm oder ihr einen Brief; Sie müssen ihn ja nicht unbedingt abschicken. Sie werden sich besser fühlen, wenn Sie sich bedanken und ihm oder ihr für das weitere Leben alles Glück dieser Welt wünschen! Denn den anderen zu achten kann eigene Wunden heilen helfen.

Stattdessen: Rituale der Transformation!

Transformation ist Veränderung. Ein Material verändert seinen Zustand und wird zu etwas anderem. Aus einer lebendigen Pflanze wird wieder Erde. Aus Holz wird Asche. Die wohl kraftvollste Art der Transformation leistet das Feuer. Menschen, die gern Feuer machen, mit dem Feuer spielen oder zündeln, selbst Menschen, die gerne bügeln, haben in sich ein großes Bedürfnis nach Wandlung. Wenn ich einen Brief verbrenne, übergebe ich ihn und den Inhalt dem Element Feuer. Der Brief wird zu Rauch, und der Rauch verbindet sich mit der Luft. Die Energie des Briefes geht damit nicht verloren, sie begibt sich nur auf eine andere Ebene. Das Ritual des Verbrennens ist gut geeignet für die Transformation von Gedanken und Mustern. Wir können zusammen mit unserem Bewusstsein den Inhalt des Briefes über das Feuer und den Rauch symbolisch einer anderen, höheren Instanz übergeben. So wird in unserem Bewusstsein das Bild verankert, dass wir diesen Inhalt losgelassen haben. Andere Kräfte werden sich damit jetzt beschäftigen! Auch Wünsche können übrigens dem Feuer übergeben werden. Lesen Sie sich den Wunsch noch einmal laut vor, bevor Sie den Zettel in die Flammen werfen!

Transformation ist Loslassen. Welche Elemente Sie hierzu bevorzugen, müssen Sie persönlich entscheiden. So kann das Bild eines Verflossenen genauso wie ein Schiffchen gefaltet dem Element Wasser übergeben werden. Oder es macht sich per Flaschenpost auf den Weg durch die Weltmeere. Vielleicht sind Sie eher dem Element Luft zugetan und lassen Ihren alten Traum jetzt auch endlich los, indem Sie ihn zu einem Papierflieger falten und ihn von einem hohen Turm aus heruntersegeln lassen? Auch ein mit Gas gefüllter Luftballon mit einem Zettelchen daran wird Ihren Wunsch dem Himmel näher bringen. Auch das Element Erde eignet sich für ein Ritual des Abschieds. Begraben Sie den Streit in Gestalt eines Symbols (vielleicht eines Steins) in der Erde und verbinden Sie damit das Bild des Loslassens. Immer wenn Sie sich wieder an den Streit oder die betreffende Person erinnern, sehen Sie nun vor Ihrem inneren Auge das Feuer oder den Flieger oder den Stein. Sie wissen dann: Es ist nicht mehr mein Thema, ich habe es anderen Kräften übergeben.

Schluss mit dem Beziehungsstress!

Wer kennt sie nicht: die Paare, die nicht ohne einander und erst recht nicht miteinander leben können? Sich seit Jahren streiten und immer mal wieder ihre Trennung ankündigen? Manche Menschen leben nach dem Motto »Lieber einen Partner als gar keinen Ärger«, sind aber offensichtlich nicht in der Lage, sich gegen ihre schlechte Beziehung und für das Glück allein zu entscheiden.

»Wie kann sie nur bei diesem Mann bleiben? Er demütigt sie, hält sie klein und macht sie unglücklich!« Sicher kennen Sie solche Fälle. Scheinbar wäre es das Vernünftigste, sich endlich vom tyrannischen Ehemann, inkompetenten Chef oder den nervenden Eltern zu trennen und eigene Wege zu gehen. Vor allem für Außenstehende. Aber was tun diejenigen, die sich in diesen scheinbar unerträglichen Situationen befinden? Sie bleiben lieber dem Chaos und Unglück treu, als sich daraus zu befreien. So paradox es scheint: Aber in diesem Chaos fühlen sich viele Menschen sicher, weil sie es kennen. Sie sind geübt im Umgang mit ihren streitenden Partnern und ziehen diese bekannte Situation einer unbekannten vor. Der Mensch an sich hat Angst vor allem Unbekannten, und so hat er sich seine Strategien in noch so ausweglosen Situationen zurechtgelegt und kommt damit irgendwie klar. Aufzustehen und zu gehen hieße, bekanntes Terrain zu verlassen und in unbekannte Sphären vorzudringen. Das ist wirklich nur etwas für Mutige! Die Trennung von einem Partner bedeutet zunächst einmal, allein zu sein. Und vor dieser Einsamkeit haben die meisten mehr Angst als vor der oft schon jahrelang gelebten Einsamkeit zu zweit.

Vielleicht sind Sie ja selbst in einer solchen Situation. Sie wissen, Sie müssten etwas unternehmen, aber Sie schaffen den Absprung einfach nicht. Machen Sie sich keinen künstlichen Druck, falls Sie sich nicht entscheiden können! Praktizieren Sie Wu Wei, Handeln durch Nichthandeln. Die Entscheidung muss vielleicht gar nicht getroffen werden, sie kommt oft irgendwann durch die Hintertür, ganz von allein.

Vielleicht brauchen Sie auch die Streitereien zur Belebung Ihrer Beziehung? Solange sich Paare streiten, lebt die Beziehung noch. Wenn sie aber nichts mehr miteinander reden, dann ist sie leblos! Auch in Krisenzeiten lässt sich das Wu Wei leben. Die Frage an den Partner: »Was machen wir heute? Streiten wir weiter oder unternehmen wir etwas?« hebt den Streit auf eine andere Ebene. Sehen Sie es locker: Solange Sie sich noch nicht von ihm oder ihr trennen können, praktizieren Sie eben Wu Wei und genießen bis dahin noch die gemeinsame Zeit. Trennung ist nur eine von mehreren möglichen Lösungen. Sie bringt in vielen Fällen gar nichts, außer dass der nächste Partner dem letzten erstaunlich ähnlich sein wird. Der Kreislauf wiederholt sich oft. Denn was man in der einen Beziehung nicht lernt oder gelernt hat, begegnet einem in einer neuen Beziehung garantiert wieder!

Stattdessen: Beziehungen wertschätzen!

Wie wichtig einem eine partnerschaftliche Beziehung ist, merkt man oft erst nach der Trennung. Um diese zu vermeiden, sollte man der »Beziehungspflege« daher mindestens genauso viel Zeit widmen wie der Pflege seines Autos oder seines Hundes. Dass man von einem Menschen geliebt wird, ist alles andere als selbstverständlich, daran sollte man sich jeden Tag erinnern. Sie erwarten von Ihrem Partner Zuneigung und Unterstützung, und das erwartet er auch von Ihnen. Jeder Mensch braucht die Rückendeckung durch den Partner, die Freunde und die Familie. Eine partnerschaftliche Beziehung sollte Sie auf jeden Fall stärken und nicht schwächen. Als Eltern stärken Sie beispielsweise den Kindern den Rücken und halten ihnen die Sorgen vom Hals, sodass sie ungestört aufwachsen können.

Die Familie gehört in die Schatztruhe, trotz der Schwierigkeiten, mit denen man manchmal kämpft. Mit ihr ist man verbunden, ob man das wahrhaben will oder nicht. Und so sollte man wenigstens das Beste daraus machen. Ein Teil der Stärkung ist es auch, dem anderen den Rücken freizuhalten. Dann kann er sich nämlich ohne Angst ins Getümmel stürzen! Einen starken Rücken dank der Unterstützung von Freunden oder Familie zu haben ist die beste Voraussetzung für beruflichen Erfolg. Denn wenn man auch noch gegen die Menschen kämpfen sollte, die einem am nächsten stehen, würde man nur unnötig Energien verschleudern.

Zum Schutz gehört auch immer die Flucht. Sperren Sie einmal ein Tier in einen noch so luxuriösen Käfig und lassen Sie die Tür auf. Das Tier würde immer die Freiheit, wie auch immer diese aussehen mag, vorziehen. Ebenso braucht jeder Mensch seinen ganz persönlichen Freiraum. Das kann ein Bereich zu Hause sein, den er ganz nach seinem Willen gestaltet. Das muss aber auch die Möglichkeit sein, sich allein bewegen zu können. Bei aller Liebe braucht jeder Partner Zeit für sich, seine Hobbys, seine Freunde. Wenn Freiräume nicht geachtet werden, tritt der Fluchtreflex früher oder später ein.

Stattdessen: Loslassen

Auch hier gilt: Wenn der alte Partner nicht geht, kann kein neuer kommen! Solange man sich nicht offiziell vom anderen getrennt hat, sind die Gefühle noch gebunden, und man ist nicht frei. Solange man sich immer noch trifft, um die Beziehung zu »verarbeiten«, ist man weit davon entfernt, sie überhaupt je verarbeitet zu haben! Wenn Ihnen Ihre Freundin immer und immer wieder versichert, dass sie jetzt durch sei mit ihrem Ex, dann ist sie noch weit davon entfernt! Solange man noch über ein Thema spricht, ist es nicht abgeschlossen. Erst wenn sie sich irgendwann kaum mehr an seinen Namen erinnert, hat sie es geschafft!

Egal, wer sich von wem trennen will: Reisende kann man nicht aufhalten, auch wenn man es gern möchte. Wenn sich jemand aus dem Leben des anderen verabschiedet, muss er es konsequent tun! Das bedeutet Brücken abbrechen: her mit dem Wohnungsschlüssel, raus mit allen Klamotten und Möbeln, die zu ihm oder ihr gehören! Ansonsten landet das Zeug im Sperrmüll. Am besten, man tauscht auch gleich noch die Matratze aus, um wirklich alle Energien aus dem Schlafzimmer zu verjagen.

Dann ist Zeit für ein Space-Clearing mit Räucherwerk. Räuchern Sie alte Energien mit Hilfe von Indianersalbei oder Weihrauch aus. Die energetische Raumklärung mit Rauch befreit von energetischen Altlasten wie Streit, Krankheit und vorherigen Besitzern. Danach sollte eine rituelle Aufladung der Räume erfolgen. Dies kann mental geschehen, indem Sie Ihre neuen Ziele in diesen Räumen formulieren und diesen Wunsch ebenfalls mit wohlriechendem Räucherwerk unterstützen.[3]

[3] Siehe ausführlich: *Weg damit! Entrümpeln befreit,* München: Mosaik bei Goldmann 2003.

Persönliches Space-Clearing: Die Drei-Kisten-Methode

Um Platz für die Ihnen wirklich wertvollen Menschen in Ihrer Umgebung zu machen, ist es wichtig, den Freundes- und Bekanntenkreis regelmäßig zu sichten. Dazu brauchen Sie Ihr Adressbuch genauso wie den Speicher Ihres Telefons und Handys. Nach der Drei-Kisten-Methode können Sie nämlich auch Ordnung in Ihr persönliches Umfeld bringen – ähnlich, wie man beim Entrümpeln des Hauses jedem einzelnen Ding entweder einen guten Platz im Haus zuweist oder es in eine der drei Kisten verabschiedet. Ordnen Sie die Personen aus Ihrer Umgebung nun nach dem folgenden Prinzip:

- **Kiste Nummer eins:** Auf diese Personen kann ich in Zukunft verzichten, sie sollen mein Leben nicht länger begleiten. Ich entscheide mich dafür, sie ziehen zu lassen, und werde von mir aus nicht mehr mit ihnen in Kontakt treten.
- **Kiste Nummer zwei:** Von diesen Personen kann ich mich (noch) nicht trennen. Ich mache jetzt jedoch meine Regeln und lege meine Grenzen fest! Falls die kritischen Kandidaten im Laufe des nächsten Jahres mir immer noch mehr Kraft abziehen als geben, können sie jederzeit in die Kiste Nummer eins wandern.
- **Kiste Nummer drei:** Diese Personen (Freunde, Familie) sind meine Schätze! Ich werde sie pflegen und mich um sie kümmern. Sie stärken und unterstützen mich, daher gebe ich ihnen entsprechend Raum in meinem Leben.

Vermeiden Sie in Zukunft gleich im Vorfeld Bekanntschaften mit Personen, die keinen Platz in Ihrer Schatzkiste finden würden! Seien Sie höflich, aber bestimmt im Umgang mit ihnen. Wer nicht in die Schatzkiste passt, hat auch Ihre Telefonnummer nicht verdient. Mit demjenigen brauchen Sie sich gar nicht erst zu verabreden. Das wäre reine Zeitverschwendung. Also »checken« Sie Personen, die neu in Ihr Leben treten wollen, anhand der drei Fragen, die nur Sie selbst beantworten können, ab:

1. Frage: Will oder brauche ich diesen Menschen *wirklich*? (Als Freund, als Kunde, als Partner?)
2. Frage: Bereichert er oder sie mein Leben? (Was bringt mir das? Mehr Lebensqualität? Mehr Verpflichtungen? Was kostet mich das? Meine Zeit? Geld? Kraft?)
3. Frage: Macht er oder sie mich glücklich? (Oder macht er es komplizierter? Bin ich bereit, dafür Einschränkungen in meinem bisherigen Leben in Kauf zu nehmen? Will ich das auch wirklich und mit allen Konsequenzen?)

Und nicht zuletzt die Zusatzfrage: Ist dieser Mensch mir so wichtig, dass ich für ihn bereit bin, auf etwas oder jemanden zu verzichten? Was oder wen bin ich dafür bereit aufzugeben? Denn nur, wenn etwas Altes geht, kann auch etwas Neues kommen! Das gilt schließlich auch für Menschen.

Exkurs: Die Kunst des Loslassens

Jedes Loslassen ist ein Abschied, und jeder Abschied, ob freiwillig oder unfreiwillig, ist ein mehr oder weniger schmerzhafter Prozess. In Beziehungen wird man vom Partner *verlassen* und fühlt sich im Stich *gelassen.* Und man selbst kann so gut wie nichts tun, um nicht verlassen zu werden! Etwas zu lassen heißt, einfach nichts zu tun, die Kontrolle darüber aufzugeben. Wir sind für gewöhnlich viel lieber »Macher«, und es fällt uns sehr schwer, mal nichts zu tun. Aber nur wenn wir etwas loslassen, bedeutet das, dass wir uns für das Neue öffnen und dieses zulassen.

Jedes Einschlafen ist beispielsweise ein Loslassen. Menschen, die nicht gern ins Bett gehen oder nicht schlafen können, haben unbewusst Angst vor dem Loslassen, vor dem Verlust. Im Schlaf entzieht sich das Leben unserer Kontrolle. Übergewicht kann oft auch ein Zeichen von Verlustangst sein. Denn was ich habe, gibt mir Sicherheit. Menschen, die sich ungern von etwas trennen, trennen sich auch schwer von ihren überflüssigen Pfunden!

Loslassen ist ein magischer Prozess, der immer etwas nach sich zieht. Ein neuer Job kommt nach, wenn der alte losgelassen wurde. Auch der Gedanke »Wie war es denn so schön im alten Leben« will losgelassen sein, damit Platz geschaffen wird für Neues. Bevor dieses kommt, muss eine Zeit lang eine gewisse Leere gelebt werden. Im Feng Shui stellt man für seine Wünsche im Raum eine leere Schale auf. Diese Schale muss vollkommen leer sein, denn nur die Leere kann sich füllen. Die Leere ist nicht »nichts«, sie ist nur der Raum zwischen dem »Etwas«. Stellen Sie sich eine Vase ohne Leere vor. Wie sollten darin Blumen Platz finden? Die innere Leere einer Vase gibt dem Gefäß erst seine Funktion!

In der Meditation ermöglicht ebenso erst das Loslassen der Gedanken eine Leere des Geistes, die sich dann mit Neuem füllen kann. Falls Sie also eine Veränderung beabsichtigen, führt kein Weg daran vorbei: Erst wenn das Alte losgelassen wurde, erst wenn man sich vom alten Partner getrennt hat, ist man wirklich frei für einen neuen. Erst wenn man diesen einen Mitarbeiter entlassen hat, kann ein noch besserer nachfolgen.

Loslassen wird mit Leere und Leere wiederum mit Einsamkeit gleichgesetzt. In unserer westlichen Kultur ist Leere einfach »nichts« und eher etwas Fehlendes, Negatives. Im Feng Shui wird bewusst mit Leere gestaltet, denn jeder Raum braucht eine gewisse Leere, damit die Fülle zur Geltung kommt. Diese Leere hat einen Namen: Min Tang, was so viel wie »Teich« bedeutet. Ein leeres Brett in Ihrem Regal, eine leere Wand oder eine leere Fläche auf Ihrem Schreibtisch soll Sie daran erinnern, dass nichts Neues kommen kann, wenn nichts Altes geht. Nur wo Leere ist, kann auch Fülle entstehen.

Fragen Sie sich bei all Ihren Kontakten:

- Stärkt oder schwächt dieser Mensch mich?
- Bereichert diese Person mein Leben?

Zusammengefasst:

- Auch bei Personen gilt: Es kann nichts Neues kommen, wenn nichts Altes geht!
- Falls Sie abnehmen wollen, entrümpeln Sie auch Ihre Adressen!
- Verteilen Sie Ihre Telefonnummer nur noch, wenn die neue Bekanntschaft eine Zukunft hat. Urlaub ist Urlaub und alles andere eine Illusion!
- Wer mich mehr ärgert als erfreut, der fliegt!
- Zeigen Sie den Nervensägen die gelbe Karte und kündigen Sie die rote an!
- Auch bei Personen gilt: Man gelangt dorthin, wohin man sich orientiert. Also, blicken Sie nach oben!
- Wer gehen will, soll gehen! Reisende darf man nicht aufhalten.
- Das Leben ist zu kurz, um es mit Menschen zu verbringen, die man nicht mag!
- Lassen Sie nicht jeden in Ihr Haus und erst recht nicht in Ihr Leben!
- Man muss nicht jeden lieben und nicht von jedem geliebt werden! Schätzen und pflegen Sie Ihre Familie, Ihren Partner und Ihre Freunde! Haben Sie heute schon jemandem etwas Nettes gesagt?
- »Kein Mensch ist dein Freund. Kein Mensch ist dein Feind. Jeder Mensch ist dein Lehrer.« (Chinesische Weisheit)

4. Woche: Weg mit dem »Halbherzigen«!

Was schieben Sie seit Wochen auf oder seit Tagen vor sich her? Und was tun Sie mit wirklicher Leidenschaft? Was können Sie kaum erwarten?

Wer kennt sie nicht, die Aufgaben, die nur halb erledigt irgendwo auf dem Schreibtisch herumliegen. Die halb geschriebenen Briefe, die dringend zu Ende und dann zur Post gebracht werden sollten. Die Steuererklärung, die seit Wochen auf ihre Vollendung wartet. Die selbst aufgebauten Küchenschränke, an denen nur noch die Griffe fehlen, das aber seit Jahren. Die unausgepackten Kartons vom Umzug, der ein halbes Jahr zurückliegt; die angefangenen Pullover, die nicht zu Ende gestrickt wurden. Diese halb fertigen Dinge gleichen einem Raum, der nur mit halben Möbeln möbliert ist und nur halb mit Teppichboden ausgelegt ist.

Der Gedanke an das Unerledigte belastet uns, blockiert unsere Kreativität. Denn solange das Alte nicht vom Tisch ist, erlauben wir uns selbst nicht, mit etwas Neuem zu beginnen. Hinzu kommen auch noch diejenigen Aufgaben, die im Kopf bereits so gut wie erledigt sind, in der Realität jedoch noch nicht einmal begonnen wurden: das Buch, das man schon immer schreiben wollte; der Tisch, den man schon immer selbst bauen wollte; das Instrument, das man schon immer mal lernen wollte. Wir fühlen uns mit diesen »halblebigen« Projekten absolut unwohl und defizitär. Wir schieben die Dinge jahrelang vor oder neben uns her wie ein kaputtes Fahrrad. Aus welchem Grund auch immer sind wir unfähig, es entweder zu reparieren oder es zu verschrotten und uns ein neues zu kaufen!

Unerledigtes blockiert

Unerledigtes im Job und zu Hause wirkt bedrückend und lähmt. Untersuchungen sollen ergeben haben, dass 70 Prozent aller Projekte nicht zu Ende gedacht werden und dadurch Folgekosten entstehen. Wie viele Projekte danach auch nur halb durchgeführt werden, darüber schweigt die Statistik. Unerledigtes ist ein nicht erforschter Kostenfaktor, der die Wirtschaft schädigt und Energien bindet. Warum sich der Mensch vor bestimmten Aufgaben drückt bzw. sie nicht zu Ende bringt, kann unterschiedliche Gründe haben. Man lässt sich ablenken, zieht etwas anderes vor, weil das anscheinend noch dringender ist. Man versucht, sich selbst zu überlisten, indem man lieber zum Staubsauger greift, als den Artikel beendet. Ich erwische mich selbst oft dabei, wie ich in aller Ausführlichkeit meine Waschmaschine ausräume und meine Wäsche aufhänge und dann noch nach dem Geschirrspüler sehe, anstatt am PC zu sitzen. Meine hausfraulichen Attacken sind ein untrügliches Zeichen dafür, dass ich mal wieder auf der Flucht vor meiner eigentlichen Arbeit bin.

Aber warum drücken wir uns vor den Dingen, die wir nicht gern tun oder die uns nur im Moment schwer fallen? Obwohl wir wissen, dass sie uns früher oder später doch einholen? Warum schieben wir manche Projekte auf, versprechen Termine, von denen wir wissen, dass wir sie kaum einhalten können? Und warum tun wir manche Dinge nur widerwillig und damit mehr schlecht als recht? Denn wenn man nur halb bei der Sache ist, sie mit halbem Herzen tut, dann leidet die Qualität. Ein Menü, das ohne Liebe gekocht wurde, stärkt weder den Koch noch den Esser. Und doch gibt es wohl keinen Bereich, in dem Schlamperei und Pfusch nicht auf der Tagesordnung zu stehen scheinen. Anstatt dass eine Sache zu Ende gebracht wird, werden einige Dinge parallel und zeitgleich erledigt. Man telefoniert, während eine Bestellung per Mail rausgeschickt und die eingegangene Post erledigt wird. Dass sich hier Fehler einschleichen, wenn alles halb und nichts richtig gemacht wird, ist wohl keine Überraschung.

Dieses Unerledigte steht wie ein riesiges Monster vor uns. Und wenn wir ihm in die Augen schauen, wenn der Druck von außen so groß wird, dass wir es endlich anpacken müssen, dann plötzlich merken wir: So schlimm war es eigentlich gar nicht! In zwei Stunden war die ganze Sache erledigt! Der Druck, der Gedanke daran war viel schlimmer als die Aufgabe an sich! Allein durch das Aufschieben wächst der Berg vor uns von Tag zu Tag. Stellt man sich jedoch dann einmal der Arbeit, zwingt man sich selbst, den Schreibtisch nicht zu verlassen, so bringt man die ungeliebte Aufgabe doch zu Ende und fühlt sich danach befreit und erleichtert. Hätte man das nur gleich erledigt, anstatt es gedanklich wochenlang mit sich rumzuschleppen! Der Bann scheint gebrochen, und man verspricht sich selbst, nie mehr etwas aufzuschieben.

Weg mit dem halb Fertigen!

Gehen Sie doch mal Ihre Räume, Ihre Schränke und Schubladen durch und suchen Sie nach den angefangenen, halb fertigen Projekten. Im Keller steht die Leuchte, die mangels technischem Können nicht fertig repariert werden konnte. Im Regal thront eine Schachtel mit Fotos, daneben neue Fotoalben. Gekauft wurden sie schon vor zwei Jahren, nur leider kleben sich die Fotos nicht von allein ins Album. In einer anderen Schachtel liegt ein zugeschnittener Stoff, der nur noch zusammengenäht werden möchte, im Regal finden sich einige halb gelesene Bücher. Der Rundgang durch das Haus ließe sich fortsetzen und die Liste auch. Vielleicht gibt es noch irgendwo in Ihrem Leben eine halbe Beziehung, ein Studium, das Sie nach ein paar Semestern abgebrochen haben? Eine halbe Ausbildung? Fakt ist: Eine halb fertige Jacke ist keine Jacke, und die Lust, diese Jacke zu Ende zu nähen, wird von Tag zu Tag kleiner. Der halb gestrickte Pullover wird nach Jahren auch nicht moderner. Dieses halb Fertige blockiert und hindert uns daran, etwas Neues, vielleicht mit mehr Aussicht auf Erfolg, zu beginnen!

Etwas Halbes ist nichts Ganzes, es ist nur jede Menge vergeudete Zeit! Mit einer halben Ausbildung kann man sich so gut wie nichts kaufen. »Eigentlich müsste ich ja mal meine Diplomarbeit schreiben und mein Studium beenden« – dahinter steckt mehr Traum als Realität. Denn das »Eigentlich könnte ich noch« wird von Tag zu Tag unwahrscheinlicher. Nach Jahren der Abwesenheit von der Uni fällt es mit jedem Tag schwerer, wieder anzufangen. Aber aus irgendeinem Grund hält man dennoch an dem Angefangenen fest. Wäre es nicht vernünftiger, endlich zuzugeben: »Ja, ich habe es angefangen und nicht zu Ende gebracht«, als das schlechte Gewissen endlos mit sich herumzuschleppen? Etwas nicht zu beenden heißt, sich nicht entscheiden zu können. Obwohl man schon lange berufstätig ist, hält man sich immer noch die Option offen, an die Uni zurückzukehren und einen Abschluss zu machen – einen Abschluss, den man eigentlich nicht braucht, der vielmehr eine Illusion darstellt, von der man sich aber auch nicht trennen will. Sich nicht entscheiden zu können bindet Energien. Wenn man zwischen zwei Stühlen sitzt, bekommt jeder nur 50 Prozent der Energie. Würde man aber die eine halb fertige Sache endlich beenden oder sich von ihr verabschieden, so könnte man 100 Prozent der Energie für das einsetzen, was man momentan tut.

»Halblebige« Beziehungen

Noch nicht ganz am Ende, aber auch nicht mehr lebendig – so erscheinen einem manche zwischenmenschliche Beziehungen. Obwohl man seit Jahren nicht mehr miteinander telefoniert, weil man sich nichts mehr zu sagen hat, werden noch fleißig Weihnachtskarten hin- und hergeschrieben. Wie ein Paar ausgelatschte und schon lange nicht mehr getragene Pantoffeln steht diese Beziehung im eigenen Leben. Man traut sich nicht, sie wegzuwerfen, weil sie irgendwann einmal schön waren und gute Dienste geleistet haben. Und man wagt nicht, sich einzugestehen, dass diese Bekanntschaft oder Freundschaft vorbei ist! Falls einem jedoch nun in den Sinn kommt, dass einem diese Beziehung doch etwas bedeutet, gibt es nur die Möglichkeit, das auch zu leben. Dann muss Energie investiert werden, »Reparaturen« sind nötig, um aus einem halblebigen Verhältnis wieder eine funktionierende und lebendige Beziehung zu machen.

Stattdessen: Sich entscheiden!

Die Chance, dass Angefangenes beendet wird, sinkt statistisch gesehen von Stunde zu Stunde. Obwohl man zu Anfang voller Begeisterung an das Projekt herangegangen ist, ist jetzt plötzlich »die Luft raus«, das halb Fertige macht keinen Spaß mehr. Lässt man Dinge nur einen Tag liegen, so findet man schlecht wieder hinein. Ob ein angefangener Artikel oder eine begonnene Zeichnung – nichts ist so uninteressant wie etwas zu Ende zu bringen, das man im Kopf schon längst beendet hat. Darum gibt es hier nur zwei Möglichkeiten: Sofort mit dem Beenden beginnen und sich einen verbindlichen Zeitplan aufstellen oder sich sofort verabschieden. Und das in allen Konsequenzen: exmatrikulieren und den vollen Krankenkassenbeitrag selbst bezahlen. Dadurch übernimmt man die volle Verantwortung für das, was man tut. Manch einer tut stattdessen aber lieber gar nichts, weil er Angst hat, es nicht gut genug zu tun. Hier hilft die Einstellung: »Ich werde heute mein Bestes geben.« Das ist immer noch viel mehr als gar nichts. Ansonsten bleibt man energetisch gebunden an das, was man nicht tut, und bremst sich damit selbst aus!

Stattdessen: Entrümpeln!

Die halb fertigen und nicht zu Ende gebrachten Projekte spiegeln ebenso wie die halb aufgebrauchten Joghurtbecher im Kühlschrank eine innere Ambivalenz und Unsicherheit wider. Schauen Sie sich einmal in Ihrer Küche um. Öffnen Sie Ihren Kühlschrank und Ihre Vorratsschränke. Was findet sich hier an halb verbrauchten Lebensmitteln? Wie lange steht das geöffnete, halb leere Glas Oliven schon da? Ist es noch haltbar? Falls ja, haben Sie vor, es demnächst aufzubrauchen? Wie sieht es mit dem halben Käse aus? Bereits schimmelig? Die halbe Tube Senf hält sich bestimmt noch eine Weile. Nehmen Sie sich jedes einzelne Teil vor und entscheiden Sie, was damit zu geschehen hat! Brauchen Sie die Dinge entweder auf oder werfen Sie sie weg. Halb aufgegessene Schokoladenosterhasen gehören genauso wenig in

Ihren Vorratsschrank wie altes, hartes Brot, aus dem man vielleicht noch einmal Semmelbrösel machen könnte. Verbannen Sie die »Halbheiten« aus Ihrem Leben und auch aus Ihrer Küche! Unsere Umwelt wirkt auf unsere Innenwelt und umgekehrt. Wer mental entrümpeln will, kann durch das Entrümpeln seiner Wohnung und seiner Schränke den ersten Impuls setzen!

Unerledigtes erledigen

Diese unerledigten oder halb fertigen Aufgaben, diese »Ich-sollte-unbedingt-noch«-Energien bevölkern unser Büro, unser Haus und unsere Gedanken. Sie lasten auf uns wie ein Rucksack voller Steine, den wir uns jeden Morgen von Neuem wieder und wieder umschnallen. Sie wachsen sich zu einem riesigen schlechten Gewissen aus und blockieren unser Handeln und Denken. Sie lassen uns am Abend ausgehen, weil wir sie noch nicht erledigt haben. Sie lassen uns schlecht schlafen, weil wir sie bis dahin immer noch nicht erledigt haben, und sie verschaffen uns schon am frühen Morgen ein schlechtes Gewissen. Im Gegensatz zum halb Fertigen haben wir mit dem Unerledigten noch gar nicht begonnen. Die unbeantwortete Post, das nicht ausgefüllte Formular, das nicht gekündigte Abo – allein der Gedanke daran erzeugt Bauchschmerzen und Schuldgefühle. Warum wir uns vor genau dieser Arbeit drücken, können wir meist selbst nicht rational erklären.

Der eine kann seine Kontoauszüge nicht sofort öffnen, der andere hält die Akten so lange zurück, bis er ernsthafte Schwierigkeiten im Büro bekommt. Im Extremfall stapeln die Briefträger die Post bei sich zu Hause und tragen sie nicht aus. Irgendetwas Magisches scheint uns von bestimmten Tätigkeiten abhalten zu wollen. Zum einen können das Tätigkeiten sein, mit denen wir uns in unserem Können überfordert fühlen. Aber anstatt zu gestehen, dass wir es nicht können, und die Arbeit zu delegieren oder abzulehnen, lassen wir die Sache liegen und warten, bis sie sich von allein erledigt. Was sie aber nur in seltenen Fällen tut! Ganz im Gegenteil, sie wächst mit jedem Tag, an dem wir sie wieder nicht angehen, und mit ihr unser schlechtes Gewissen.

Nicht Bereinigtes »köchelt« auf derselben kleinen Flamme wie der unerledigte alltägliche Kleinkram. Unausgesprochenes, das zwischenmenschliche Beziehungen vergiftet, Ungeklärtes, das nach Klarheit verlangt, belastet das eigene Gewissen und blockiert uns emotional. Oft klärt ein Gewitter die Atmosphäre, es macht zwar Lärm, hat aber auch Kraft. Ein Streit, der endlich das Unerledigte zum Ausbruch bringt, hilft auch hier bei der Klärung. Es gibt für viele nichts Schlimmeres, als sich nachts schlafen zu legen, ohne bestimmte Meinungsverschiedenheiten oder Streitereien geschlichtet zu haben. Es schläft sich einfach besser mit einem guten Gewissen und mit Klarheit, mag sie auch kurzfristig wehtun.

Sie kennen sicher auch das ungute Gefühl der Schuld, wenn man bei jemandem etwas gut zu machen oder um

Verzeihung zu bitten hat. Auch sie lastet wie ein Stein auf unserem Gewissen und schnürt uns die Kehle zu. Zum Telefonhörer zu greifen und sich mit dem Menschen auszusprechen mag anfangs noch härter sein als dieses enge Gefühl in der Brust, aber danach tritt ein Gefühl der Erleichterung ein – ob man nun andere um Verzeihung bittet oder selbst jemandem verzeiht, der einem Unrecht getan hat, es tritt ein Gefühl der Leichtigkeit ein. Das Thema ist damit erledigt, die Energien sind frei, und man kann sich in Ruhe etwas anderem zuwenden.

Stattdessen: Den inneren Schweinehund anleinen!

Bevor wir dieses Unerledigte nicht vom Tisch haben, sind wir nicht frei für Neues. Wir sind blockiert und kreativ so gut wie lahm gelegt, da unsere Energie gebunden ist. Sollten Sie die Aufgabe nicht delegieren können oder anderweitig loswerden, so führt kein Weg daran vorbei! Sie müssen selbst Ihre Finanzen regeln, die Briefe schreiben und den Entwurf abgeben. Wenn sich dann der Druck bis ins Unendliche steigert, kommt irgendwann der Punkt, an dem die Sache doch noch in Angriff genommen wird. Dann ist keine Zeit mehr, mit dem eigenen inneren Schweinehund zu diskutieren, dann heißt es nur noch: tun. Und siehe da – die ganze Sache erweist sich mal wieder als vollkommen harmlos, jedenfalls in den meisten Fällen. Hierbei hilft die richtige zeitliche Einschätzung der Arbeit. Brauche ich dafür eine Stunde oder zwei oder vielleicht nur zehn Minuten? Räumen Sie Ihren Schreibtisch frei, legen Sie die Unterlagen bereit und widmen Sie sich einer halben Stunde dieser Tätigkeit. Danach dürfen Sie aufstehen, sich einen Kaffee kochen oder eine Zigarette rauchen. Anschließend geht es weiter, immer in kleinen zeitlichen Etappen. Wenn Sie es nach einigen Stunden geschafft haben (wetten, dass es schneller geht als erwartet?), dürfen Sie sich belohnen. Ein Eis? Eine Runde schlafen? Was auch immer Sie persönlich erfreut! Ich ködere und überliste mich selbst damit, dass ich mir ein freies Wochenende genehmige, sollte ich schon vor der absoluten Deadline fertig sein. Und falls ich im Vorfeld trödle, habe ich als Puffer noch das Wochenende zum Arbeiten.

Schluss mit dem Aufschieben!

»Aufgeschoben ist nicht aufgehoben«, lautet ein altes Sprichwort. Aber in dem Moment, in dem wir etwas aufschieben, lässt auch das Interesse nach. »Ich würde ja gern, aber ich habe keine Zeit« ist die billigste Ausrede, wenn es darum geht, eine Verabredung, eine Einladung zum Abendessen abzusagen. Wer keine Zeit hat, gehört zum Heer der wichtigen, ständig arbeitenden Menschen, und daher ist diese Ausrede durchaus gesellschaftsfähig. Tatsache ist, dass das, wofür ich keine Zeit habe, das, was ich aufschiebe, auch nur einen sehr kleinen Stellenwert in meinem Leben hat. Für das, was einem wirklich wichtig ist, hat man immer Zeit, und seien es nur fünf Minuten: für ein Gespräch mit einem netten Menschen am Telefon, für einen schnellen Drink zwischendurch, für ein kurzes Treffen. Wer mir nicht viel bedeutet, für den habe ich auch keine Zeit.

Auch die Tätigkeiten, die man nicht gern tut, werden aufgeschoben. Sei es das Bügeln einer Bluse, das Übersetzen eines Briefes. Ebenso schiebt man gern das auf, was man schlecht kann. Als ob sich mit dem Aufschieben die Qualität der Arbeit verbessern würde! Ich kann mich an Zeiten erinnern, in denen ich davon überzeugt war, schlecht zeichnen zu können. Meine Entwürfe standen schon längst, und ich musste nur noch lesbare Zeichnungen abliefern. Das Aufschieben kostete mich mehr Nerven als die Zeichnungen! Heute kümmere ich mich nicht mehr darum, ob ich es kann oder nicht, ich mache es einfach. Andere können besser, wieder andere aber auch schlechter zeichnen als ich. Meine Kunden haben sich noch nie beschwert – also wozu der Stress?

Gerade wenn man zu Hause arbeitet, läuft man Gefahr, sich scheinbar wichtigeren Dingen widmen zu »müssen«, die einen aber ansonsten vollkommen kalt lassen. Und auch im Büro drückt man sich, indem man seinen Schreibtisch verlässt, Botengänge selbst erledigt oder Kollegen von der Arbeit abhält. Aufgeschoben wird auch das, wovor man Angst hat. Das kann ein banaler Zahnarztbesuch sein. Monatelang hängt der Merkzettel »Zahnarzt« an der Tür, und jeden Morgen wird man daran erinnert, doch jeden Tag wird der Termin von Neuem aufgeschoben. Das Aufschieben verbraucht allerdings weitaus mehr Kraft, als die Sache endlich hinter sich zu bringen! Und dann: Welche Erleichterung, wenn wir diesen Termin überlebt haben. Der Stress davor stand in keinem Verhältnis dazu!

Aufgeschoben werden auch Tätigkeiten, die zeitlich falsch kalkuliert werden. Diese falsche Einschätzung stellt sich wie eine hohe Wand zwischen uns und die Aufgabe. Plötzlich kommt man am Wochenende auf die Idee, das Wohnzimmer neu zu streichen – und siehe da, man braucht keine Woche, sondern genau sechs Stunden. Je länger man die Dinge aufschiebt, desto unüberwindlicher bauen sie sich vor einem auf! Sie wachsen und wachsen, weil man sie mit Energie versorgt. Man kann sie nur dadurch »aushungern«, indem man sie endlich anpackt und zu einem Ende bringt.

»Während man es aufschiebt, geht das Leben vorüber« – das wusste bereits der römische Dichter und Philosoph Seneca (4 v. Chr. – 65 n. Chr.). Wer sein Glück aus der Arbeitswoche verbannt und sein Leben auf das Wochenende oder den Jahresurlaub verschiebt, der beschneidet sich selbst. »Wenn ich erst mal in Rente bin, werde ich das tun, was mir wirklich Spaß macht!« Auf diese Weise verschläft der Mensch sein ganzes Leben, und falls er Pech hat, erlebt er seine Rente nicht mehr! Meine Tante wollte schon immer große Reisen machen und verschob diese auf ihre Rente. Nur leider konnte sie ihre Rente nur zwei Jahre genießen. Es blieb ihr viel zu wenig Zeit, um das zu tun, was sie sich aufgespart hatte!

Stattdessen: Sofort beginnen!

Das Leben lässt sich nicht aufschieben, wir leben jetzt und müssen jetzt bestimmte Aufgaben erledigen. Diese mögen unangenehm und nervend sein, aber sie werden sich nicht von allein in Luft auflösen. Unerledigtes blockiert, es sei denn, man erledigt es sofort: gleich am Morgen das, was man am liebsten den ganzen Tag vor sich herschieben würde. Das Gefühl ist einmalig! Belohnen Sie sich selbst. Ich selbst setze mir einen zeitlichen Rahmen. Falls ich mit der Sache schon vorher fertig bin, gebe ich mir bis zum besagten Termin frei. Über diese freie Zeit ködere ich mich praktisch selbst! Es ist egal, ob man endlich mit dem Rauchen aufhören oder die Überweisungen ausfüllen möchte. Was auch immer es ist, Sie müssen es sofort tun! Zumindest sollte der erste Schritt in diese Richtung innerhalb der nächsten 48 Stunden erfolgen! Ansonsten laufen Sie Gefahr, dass Sie es überhaupt nicht mehr tun.

Schlamperei vermeiden

Ein unaufgeräumter Schreibtisch lässt von außen nicht gerade auf hochwertige Arbeit schließen. Falls Sie im Restaurant zufällig einen Blick in eine völlig chaotische und unübersichtliche Küche erhaschen würden, hätten Sie ja auch kein Vertrauen mehr in die Qualität des Essens! Äußere Schlamperei wird zwangsläufig mit innerer in Verbindung gebracht. Oft zeigen sich hier Probleme mit der eigenen

Wertschätzung. Wie soll denn bitte ein anderer Ihre Arbeit schätzen, wenn Sie selbst sie gering schätzen?

Denken Sie auch oft: »Mein Part ist eigentlich gar nicht so wichtig« oder »Ob ich das jetzt tue oder nicht, interessiert doch keinen«? Unabhängig von der tatsächlichen Bedeutung der Arbeit hat jeder von uns manchmal solche Anfälle. So zweifeln wir in Krisenzeiten an unserer eigenen Wichtigkeit als Postbote, Putzfrau, Gehirnchirurg, Psychotherapeut oder Autor (»Ob es ein Buch mehr oder weniger gibt, ist doch auch egal«). Diese Zweifel hat wohl jeder, sie rechtfertigen aber keineswegs eine chronische Nachlässigkeit. Ob handwerkliche Arbeit, ob Schularbeit, ob wissenschaftliche Arbeit: Die Schlamperei ist allgegenwärtig, und kaum ein Mensch scheint es mehr als Teil seiner Arbeitspflicht zu betrachten, das, was er tut, gut zu tun.

Das Essen wird auf krümeligen Tischdecken serviert, und falls man sich beschwert, muss man sich auch noch rechtfertigen. Die Wandfarbe wird großzügig an die Decke gepinselt, weil es da oben »ja doch keiner sieht«. Diese lockere Haltung der eigenen Arbeit gegenüber trifft man vor allem in anonymen Arbeitszusammenhängen – dort, wo keiner mehr weiß, wer was verpatzt hat. Nach dem Motto »Die anderen werden es schon nicht merken« wird überall geschlampt und geschludert. Man kann sich ja in einer großen Gruppe verstecken, sodass oft nicht mehr nachzuvollziehen ist, wer welche Schraube einzudrehen, nachzuziehen oder zu überprüfen vergessen hat. In großen Produktionsabläufen leidet die Eigenverantwortung ebenso wie im übersichtlichen Handwerk. Aufgebackene Brötchen vom Vortag werden als frisch verkauft, und wenn man sich beim Chef beschwert, muss man sich noch Unverschämtheiten anhören.

Stattdessen: Die Einstellung zur Arbeit verändern!

Die hohe Erwartung, die man an die Arbeit anderer stellt, muss man zuerst einmal durch die Qualität der eigenen Arbeit rechtfertigen. Was immer noch keine Qualität der anderen garantiert, aber doch sicherstellt, dass man sich selbst in seiner Haut gut fühlt. Die Haltung, die jeder bezüglich seiner eigenen Arbeit und seiner Umwelt gegenüber an den Tag legt, wird ihm dann auch im Außen widergespiegelt. Wer allerdings ständig über die Arbeit klagt und diese ungern tut, sie also selbst nicht achtet, der darf sich auch nicht darüber beschweren, dass andere seiner Arbeit ebenso wenig Achtung entgegenbringen. Khalil Gibran schreibt dazu: »Arbeit ist sichtbar gemachte Liebe. Und wenn ihr nicht mit Liebe, sondern nur mit Widerwillen arbeiten könnt, lasst besser eure Arbeit und setzt euch ans Tor des Tempels und nehmt Almosen von denen, die mit Freude arbeiten.«

Den Respekt, den ich mir und meiner Umwelt entgegenbringe, kann ich über mein Tun, aber auch über mein Äußeres zeigen. So transportiert unter anderen auch die Kleidung die innere Haltung eines Menschen nach außen. Schlampig-legerer Lässiglook und ausgelatschte Gesundheitssandalen sind nicht gerade die Kleidung, in der ein Lehrer seinen Schülern Respekt abnötigt. Er signalisiert durch diesen

Aufzug weder Achtung den anderen noch sich selbst gegenüber. Wir können uns nicht immer aussuchen, was wir tun, aber wir können wählen, wie wir es tun: mit Jammern, mit Klagen oder mit Leidenschaft. Ich kann aus meinem Frühjahrsputz eine Fitnessaktion machen und mich mit Musik in die richtige Stimmung bringen. Oder ich kann mich selbst bedauern und mich ärgern. Dem Schmutz ist es egal! Erledigt werden muss es doch, also kann ich es genauso gut in fröhlicher Stimmung tun.

Schluss mit dem Mythos vom Multi-Tasking!

Vielleicht kommt Ihnen diese Situation bekannt vor: Ich frühstücke, schmiere mir ein Brötchen, lese Zeitung, telefoniere gleichzeitig mit meiner Freundin und räume dazwischen noch den Geschirrspüler ein. Danach nehme ich beim Gang zum Briefkasten den Papiermüll noch mit runter, leere ihn im Keller aus und hole gleich noch Getränke aus der Garage. Da ich schon mal dort bin, räume ich den Kofferraum meines Autos auf und stelle die leeren Getränkekästen hinein. Auf dem Weg nach oben nehme ich das Hundefutter aus dem Keller mit. Wieder in der Wohnung angekommen, kann es passieren, dass ich das Gefühl nicht loswerde, etwas vergessen zu haben. Nämlich das, was ich ursprünglich tun wollte: die Post aus meinem Briefkasten zu holen.

Gerade Frauen sind mit der Fähigkeit gesegnet, mehrere

Dinge gleichzeitig zu erledigen. Das nennt sich Multi-Tasking. Ob es eine Kompetenz oder ein Fluch ist, bleibt allerdings dahingestellt. Dieses Talent scheint uns in der heutigen hektischen Zeit sehr gelegen zu kommen. Wir könnten nicht so viel erledigen, wenn wir die Dinge nicht gleichzeitig tun würden. Mit dieser Fähigkeit, die man den Männern abspricht, wächst der Druck auf unsere Leistungsfähigkeit. Multi-Tasking ist eine Falle, die voraussetzt, dass Mehrfachbelastungen zum Alltag gehören. Aber hier bleibt die Qualität auf der Strecke, hier schleicht sich rasend schnell Schlamperei ein. Wenn man alles gleichzeitig, aber nichts wirklich richtig macht, passieren Fehler, genau dann übersieht man die Kleinigkeiten, die vielleicht ausschlaggebend für den Erfolg einer Arbeit sind. Wenn Sie nicht bei einer Arbeit bleiben können, sondern mehrere Dinge gleichzeitig tun, ist die Gefahr, sich zu verzetteln, besonders groß.

Stattdessen: Eines nach dem anderen!

Männer haben (anscheinend genetisch bedingt) die Fähigkeit, sich auf eine Sache absolut zu konzentrieren. Während sie beispielsweise gerade etwas berechnen, kann es sein, dass sie das Klingeln des Telefons nicht hören. Sie sind während einer Tätigkeit so im Hier und Jetzt, wie Frauen es nur selten erleben können. Sie sind oft nicht mit ihren Gedanken dort, wo sich ihr Körper befindet, und tanzen auf mehreren Hochzeiten gleichzeitig.

Wenn Frauen in Zukunft netter zu sich selbst sein und den künstlichen Druck aus ihrem Leben verbannen wollen, dann müssen sie damit beginnen, achtsamer mit sich selbst umzugehen. Achtsam zu leben heißt, dem Moment die volle Aufmerksamkeit zu schenken und mit voller körperlicher und geistiger Präsenz in der Gegenwart zu leben. Das bedeutet, eine Tätigkeit erst zu Ende zu bringen, ehe man eine neue anfängt; beim Telefonieren ganz für den anderen da zu sein, in Ruhe fünf Minuten die Zeitung zu lesen, zielgerichtet die Post aus dem Briefkasten zu nehmen und ganz bei sich zu sein. Ganz im Hier und Jetzt zu leben bedeutet aber auch, sich nicht ständig in seiner Tätigkeit von anderen unterbrechen zu lassen, nicht sofort auf die Wünsche der anderen zu reagieren, sondern erst einmal in Ruhe das Angefangene zu Ende zu bringen.

Exkurs: Von der Leidenschaft

Verlasst euch nicht auf das, was ihr hört oder lest, denn dies ist völlig wirkungslos, solange kein Feuer in euch entfacht ist, das euch innerlich vibrieren und erbeben lässt … solange dieses Feuer nicht vorhanden ist, um euch in ein der Sonne gleiches, lebendiges Wesen zu verwandeln.

Omraam Mikhael Aivanhov

Das, was wir mit ganzem Herzen tun, tun wir mit Leidenschaft! Beobachten Sie den Ballspieler, der einem Ball nachläuft. Er ist ganz bei der Sache. Er überlegt in diesem Moment nicht, ob sich das lohnt, was er da tut, ob das Sinn macht. Er ist bei sich, mit seinem ganzen Körper, mit all seinen Gedanken. Wann haben Sie zuletzt etwas mit Leidenschaft getan? Und was haben Sie getan? Vielleicht gezeichnet? Vielleicht gebügelt? Oder einfach nur im Kochtopf gerührt? Dieser Zustand, auch Flow genannt, fühlt sich unspektakulär an. Die Zeit scheint stillzustehen, man wird eins mit seiner Tätigkeit, geht darin auf und überlegt nicht, was man da eigentlich tut. »Es« tut sich von allein, und die Energien scheinen zu fließen.

Wenn man vollkommen »eins« ist, kann man nicht an ein Zweites denken. Eins mit seiner Tätigkeit ist ein Musiker, eine Tänzerin. Sie können auch eins werden mit Ihrem spannenden Krimi in der Hand, um sich herum Raum und Zeit vergessen. Dieser Zustand des Einswerdens stellt sich auch im Arbeitsleben ein: wenn man das, was man macht, richtig und gewissenhaft macht. Ob Sie nun die Treppe fegen oder ein Gespräch führen.

Eins zu sein heißt, in sich zu ruhen und seine Motivation ganz aus sich selbst zu ziehen, aus dem eigenen tiefsten Innern.

Dieses Gefühl stellt sich beispielsweise ein, wenn ich längere Zeit am Schreiben bin, wenn es so langsam anfängt zu fließen, wenn ich meinen Rhythmus gefunden habe. Aber bevor dieser angenehme Zustand, dieses »Es läuft wie geschmiert« eintreten kann, muss man sich selbst motivieren, das Feuer in sich selbst entfachen. Auch wenn ich nicht immer gleich viel Lust habe, mich an meinen Computer zu setzen, so weiß ich doch, die Lust kommt mit dem Schreiben! Die Lust, etwas zu tun, steigt auch mit der Fähigkeit. Doch davor lauert die Transpiration, die harte Arbeit. Damit die Sprünge im Eiskunstlauf leicht und schön aussehen und dem Läufer auch Spaß machen, hat er hart trainiert, ist einige Male gestürzt und genauso oft wieder aufgestanden. Um Meisterschaft zu erreichen, genügen das Interesse, der Spaß allein nicht. Die Leidenschaft ist eine Summe von Begeisterung und harter Arbeit an der Sache. Auch das hat mit »Leiden« im Sinne von Überwindung zu tun.

Idealerweise sollte Leidenschaft die Basis der Arbeit sein. Was tun Sie mit Leidenschaft? Was taten Sie früher mit Begeisterung? Welchen Berufswunsch hatten Sie als Kind? In jedem von uns ist dieser Urtrieb, für etwas oder jemanden Leidenschaft zu empfinden, tief verankert. Manchmal auch tief verschüttet. Um diese alten Funken wieder zu finden, ist es oft nötig, in der kalten Glut herumzustochern. Warum haben Sie diesen Beruf gewählt? Und warum sind Sie heute so frustriert? Was wäre nötig, um in Ihnen dieses Feuer wieder zu entfachen? Etwas mit Leidenschaft zu tun setzt zunächst die Entscheidung voraus, es zu tun oder zu lassen. Eigentlich eine logische Angelegenheit: Wenn ich schon etwas tun und meine Zeit damit verbringen muss, dann könnte es doch mit Spaß viel leichter gehen. Wenn man schon den ganzen Vormittag in der Schule herumsitzen muss, warum dann nicht diese Zeit produktiv nutzen oder wenigstens zuhören? Die Motivation für das, was man tut, kann zwar von außen einen Impuls bekommen, aber langfristig nur aus dem eigenen Innern entspringen.

Bestimmte Tätigkeiten können wir wahrscheinlich nicht loswerden, aber wir können sie neu etikettieren und unsere Einstellung dazu verändern. Ich kann so tun, als ob mich diese Tätigkeit interessiert, als ob sie mir Spaß macht – und es wird etwas Magisches passieren: Die Tätigkeit wird sich verändern, da ich meinen Blickwinkel verändert habe. In dem Moment, in dem ich mich voll und ganz auf eine Tätigkeit konzentriere, erkenne ich, was wirklich geschieht. Egal ob ich einen Entwurf mache oder Briefmarken einklebe: Es ist nicht so wichtig, was man tut, sondern wie man es tut. Und wenn man das mit ganzer Aufmerksamkeit und aus vollem Herzen tut, kommt es der Qualität der Arbeit und auch der eigenen Einstellung zugute. Den Dingen ihren angemessenen Platz zu geben heißt, sie entweder wichtig zu nehmen und in die erste Reihe zu setzen oder ihnen einen Platzverweis zu erteilen. Wer nur halb arbeitet, der lebt auch nur halb! Und da der Film des Lebens nicht wiederholt wird, sollten wir ihn uns doch gleich an Ort und Stelle anschauen!

Fragen Sie sich bei all ihren Tätigkeiten:
- Vor welchen Aufgaben flüchte ich?
- Was tue ich ungern?
- Wie könnte ich meine Einstellung dazu verändern?

Zusammengefasst:

- Unerledigtes baut Druck auf und blockiert Ihre Kreativität!
- Erledigen Sie die Dinge, die Sie ungern tun, möglichst als Erstes!
- Vermeiden Sie angebrochene Lebensmittel in Ihrem Kühlschrank!
- Bringen Sie Aufgeschobenes möglichst schnell zu Ende!
- Machen Sie es doch gleich richtig! Das erfordert nicht viel mehr Energie, als die Aufgaben schlampig zu erledigen.
- Was man tun will, sollte man innerhalb der nächsten zwei Tage zumindest begonnen haben. Die Wahrscheinlichkeit, dass man es danach noch beginnt, sinkt nämlich von Stunde zu Stunde.
- Die Dinge, die man nur halb erledigt, holen einen wieder ein.
- Tun Sie eines nach dem andern!
- Versuchen Sie, sich von Aufgaben zu trennen, die Sie nicht gern tun. Ein anderer hat vielleicht Spaß daran. Falls Sie die Aufgabe nicht loswerden, ändern Sie Ihre Einstellung dazu! Tun Sie so, als ob sie Ihnen Spaß macht! Vielleicht haben Sie am Ende sogar wirklich Spaß daran!
- Nicht, was man macht, ist wichtig, sondern wie man es macht.
- Wer nur halb arbeitet, lebt auch nur halb.
- Klären Sie Unausgesprochenes oder Unerledigtes! Das befreit!

- Beenden Sie »halblebige« Beziehungen!
- Leben Sie gleich und schieben Sie nichts auf!
- Lieben, leben und arbeiten Sie mit Leidenschaft!

5. Woche: Weniger Sorgen, Ängste und Probleme

Welche Sorgen bestimmen Ihren Alltag? Vor welchen Ängsten laufen Sie davon? Welches Problem belastet Sie am meisten? Stellen Sie sich vor, Sie wären all das los. Wie würde sich das anfühlen?

Auf Platz eins der Hitliste »Was wäre ich am liebsten los?« stehen unsere Sorgen, Probleme und Ängste. Keiner von uns reist ohne dieses Gepäck, aber dem einen reicht eine Plastiktüte, und der andere braucht einen Container, um sie zu transportieren. Das Leben wäre doch wunderbar und scheinbar so leicht, wenn wir endlich im Lotto gewinnen würden und keine finanziellen Sorgen mehr hätten, wenn sich unser Partner ändern würde und wir dann keine Beziehungsprobleme mehr hätten. Wenn sich alle so umsichtig wie wir verhalten würden, müsste keiner auf dieser Welt mehr Angst haben!

Die schlechte Nachricht: Sie können nicht alle Ängste, Sorgen und Probleme loswerden! Aber Sie können sie akzeptieren, und dadurch verlieren sie ihre Bedeutung. Sie können sie anders betrachten, ihnen sozusagen einen »neuen Anstrich« geben, und dadurch verändern sie sich. Und einige Probleme werden sich, nur allein dadurch, dass Sie einmal genauer hinschauen, vielleicht sogar in Luft auflösen!

Was wir weghaben wollen, müssen wir zuerst einmal etwas genauer betrachten. Auch wenn sich der Sinn nicht sofort offenbart, irgendeine Funktion müssen diese Aspekte unseres Lebens doch haben! In dem Moment, in dem wir eine Situation bejahen, vielleicht auch akzeptieren, dass sie momentan noch nicht zu ändern ist, kann sie sich nämlich verändern! Wenn wir uns eingestehen: »Ich weiß auch nicht, warum ich diese Probleme, diese Sorgen und Ängste noch brauche, aber ich habe sie eben«, nehmen wir unsere Probleme und Gedanken, Sorgen und Ängste als gegeben und als Teil unseres Lebens an, als »Bausteine« unseres inneren Hauses. Die Probleme sind wie die Wände und Stützen, sie stabilisieren unseren Bau. Auf ihnen ruht die Angst als Dach, das uns schützt. Unsere Sorgen könnten die Rollläden und die Markisen sein, die verhindern, dass zu viel Sonne auf unser Haus scheint. Würden wir versuchen, die Probleme oder die Angst loszuwerden, so würde unser Haus zusammenbrechen. Aber eigentlich ist die Statik des Hauses auf die Sorgen nicht angewiesen, und auch ohne diese »Markise« würde das Haus noch stehen. Also, montieren wir sie doch als Erstes ab!

Weg mit den Sorgen!

Es gibt Menschen, die sich ohne Sorgen unwohl fühlen. Sie wachen schon am Morgen mit der Erwartung auf: »Guten Morgen, liebe Sorgen, seid ihr auch schon alle da?« und lassen auch am Tage nichts aus, um sich Sorgen zu machen. Sie können ihr Frühstücksei vielleicht gar nicht genießen, aus Sorge um ihre Gesundheit aufgrund von Schadstoffen im Eiweiß. Die Lektüre der Tageszeitung bestätigt sie in ihren Sorgen: Der Weltfrieden ist in Gefahr, die Arbeitsplätze wackeln, die Aktienkurse fallen, und ansteckende Seuchen aus Asien drohen.

Wie die Menschen mit solchen »Hiobsbotschaften« umgehen, ist recht unterschiedlich: Den einen lässt so etwas vollkommen kalt, der andere macht sich seine Gedanken darüber, und der oben genannte Typus saugt schlechte Nachrichten geradezu mit jeder Faser seines Körpers auf. Die Sorgen dringen in ihn ein und infizieren sein Gemüt. Sich zu sorgen kommt einer Weltanschauung gleich, die alles durch eine pechschwarze Brille voller Gefahren sieht. Wie eine Markise verschatten Sorgen Ihr Haus, je nach ihrer Größe mehr oder weniger.

Lassen Sie uns eine Sorge etwas näher, wie durch ein Mikroskop, betrachten, beispielsweise die Sorge um Ihre Gesundheit. Die Sorge an sich ist unsichtbar. Sie existiert für Sie, vielleicht auch noch für andere, aber sie existiert nur in Ihrer Vorstellung. Sie selbst sind sozusagen Designer und Entwickler ganz spezieller und manchmal auch ganz ausgefallener Sorgen. Allen Sorgen gemein ist aber, dass sie nicht real sind, aber eine sehr reale Auswirkung auf Ihre Gesundheit haben können: Sorgen machen krank und schwächen uns! Die Vorstellung, dass eine unheilbare Krankheit aus fernen Ländern Sie ans Bett fesseln wird und vielleicht auch umbringt, kann aus Ihrem kleinen Schnupfen zusammen mit Ihrer Fantasie einen ausgewachsenen grippalen Infekt zaubern!

Ähnlich ist es bei jenen Sorgen, die die seltsame Gabe haben, sich je nach eigener Tagesform zu verwandeln. Am einen Tag weiß man aufgrund des desaströsen Kontostandes weder ein noch aus und sieht sich schon am Rande des Ruins, während derselbe Kontostand am nächsten Tag mit viel Optimismus und Hoffnung auf bessere Zeiten betrachtet wird. Die Tatsache bleibt, nur die Betrachtungsweise verändert sich. Jeder von uns hat es also in der Hand, wie er einen Tatbestand interpretiert. Und oft wächst sich der Tatbestand in unserer Vorstellung eben zu einem regelrechten Monster aus!

Alles, was sich der Mensch in seiner Fantasie ausdenkt, wird im Gehirn zu Bildern verarbeitet. Diese Bilder wiederum beeinflussen den menschlichen Körper und auch seine Seele gerade so, als ob sie real wären. Aber wenn wir in der Lage sind, uns um das Wetter am Wochenende genauso zu sorgen wie um den neuen Nachbarn, der demnächst einzieht (»Hoffentlich spielt er nicht Klavier oder hat keine schreienden Kinder!«) – wenn wir also unentwegt Sorgen produzieren können, dann können wir diese Sorgenproduktion auch selbst wieder einstellen. Also, ziehen Sie die Bremse! Halten Sie das Band an!

Wenn der Nachbar eingezogen ist und Klavier spielt, können wir uns unsere Sorgen immer noch machen. Dann haben wir vielleicht ein konkretes Problem, das wir lösen können oder auch nicht. Aber sich im Vorfeld Sorgen um Dinge zu machen, die man leider nun einmal nicht beeinflussen kann, ist unnötig vergeudete Energie. »Hoffentlich kommt der Flieger sicher an« kann ein solcher Gedanke sein, wenn der Liebste gerade in diesem Flugzeug sitzt. Sich aber tagelang vorher schon Sorgen um einen sicheren Flug zu machen ist sinnlos! Man hat keinen Einfluss auf den technischen Zustand der Maschine, kennt die Wetterlage und den Piloten nicht. Aber die stundenlangen Sorgen um den Verlauf des Fluges hinterlassen bei dem sich Sorgenden ein geschwächtes Immunsystem, blanke Nerven und einige graue Haare mehr!

Stattdessen: Vor- und entsorgen!

Wir sind die Schöpfer unserer Sorgen und können entscheiden, ob wir sie haben wollen oder nicht. Also, entscheiden Sie sich! Sorgen Sie sich nicht um Dinge, die in weiter Zukunft liegen. Lassen Sie die Sorgen ganz dicht herankommen und betrachten Sie sie dann trotzdem noch aus der Distanz. Denken Sie daran: Ihre Sorge darf sein, aber sie darf auch wieder gehen. Dagegen kämpfen nützt nichts. Was nützt, ist mehr Gelassenheit, denn »es kommt ohnehin alles, wie es kommen muss«. Die Dinge, die uns nicht betreffen, haben wir sowieso nicht unter Kontrolle. Wir können nur unser eigenes Leben leben, unserer eigenen Zukunft begegnen, indem wir das Beste daraus machen. Sorgen zu vermeiden heißt auch, Vorsorge zu betreiben, sich gesund zu ernähren, etwas für den Körper zu tun, um sich nicht vor Krankheiten fürchten zu müssen.

Wer sich um vieles sorgt, bezieht oft Sicherheit aus den Dingen, mit denen er sich umgibt. Lieber ein paar Konserven mehr im Schrank und nur nichts wegwerfen: Man weiß schließlich nie, was noch kommt. Darum ist die erste Maßnahme die Ent-Sorgung. Also weg mit dem Gerümpel! Weg mit allem, was in den letzten Jahren nicht gebraucht wurde, weg mit allem, was kaputt ist, und allem, was scheinbare Sicherheit im Außen gibt! Wer sich zu sehr sorgt, ist reif für eine umfangreiche Entsorgung seines Ballasts. Also sollten Sie sich nicht sorgen, sondern vielmehr vor- und entsorgen!

Weg mit den blockierenden Ängsten!

Es gibt kaum einen Menschen, der keine spezielle Angst sein Eigen nennen würde. Manch einer gibt es nur nicht zu, manche spüren sie nicht, aber alle haben irgendeine Angst. Kindliche Ängste kennt jeder. Kinder fürchten sich vor »dem schwarzen Mann« oder vor anderen fantastischen Geschöpfen. Aber auch bei ihnen nehmen die Ängste vor konkreten Dingen wie Krieg, vor Schicksalsschlägen innerhalb der Familie oder Scheidung der Eltern zu.

Ängste sind in der Natur durchaus sinnvoll. Ängste sind Teil unseres biologischen Programms. Sie schützen uns vor realen Gefahren und verhelfen uns zur Flucht. Im Zustand der Angst schüttet der Körper Adrenalin aus, um dem Gehirn zu signalisieren: Nichts wie weg! Und so entkommen wir den wilden Tieren, die uns töten könnten, oder dem Gewitter, das uns im Freien ebenfalls gefährlich werden kann. Aber wovor fliehen wir in unserer modernen Realität? Vor Problemen, die uns Angst bereiten. Vor der Angst zu versagen und der Angst, erfolgreich zu sein.

Angst hat somit etwas ungemein Belebendes. Man zittert, schwitzt, bekommt Gänsehaut, der Puls galoppiert, der Blutdruck steigt – man spürt sich in der Angst! Die Angst bewegt sich zwischen Albtraum und Kick! Was für die einen Folter ist, ist für die anderen Lust. Die Mutigen durchleben die Angst bewusst, indem sie sich in Gefahren begeben, mit einem Fallschirm aus dem Flieger springen oder mit der Achterbahn fahren. Diese Spezies genießt den Zustand, ist vielleicht sogar süchtig danach und bezahlt für dieses Gefühl sogar noch Geld. Hier bringt die Angst ein Körpergefühl zurück, das manche schon fast verloren haben.

Ängste können auch auf eigenen Erfahrungen basieren. So steigt die Angst vor Hunden, wenn man als Kind vom Hund gebissen wurde. Die meisten, die Angst vor Hunden haben, haben diese Erfahrung jedoch nicht gemacht. Ich selbst habe als Kind jeden Hund angefasst und wurde auch ab und zu gebissen, was allerdings meiner Liebe zu Hunden bis heute keinen Abbruch getan hat. Eine schlechte Erfahrung kann, muss aber nicht allein für Angst verantwortlich sein. Ängste sind ansteckend oder übertragbar. Mütter, die Höhenangst haben, übertragen diese unter Umständen auf ihre Kinder. Sie ermahnen sie, nicht auf Bäume zu klettern, und weisen auf die mögliche Gefahr hin. Die Ängste sind austauschbar und wandeln sich. Übertriebene Ängste können die Entwicklung der Kinder blockieren, die zweifellos vorsichtiger werden als Kinder weniger ängstlicher Eltern.

Daneben kann Angst ebenfalls zu einer unserer größten Bremsen werden. Dann, wenn wir uns mehr oder weniger vor allem Unbekannten, allem Ungewohnten und auch dem Ungewissen fürchten. Instinktiv halten wir lieber am Gewohnten, am Alten fest und scheuen uns vor neuen Erfahrungen. Der alte Job kann nerven, aber ein neuer bedeutet zunächst Unsicherheit. Im Extremfall trennt sich ein Mensch nicht von seinem Partner, der ihn misshandelt, weil er diese Situation kennt und sie ihm vertraut ist. Und diese Vertrautheit zieht er der unbekannten Situation vor, allein zu sein. Davor hat er Angst. Für manche Menschen birgt alles Neue Gefahren, und so meiden sie jede Veränderung in ihrem Leben. Sie haben Angst vor dem Umzug in eine neue Stadt, obwohl das dem beruflichen Aufstieg dienen würde, sie haben Angst vor Umstrukturierungen in der Firma, weil sie alte Gleise verlassen müssten. Angstfreie Menschen sehen das als willkommene Abwechslung, als Herausforderung. Aber die Ängstlichen werden von einem inneren Feind blockiert. Dieser hindert sie daran, selbst kleinste

Veränderungen vorzunehmen und Entscheidungen zu treffen, die für die weitere Zukunft vielleicht wichtig und gut wären.

Die Angst vor dem Unbekannten

Die Angst vor allem Unbekannten zeigt sich oft in Zukunftsängsten. Diese Ängste kann man sich sparen, weil sie zu nichts, aber auch gar nichts führen. Die Zukunft wird sein, wie sie sein wird, wir können sie nur dadurch beeinflussen, dass wir uns auf das Heute konzentrieren. Alles andere ist kontraproduktiv und bringt nichts. »Mir könnte ja der Himmel auf den Kopf fallen« ist natürlich ein Argument. Aber was können wir schon tun, wenn er es tut? Und wie sollten wir es verhindern? Ängste lösen sich auf, wenn wir sie betrachten, uns ihnen stellen und sie als einen Teil von uns akzeptieren. Ängste lösen sich in diesem Moment auf. Denn in diesem Moment passiert uns nichts. Ich bin in diesem Moment, da ich hier sitze und schreibe, absolut sicher. Sie sind in dieser Sekunde, in der Sie hier sitzen und dieses Buch lesen, vollkommen sicher. Und nur diese Sekunde ist die Gegenwart.

Manche Ängste sind diffus und entstehen scheinbar ohne äußeren Anlass: etwa die Angst vor Armut, vor Krebs, vor dem Alleinsein, vor Unfällen, vor Verlassenwerden, vor Impotenz, vor Sucht, vor Außerirdischen. Manche Ängste scheinen konkret zu sein. Frauen haben meist Angst vor bestimmten Tieren wie Schlangen, Spinnen oder Mäusen. Bestimmte Menschen nehmen wegen ihrer Flugangst selbst über den Nordatlantik das Schiff, während andere im Wasser Panik bekommen. Manch einer kann auf keinen Kirchturm steigen. Nach den Ursachen zu forschen oder sich zu fragen, ob Todesangst die Ursache aller Ängste ist, führt zu nichts. Eine Verhaltensveränderung ist viel mehr angesagt, wenn die Angst den Aktionsradius einzuschränken droht. Hier übernimmt die Angst die Kontrolle über die Aktivitäten des Lebens. Angst führt zu Vermeidungsverhalten, schränkt somit ein und blockiert. Aus Angst vor engen Räumen entfällt das Aufzugfahren, aus Angst vor Höhe der Sessellift, aus Angst vor Enge das U-Bahn-Fahren, aus Angst vor einem möglichen Feuer der Kinobesuch. Wer diese Ängste und Panikattacken angehen will, sollte sich professionelle Hilfe suchen, bevor ihn die Angst vollends beherrscht.

Stattdessen: Die Angst bannen!

Ängste lassen sich bannen, wenn man sich ihnen stellt. Der eine hat seine Angst im Griff, während der andere vor ihr wegrennt und sie zu verdrängen versucht. In dem Moment, in dem man der Angst in die Augen sieht, verliert sie jedoch meist an Bedrohlichkeit. »Aha, das bist du ja wieder. Du darfst zwei Minuten bleiben, aber dann geh doch bitte wieder.« Wenn man der Angst einen Raum gibt und über sie redet, wird sie ein normaler Bestandteil des Lebens. Sie kommt und sie geht. Sie wollen Ihre Angst oder wenigstens eine Ihrer Ängste loswerden? Dann schauen Sie ihr ins Gesicht! Das Annehmen steht vor dem Loslassen. Angst ist ein

Teil des Lebens, und darüber, dass wir sie spüren, werden wir ganz.

Für viele sind Ängste ein sicherer Begleiter ihres Lebens, auf den sie nicht verzichten wollen. Also fragen Sie sich: »Wie ginge es mir ohne die Angst? Wozu ist sie denn gut?« Immerhin muss man nicht schwimmen gehen, wenn man Angst vor dem Wasser hat. Man hat eine gute Ausrede, zu Hause zu bleiben, wenn man Platzangst hat. Davon ausgehend, dass jede Krankheit und jedes Problem auch etwas Gutes hat, sollte man sich die Frage stellen: »Was würde ich ohne dich tun?« Sich in der Partnerschaft und in der Familie zuzugestehen, offen auszusprechen, dass man Angst hat, ist schon der halbe Weg. Und das verlangt oft mehr Mut, als scheinbar furchtlos zu sein.

Die Angst, verlassen zu werden

Die schlimmste Angst, die wohl jeder von uns hat, ist die, einen geliebten Menschen zu verlieren, sei es durch Trennung oder Tod. Wir können uns diese Angst aber genauso gut auch sparen, denn sie verhindert nicht, dass uns auf dieser Welt Schlimmes passieren kann. Angst schützt nicht vor Tod. Angst schützt nicht vor Verlust. Diese Angst jedoch kann andere zum Wahnsinn treiben. Jeden Tag die bange Frage zu stellen: »Liebst du mich auch wirklich?« schützt auch nicht davor, dass der Partner eines Tages auf und davon geht. Eine innere Reaktion auf diese Angst ist oft Eifersucht oder auch totale Unterwerfung. Manche Menschen tun eben alles, nur damit der Partner bleibt.

Eine andere Art, auf diese Angst zu reagieren, ist, schon im Vorfeld keine Nähe zuzulassen. Wenn Bindung auch die Möglichkeit des Verlassens beinhaltet, dann kann man dem Verlassenwerden nur dadurch entgehen, dass man Bindung vermeidet. Einsamkeit aus Angst ist die Folge! Andere bleiben lieber ohne Partner, weil sie Angst vor Abhängigkeit haben. So entsteht ein Vermeidungsverhalten. Diese Angst vor Nähe kann dazu führen, dass man sich unbewusst Partner sucht, die man sowieso nicht bekommen kann, wie beispielsweise bereits Verheiratete.

Dass dieser Art von Angst ein gestörtes Urvertrauen in der Kindheit zugrunde liegt, hilft uns hier auch nicht weiter. Gerade in Beziehungen schaffen vielmehr Routine, immer wiederkehrende Situationen und Rituale Sicherheit. Wenn man weiß, der Partner kommt jeden Abend um fünf Uhr nach Hause, dann gibt das so langsam Gewissheit. Der Preis einer solchen immer wiederkehrenden Situation kann die Langeweile sein. Alles ist sicher und fest, aber dafür kann in solch einer Partnerschaft die Leidenschaft auf der Strecke bleiben. In einer Beziehung, in der tagtäglich die Teller fliegen, ist zwar wiederum Leben, aber dafür Unsicherheit. Andere leben mit genau dieser Angst, verlassen zu werden, und reagieren mit extremer Bindung und Selbstaufopferung. »Ich tue alles für dich, damit du mich nicht verlässt.« Das ist zwar eine Möglichkeit der Reaktion, aber leider auch keine Garantie!

Stattdessen: Die Angst aussprechen!

Gerade in einer Beziehung hilft es, wenn man über seine Angst redet. »Ich weiß, du kannst mir da nicht helfen, aber ich habe Angst, dass du mich verlässt.« In dem Moment wird einem viel Druck genommen, und der andere kann eventuell Ähnliches artikulieren. Der andere wird Ihnen die Angst zwar nicht nehmen, denn Sicherheit in einer Beziehung gibt es nun einmal nicht, aber Sie können zu Ihrer Angst stehen und sich in dem Moment entlasten!

Die Angst vor der Angst

Panikattacken sind eine neue Zivilisationskrankheit. Sie können in jeder Situation plötzlich entstehen, an der Kasse im Supermarkt, auf der linken Spur auf der Autobahn, im Kino oder auch zu Hause im Bett. Hinterhältig überfällt uns ohne äußeren oder auch inneren Grund Panik. Man kann nicht mehr klar denken, vielleicht setzt der Kreislauf aus, und man verliert die Kontrolle über sich. Die schlimmste Attacke ist die erste – hat man sie überlebt, so weiß man, dass es irgendwann immer vorbeigeht.

Ich selbst habe im Laufe meines Lebens mehrere Angst- und Panikattacken durch- und überlebt. Ich habe mich geweigert, zu Fuß zu gehen, nur weil es einfacher gewesen wäre, als in Aufzüge zu steigen. Ich wollte wissen: Was kann mir schon passieren, wenn ich mit dem Lift fahre? Denn allein an der Aufzugsangst stirbt man für gewöhnlich nicht. Ich bin also so lange auf und ab gefahren, bis es mir langweilig wurde. Ich habe gelitten, aber ich habe es überlebt, und das Gefühl, stärker zu sein als irgendeine dahergelaufene Angst, hat mich stark gemacht!

Stattdessen: Die Angst anschauen!

Panikattacken sind inzwischen anerkannte Krankheiten und therapiefähig. Wenn man aus Angst das Haus nicht mehr verlassen kann oder beim Anblick jeder Katze in Panik ausbricht, sollte man professionelle Hilfe in Anspruch nehmen. Eine Möglichkeit ist auch, in Begleitung von Freunden genau das zu tun, wovor man so sehr Angst hat. Informieren Sie Ihren Beschützer, wie er Ihnen helfen könnte, falls Sie auf dem überfüllten Weihnachtsmarkt in Panik ausbrechen. Körperlicher Kontakt, ruhiges Reden oder zur Not eine Ohrfeige wirken manchmal wahre Wunder.

Lassen Sie nicht zu, dass Sie von der Angst räumlich eingeschränkt werden. Führen Sie sich vor Augen, was schlimmstenfalls passieren könnte. An der Kasse zu kollabieren? Haben Sie das schon erlebt? Es gibt sicher noch Schlimmeres! Sie haben die Wahl, sich zu Hause zu verkriechen oder sich dieser Angst zu stellen. Sie kommt nämlich, und sie geht. Eine innere Gelassenheit und das Wissen, dass man sie überleben wird, kann ungeheure Kräfte freisetzen.

Weg mit den Versagensängsten!

Vor einer Menschenmenge reden zu müssen, und plötzlich versagt die Stimme – das ist der Stoff, aus dem Albträume sind! Die Angst, im beruflichen Umfeld einen Fehler zu machen, vor einer Gruppe etwas Falsches oder überhaupt etwas zu sagen, ist im Ursprung immer eine Versagensangst. Diese Angst hat nichts mit der statistischen Wahrscheinlichkeit zu tun, dass einen ein Stimmbandkrampf auf offener Bühne ereilt. Im Theater nennt man sie Lampenfieber. Und jeder Darsteller weiß, in dem Moment, in dem es ernst wird, kann man sich darauf verlassen, dass die Angst weicht. Die Erfahrung, diese Angst schon des Öfteren gut überstanden zu haben, verleiht die nötige Routine, vor großen Gruppen zu sprechen. Übung hilft hier ungemein!

Oft befällt den Redner die Angst, vor einer großen Gruppe auf bestimmte Fragen keine Antwort zu haben, etwas schlichtweg nicht zu wissen. Das war auch meine größte Angst, als ich eine Zeit lang eine Gastprofessur in Designtheorie innehatte. Der gefürchtete Moment kam natürlich, und ich machte dabei zweierlei Erfahrungen: Zum einen hörte ich mich plötzlich eine Antwort geben, die ich gar nicht hätte wissen können. Ich holte die Antwort entweder aus meinem tiefen Innern oder ich hatte Zugriff auf das, was Rupert Sheldrake morphogenetische Felder nennt – jene energetischen Felder also, die uns umgeben und in denen alles Wissen gespeichert ist. Wer durch eigenes Wissen genügend Input leistet, kann auch auf genauso viel Output hoffen, wenn er es einmal nötig hat. In einem anderen Fall gestand ich meinen Studenten ganz offen: »Ich weiß es nicht.« Wir besprachen zusammen, aus welcher Literatur wir diese Information beziehen könnten, und zwei Studenten zogen in die Bibliothek. Etwas nicht zu wissen ist menschlich und normal. Aber so zu tun, als müsse man perfekt sein und dürfe nicht versagen, ist unmenschlich!

Weitaus brisanter ist die Versagensangst in Prüfungen. Wer hier seine Angst nicht im Griff hat, obwohl er fachlich gut ist, scheitert langfristig ohne professionelle Hilfe. Die Angst baut sich über den inneren Druck auf, den man als Schüler durch die Eltern und später durch sich selbst erfährt. Außer, dass man die Prüfung wiederholen muss, kann doch eigentlich nichts passieren. Und die Welt geht auch nicht davon unter, dass man mal durchfällt.

Stattdessen: Entspannen!

Bestimmte Gemütszustände »funktionieren« nicht zusammen mit Angst. Können Sie sich beispielsweise vorstellen, zu lachen, während Sie Angst haben, und umgekehrt? Sie können also versuchen, sich selbst vor Prüfungssituationen zum Lachen zu bringen. Als Prüferin habe ich immer versucht, den Kandidaten auf diese Weise angstfrei zu stimmen. Lockere Unterhaltung und kleine Scherze helfen mehr als die Versicherung: »Es wird schon nicht so schlimm werden.«

Wer wirkliche Probleme mit Ängsten hat, dem empfehle ich die regelmäßige Übung von Entspannungstechniken. Wenn diese erst einmal ein Teil des normalen Lebens geworden sind, wird sich die Angst wie von allein legen. Entspannung und Anspannung durch Angst schließen sich nämlich gegenseitig aus. Techniken wie Qi Gong, Yoga,

Meditation, autogenes Training stärken Körper, Geist und Seele. Meines Erachtens braucht heutzutage jeder, der beruflich stark engagiert ist, seine ganz persönliche Entspannungstechnik!

Stattdessen: Mit dem Schlimmstmöglichen rechnen!

Es geht nicht in erster Linie darum, die Angst zu bekämpfen, sondern sich ihr zu stellen. Heute kenne ich zum Beispiel Lampenfieber so gut wie überhaupt nicht mehr. Diese innere Erregung, die Ausschüttung von Adrenalin, kann man durchaus auch als Kick genießen. Ich rede vor einem Saal voller Menschen und freue mich daran. Meine Geschichte von der kleinen, schüchternen Dozentin glaubt mir heute keiner mehr. Die Frage ist ja auch die: Was passiert im schlimmsten Fall? Bewerfen mich die Leute mit Tomaten? Was soll denn tatsächlich passieren, das mich in irgendeiner Weise gefährden könnte? Ich bleibe stecken, verliere den Faden? Dann frage ich laut: »Wo war ich doch gerade?« Der souveräne Umgang mit der eigenen Unzulänglichkeit ist entwaffnend und wird vom Publikum als menschliche Komponente geschätzt. Und auch das Geständnis: »Da habe ich wohl gerade Blödsinn erzählt« nimmt potenziellen Kritikern den Wind aus den Segeln.

Die Angst vor Fehlern

Als ich vor Jahren noch im Design Center für Projekte zuständig war, passierte mir einmal ein besonders peinlicher Fehler: Ich übersah beim Korrekturlesen einen Satzfehler auf einer Einladungskarte. Diese war am Ende zweitausendmal gedruckt und unterschrieben von der »Prädidentin« des Amtes. Ich wäre gern in den Erdboden versunken! Jetzt gab es mehrere Möglichkeiten.

Ich konnte darauf hoffen, dass sie es nicht erfuhr, und den Kopf in den Sand stecken. Sollte sie es aber dennoch merken, wäre es noch peinlicher geworden. Und bei jedem Telefonklingeln wäre ich zusammengezuckt. Ich hatte aber auch die Wahl, in die Offensive zu gehen, mich zu outen und zu entschuldigen.

Ich wählte diesen Weg. Es kostete mich große Überwindung, zum Hörer zu greifen und zu gestehen, dass ich einen Fehler gemacht hatte. Ich sprach es aus, doch entgegen meiner Erwartung nahm sie es gelassen auf und machte keine große Sache daraus. Ich bin heute noch überzeugt, dass das die beste aller Handlungsmöglichkeiten war. Und ich habe gelernt, dass es oft gar nicht so schlimm kommt, wie man immer annimmt! Unsere Befürchtungen übersteigen oft die tatsächlichen Reaktionen. Schon Sokrates soll gesagt haben, als er den Becher mit Gift trinken musste: »Versuche das, was sein muss, leicht zu tragen.«

Stattdessen: Fehler akzeptieren!

Nur wer nichts tut, kann sicher sein, keinen Fehler zu machen! Wer Angst vor möglichen Fehlern hat, der ist im Alltag wie gelähmt. Fehler sind menschlich, und sie sind erlaubt! Die meisten Fehler entstehen durch selbst gemachte Hektik und Schlamperei oder durch fehlendes Vertrauen in die eigene Intuition. Der menschliche Verstand ist begrenzt, aber die menschliche Intuition öffnet das Unbewusste, und daraus empfängt der Mensch seine wahren Impulse.

Die Angst vor falschen Entscheidungen

Ob jemand Angst vor der falschen Entscheidung hat, zeigt sich oft in seiner häuslichen Umgebung: Er umgibt sich mit vielen Dingen, vielleicht auch mit Gerümpel. Die Räume zeichnen sich nicht gerade durch Leere aus, und die Person kann sich schlecht von Altem lösen: Horter und Sammler, die nichts weggeben und sich nur ganz schwer von den Dingen trennen können, haben im Leben oft ein Problem, sich zu entscheiden. Da kann es beim Kleiderkauf eine Ewigkeit dauern, ehe man zwischen dem hellgrauen und dem dunkelgrauen Jackett gewählt hat. Im Restaurant kann eine Bestellung zum Abenteuer werden: Die Karte ist schließlich so umfangreich, dass man die Qual der Wahl hat! Hat sich der Unentschlossene dann endlich zu etwas durchgerungen, so wird er oft das Gefühl nicht los, sich falsch entschieden zu haben, und bestellt noch einmal um!

Egal, was er tut, egal in welchem Kino er sitzt, der Unentschiedene hat meistens das Gefühl, falsch gewählt zu haben. Die Entscheidung für das eine ist immer auch eine Entscheidung gegen das andere, und damit kommt nicht jeder klar. Ja, manche werden davon innerlich regelrecht zerrissen!

Stattdessen: Sich für die Entscheidung entscheiden!

Wer sich nicht entscheiden kann, spart Geld! Im Zweifelsfall gibt es eben gar nichts. Sie fragt: »In welchen Film gehen wir?« Er antwortet: »Ich weiß nicht, entscheide du!« Dann entscheidet sie sich garantiert für den Film, von dem sie denkt, dass er ihn gern sehen würde. Und gegen den, den sie eigentlich gern gesehen hätte! Falls Sie also im Auftrag eines solch Entscheidungsunfähigen handeln, dann handeln Sie zu Ihrem Vorteil. Sie können nur für sich, aber nicht für andere entscheiden, es sei denn, Sie sind hellsichtig!

Menschen, die sich nicht entscheiden können, tun sich auch schwer mit dem Wegwerfen. Gerümpel in einzelnen Schränken, zu viel Papier auf dem Schreibtisch und fehlender Durchblick auf den Fensterbänken kann der äußere Ausdruck von Entscheidungsunfähigkeit sein. Auch hier kann das Entrümpeln des Büros oder der Wohnung buchstäblich »entscheidende« Impulse setzen! Diejenigen, die das Gefühl haben, sich immer falsch zu entscheiden, sollten im Prozess der Entscheidung ganz bei sich sein und sich Zeit nehmen. Entlastend ist das Wissen, dass alle Entscheidungen unvollkommen sind. Denn, wie gesagt: Sobald ich mich für etwas entscheide, entscheide ich mich gleichzeitig auch gegen etwas anderes. Dann geht es darum, die eigene Intuition zu befragen. Zählen Sie langsam bis vier, immer und immer wieder, und werden Sie dabei allmählich innerlich leer. Sie können dabei auch jeweils vier Schritte machen. Sie werden sehen: Nach einigen »Durchläufen« werden Sie sich entscheiden können. Und überhaupt: Eine Entscheidung, selbst wenn sie falsch ist, ist immer noch besser als keine!

Weg mit den unnötigen Problemen!

Kennen Sie jemanden ohne Probleme? Wohl kaum! Wer kein Problem hat, ist entweder nicht ganz bei Trost oder bereits erleuchtet. Es gibt doch so viele Möglichkeiten, Probleme zu haben: Probleme mit den Handwerkern, den uneinsichtigen Angestellten, den nörgelnden Kunden, den schlechten Schulnoten der Kinder, dem verständnislosen Partner, dem Nachbarn …

Probleme sind Phänomene des Lebens, die einen stören, behindern, blockieren und die man scheinbar nicht braucht. Sie haben die Fähigkeit, sich überall und jederzeit einzuschleichen; wie Termiten scheinen sie unser Lebensglück zu untergraben. Sie sind auf jedem Gebiet zu Hause: verstecken sich in nicht funktionierenden Geräten als technische, in der Familie als zwischenmenschliche, bei der Koordination von Terminen als organisatorische Probleme. Allen gemeinsam ist, dass man gut und gern auf sie verzichten könnte! Sie sind gleichermaßen ungeliebt wie vertraut und scheinen immer von außen in unser Leben zu treten.

Probleme verbinden

Wie Kleister verbinden ähnliche Probleme die Menschen miteinander (»Ja, das Problem kenne ich, wir haben auch mal umgebaut«) oder bieten sich zumindest als gemeinsamer Gesprächsstoff an. Manch einer trägt seine Probleme wie Auszeichnungen an der Brust: »Das ist ja noch gar nichts, ich erzähl dir mal was von meinen Problemen!« Manche Probleme sollen also gar nicht gelöst werden, sondern dienen als nachhaltiges Thema, ohne das es oft nichts zu erzählen gäbe. Haben Sie auch schon mal versucht, einer Freundin beim Lösen ihres Problems behilflich zu sein und nach stundenlangen Gesprächen festgestellt, dass jeder Vorschlag, abgelehnt, verworfen oder gar nicht beachtet wurde? Als ob es gar nicht darum ginge, eine Lösung zu finden, sondern das Problem wie ein geliebtes kleines Schoßhündchen gefüttert, gehegt und gepflegt werden solle, damit es prächtig gedeiht! Fragen Sie in solch einem Fall doch einfach mal nach: »Willst du dein Problem tatsächlich lösen oder brauchst du es weiterhin als Thema? Ich unterhalte mich mit dir auch gern über andere Dinge.« Über ein solches »Füttern« mit Energie und Aufmerksamkeit werden aus Lappalien handfeste Konflikte. Keine Frage, dass daran natürlich die anderen schuld sind!

Aber betrachten Sie das Problem mit den Problemen doch einmal von einer anderen Warte und fragen Sie sich:

Welchen Vorteil habe ich durch dieses scheinbar so lästige Problem? Was bringt es mir? Vielleicht die Anerkennung meiner Umwelt (»Also, wie du das mit diesem Kerl aushältst?!«); Probleme bieten aber auch Rückzug und Schutz. Sie sind wie Mauern und Wände, hinter denen wir uns verstecken können (»Tut mir Leid, dass aus uns beiden nichts wird, aber mit Frauen habe ich ein Problem«). Sie sind gute Gründe, etwas nicht tun zu müssen (»Ich würde ja gern einen Ausflug ins Grüne mit dir machen, aber du weißt, meine Grasallergie«) oder den anderen kontrollieren zu können (»Du kannst aber auch gern allein fahren«).

Stattdessen: Probleme enttarnen und lösen!

Was immer Sie von Ihrem Problem halten, Sie haben die Wahl: Sie können es mästen, Sie können es ignorieren oder Sie können es lösen. Wenn es Sie wirklich in Ihrem Glück stört, Sie behindert, blockiert und Sie sicher sind, dass Sie es scheinbar nicht brauchen, dann weg damit! Wenn Sie sich entscheiden, dass der Vorteil, das Problem loszuwerden, den Vorteil, den das Problem selbst bietet, überwiegt, dann lösen Sie sich von Ihrem Problem!

Ich fahre am Wochenende oft auf Seminare und kann dann meinen Hund nicht mitnehmen. Das allein ist noch kein Problem, denn ich habe einige Freunde, die meinen Hund dann gern nehmen. Falls aber keiner dieser Freunde einspringen kann, dann habe ich allerdings ein Problem! Die Lösungsmöglichkeiten wären vielfältig: Ich könnte eine neue Person finden, den Hund vielleicht doch mitnehmen und im Hotelzimmer lassen oder aber das Seminar absagen. Probleme zu lösen heißt, sie zu betrachten und sich zu fragen:

- Ist es überhaupt ein Problem?
- Ist es *mein* Problem?
- Lässt es sich lösen?
- Falls ja: wie? Und wie sieht der erste Schritt aus?
- Falls nein: Was mache ich dann?

Auf diese lösungsorientierte Art und Weise kommt man mit wenig Energie schnell ans Ziel, wenn man denn dorthin will.

Der unterschiedliche Umgang von Männern und Frauen mit Problemen füllt mittlerweile ganze Bibliotheken! Frauen bemängeln das Unverständnis der Männer für ihre Probleme. Männer wiederum beklagen die mangelnde Bereitschaft der Frauen, Probleme auch lösen zu wollen. Beobachten Sie sich doch mal selbst oder beobachten Sie Ihre Freundinnen: Wollen Sie nur über das Problem reden oder es tatsächlich loswerden? Frauen können sich stundenlang miteinander über unfreundliche Bedienungen im Restaurant unterhalten. Männer lösen das auf ihre Art, indem sie vorschlagen, dort eben nicht mehr essen zu gehen. Funktioniert der PC nicht, so beschäftigen sich Frauen ewig mit der Frage, was sie falsch gemacht haben könnten, und suchen die Ursachen des Problems bei sich selbst, während Männer dazu tendieren, den Fehler am Gerät selbst festzumachen und dieses einfach auszutauschen.

Stattdessen: Den Problemen ihren Platz geben!

Probleme lassen sich nicht loswerden, sie lassen sich aber lösen, oder man kann sie loslassen. In dem Moment, in dem ich etwas loslasse, erledigt es sich oft wie von selbst! Probleme sind wie kleine Hunde, und wenn Sie nicht aufpassen, verfolgen sie Sie überallhin! Ins Badezimmer, ins Bett, in den Urlaub. Da hilft nur das Schild: »Wir müssen leider draußen bleiben« vor dem Bade- und Schlafzimmer. Schicken Sie die Hündchen zurück auf ihren Stammplatz. »Während der Arbeit hast du hier nichts zu suchen, ich werde mich später mit dir beschäftigen.«

Nehmen Sie sich bewusst Zeit zum Nachdenken: kurz nach der Arbeit, aber nicht direkt vor dem Schlafengehen. Setzen Sie sich einmal täglich hin und denken Sie bewusst über bestimmte Dinge nach. Nachdenken funktioniert noch besser im Gehen, bei einem Spaziergang, auf dem Laufband im Fitnessstudio oder wenn Sie tatsächlich mit Ihrem Hund Gassi gehen. Auf diese Weise lassen sich die kleinen Dinge lösen, noch bevor sie sich zum Problem ausgewachsen haben.

Denjenigen, die dazu neigen, jedes Thema auf sich zu beziehen und daraus dann ein Problem zu machen, hilft die Strategie, die auch im Umgang mit den Dingen des Alltags gilt: Ein neues Problem darf nur kommen, wenn ein altes dafür geht! Und sollten Sie Freunde haben, die jedes Problem »adoptieren«, das am Wegesrand liegt, dann unterstützen Sie dies nicht auch noch. Denn darüber zu sprechen ändert hier nichts, es macht das Problem nur noch größer. Ein bestimmtes »Nein, darüber rede ich mit dir jetzt nicht, das ist mir zu banal« hilft hier eher.

Bei den meisten Problemen ist die Suche nach den Ursachen reine Zeitverschwendung: »Warum hat sich meine Frau nach zehn Jahren glücklicher Ehe nur von mir getrennt?« Die Antwort darauf mag interessant sein, aber sie ändert am gegenwärtigen Problem, dass man nämlich allein und verlassen ist, so gut wie nichts! Wenn man ein Kind nach dem Grund fragt, warum es die Glasscheibe eingeworfen hat, wird es verständnislos dreinschauen. Warum-Fragen sind in die Vergangenheit gerichtet und nicht lösungsorientiert. Wer weiß denn nach fünf Minuten noch, warum er eine Dummheit begangen hat? Meist gibt es ohnehin keinen vernünftigen Grund dafür! Man kann zwar stundenlang darüber spekulieren, aber die Glasscheibe wird davon auch nicht wieder ganz. Weiter kommt man allein durch die Frage: Wie löse ich das Problem? Wer bezahlt die Glasscheibe, veranlasst die Reparatur, meldet den Schaden der Versicherung? Denn: Passiert ist passiert!

Stattdessen: Probleme analysieren und akzeptieren!

Manche Probleme lassen sich nicht ändern. Sie haben mitten in der Nacht Hunger und nichts zu essen zu Hause? Dann haben Sie zwei Möglichkeiten der Problemlösung: Sie fahren zur Tankstelle und kaufen sich etwas zu essen oder lassen sich eine Pizza liefern; oder Sie nehmen den Hunger zur Kenntnis, entscheiden sich aber, nichts zu essen, und ignorieren danach das Hungergefühl. Falls Sie sich aber die halbe Nacht Gedanken über Ihren Hunger machen, wird dieser nur größer und größer werden.

Falls beispielsweise jemand, der allein und ohne Partner lebt, ein Problem darin sieht, sollte er nach einer Lösung suchen. Vielleicht tut er alles, was er nur tun kann, gibt Anzeigen auf, sucht im Internet und geht zu Partys. Nichts funktioniert, alle Bemühungen sind vergeblich. Das passiert übrigens oft, wenn man einer Sache zu sehr »nachjagt«. Jetzt ist der Moment des Loslassens. Das Problem ist immer noch da und anscheinend nicht zu lösen, also nehmen wir es, wie es ist, und verändern nur unsere Einstellung. Das Eingeständnis »Ich kann nichts daran ändern« nimmt viel vom Druck und bringt Leichtigkeit ins Spiel.

Falls man Probleme mit der herrschenden Hitze hat, wird man zunächst an den hohen Temperaturen sicher nichts ändern können. Man kann aber sehr wohl seinen Standort verlassen und sich einen neuen suchen: in den kühlen Wald gehen oder eine kalte Dusche nehmen. Die Hitze selbst wird das nicht beeinflussen. Energien würden hier vollkommen unnötig verpuffen! Wenn mein Partner trotz aller Überredungskünste nicht meiner Meinung ist, so kann das vielleicht zum Problem werden. Verändern kann ich hier aber nichts, außer meiner inneren Haltung dazu. Ursachenforschung zu betreiben hilft hier auch nicht. Wenn das Problem nicht zu lösen ist, dann lässt man es am besten (oder sucht sich ein neues)!

Wie innen, so außen – wie außen, so innen

Gehen wir einmal davon aus, dass unsere Probleme im Außen nur unsere eigenen Probleme in unserem Innern widerspiegeln. Dann sähe die Sache ganz anders aus. Das Problem »Keiner hört mir zu« würde sich somit umkehren in »Ich höre mir nicht zu«. Selbst bei offensichtlichen, eigenen Problemen wird oft die Verantwortung im Außen gesucht. Und dort vermutet man auch die Blockaden. Die Verantwortung für die eigenen Probleme zu übernehmen ist für viele eine zusätzliche Belastung. Vor allem bei den ganz hartnäckigen wie beispielsweise gesundheitlichen oder Suchtproblemen. Diese sind oft gar nicht so einfach aufzugeben. Gestatten Sie ihnen, noch eine Weile Teil Ihres Lebens zu sein: »Anscheinend brauche ich dich im Moment noch, aber du darfst auch gern irgendwann das Weite suchen!«

Stattdessen: Gefühle visualisieren!

Stellen Sie sich in Gedanken vor, wie Sie sich fühlen würden ohne dieses Problem. Leicht und frei? Dann suchen Sie sich ein Bild, das dieses Gefühl ausdrückt, und betrachten es mehrmals täglich mit dem Gefühl »Ich bin leicht und frei«. Allein durch die Visualisierung wird Energie in diese Richtung gelenkt. Das Problem haben Sie im Moment noch, aber Sie schauen bereits darüber hinaus. Allein diese Art, über Probleme hinauszusehen, setzt einen »Sog« in diese Richtung in Gang. Schauen Sie sich das Problem distanziert an und übergeben Sie die Lösung an eine höhere Instanz. Bereits dadurch, dass man sich das Problem ganz genau angesehen hat, ihm seine Aufmerksamkeit geschenkt hat, werden sich die Dinge verändern.

Finger weg von den Problemen anderer!

Wer von uns wäre nicht Spezialist für die Probleme anderer! Wie leicht lassen sich diese doch im Gegensatz zu unseren eigenen lösen! Wie schnell haben wir hier gute Tipps parat, und diese meist noch ungefragt! Wir geben gute Ratschläge bei der Kinder- und Hundeerziehung, wissen genau, welcher Arzt Spezialist wofür ist. Wir erkennen die Gründe hinter den Problemen anderer und kommentieren: »Ihre Ehe wäre nicht gescheitert, wenn ...«

Doch mit welchem Recht mischen wir uns eigentlich, wenn auch nur gedanklich, in das Leben unserer Mitmenschen ein? Vielleicht ist es die eigene Betriebsblindheit, vor der wir kapitulieren und weshalb wir uns unsere scheinbaren »Erfolgserlebnisse« anderswo holen? Hinter scheinbarer Hilfsbereitschaft und Sensibilität steckt oft auch nichts anderes als ganz gewöhnlicher Voyeurismus! Dass wir hierbei über die Zäune in den Nachbargarten klettern, ist uns oft nicht bewusst. Wir betreten, ohne anzuklopfen, fremde Schlafzimmer, in denen wir gar nichts verloren haben! Dazu vergeuden wir noch unsere wertvolle Zeit und Energien, die wir für uns selbst gebrauchen könnten! Wir haben selbst genügend Angelegenheiten in Ordnung zu bringen, also sollten wir uns um unsere eigenen Dinge kümmern.

Wenn wir die Probleme anderer zu unseren eigenen machen, haben wir ein Problem mehr. Wir kommen hier nie zu einer Lösung, weil es nicht unsere »Baustelle« ist. Ich kann traurig und wütend sein, weil sich meine Freundin scheiden lässt, aber ich kann es nicht ändern und auch nicht verhindern. Es ist nämlich ihr Problem und nicht meines. Ich brauche nicht darüber nachzudenken, es ist vergeudete Zeit. Wenn wir uns um die Probleme anderer kümmern, dann sind wir nicht voll bei uns. Die Probleme anderer sind immer eine frustrierende Angelegenheit, weil wir sie anscheinend lösen können, aber keinen Einfluss auf die Lösung haben. Wir können dem anderen nur mit unserem Rat hilfreich zur Seite stehen und dann einen Kommentar abgeben, wenn wir gefragt sind. Aber ansonsten trauen wir doch unseren Freunden zu, dass sie ihre Probleme selbst regeln können! Wir stehen einfach nur unterstützend zur Seite, allein das genügt oft. Gerade Eltern fällt es schwer, sich nicht die Probleme ihrer bereits erwachsenen Kinder zu Eigen zu machen. Das ist noch nachvollziehbar. Aber Kollegen klar zu machen, dass wir selbst wunderbar in der Lage sind, unsere Arbeit zu tun, und keine Einmischung wünschen, ist schon schwerer. Hier hilft nur eine klare Ansage!

Zum einen suchen wir uns die Probleme anderer, und zum anderen bekommen wir von anderen Probleme zugeschoben, die wir gar zu gern aufgreifen. Und das oft, ohne dass wir es richtig merken. Manche Menschen haben ein regelrechtes Talent, ihre eigenen Probleme wie ein Paar alte

Schuhe hinzustellen und andere zu veranlassen, sie sich anzuziehen! Ich hatte mehrere Freunde zum Abendessen bei mir eingeladen. Einer der Freunde rief mich an, er habe ein Problem. Er könne aus einem bestimmten Grund nicht kommen. Ob ich mein Essen nicht verlegen wolle? Vorsicht, Falle! Ich hätte aus Hilfsbereitschaft, Harmoniesucht oder Dummheit in diese Falle tappen, mir diesen Schuh anziehen und sein Problem zu meinem machen können. Herumtelefonieren und den Termin verlegen mit dem Ergebnis, dass bestimmt ein anderer meiner Freunde an dem neuen Termin nicht kommen könnte. Und ich hätte den organisatorischen Aufwand. Aber es war eben nicht mein Problem, dass er nicht kommen konnte, so Leid es mir tat. Mein Freund hatte ein Problem, er konnte zu diesem Zeitpunkt nicht kommen. Punkt. Und ich weigerte mich, es zu meinem zu machen. Er musste schon selbst zusehen, wie er es löste.

Stattdessen: Die Reviere beachten!

Machen Sie sich bereits im Vorfeld klar, ob und was Sie mit dem Thema oder dem Problem der anderen zu tun haben. Trauen Sie ihnen auch mal was zu! Sie sind genauso wie Sie in der Lage, ihre eigenen Probleme zu lösen. Also können Sie die Probleme der anderen in einen Karton packen und aus Ihrem Leben entlassen. Achten Sie darauf, dass Sie ungefragt nicht in das Revier anderer einfallen, und ziehen Sie Ihre eigenen Grenzen ebenfalls gut sichtbar. Die äußere Distanz kann durchaus eine Voraussetzung für zunehmende innere Nähe sein!

Weniger Streit und Ärger

Kaum ein Tag vergeht, an dem wir uns nicht ärgern: über das Hundegebell auf dem Nachbargrundstück, über den Stau, über den Regen, der unseren Urlaub trübt. Doch die allermeisten Ursachen unseres Ärgers sind nicht zu ändern. Was bringt es dem Stau, wenn wir uns ärgern? Löst er sich davon schneller auf? Wohl kaum. Also ist Ärger eine an sich unnötige Emotion, die nur Zeit und Energie kostet. Mit unserer Reaktion »füttern« wir den Ärger meist noch, reden uns vom Ärger in die Wut, und so entsteht ein explosives Gemisch. Wenn jetzt in dieser Emotion auch noch das Telefon klingelt, begegnen wir dem Menschen am anderen Ende der Leitung mit einem Gefühl, für das er sicher keine Verantwortung trägt.

Was bringt es uns also, uns über Dinge zu ärgern, die nun mal einfach da sind und sich nicht beeinflussen lassen? Warum sollen wir uns also über den Autofahrer ärgern, der uns gerade so gefährlich geschnitten hat? Warum lassen wir uns von ihm die ganze Urlaubsfahrt verderben? Wir können entscheiden, ob er diese Macht hat! Geben wir ihm fünf Minuten, mehr Ärger, mehr unserer Energie ist er doch wohl nicht wert! Oder?

Stattdessen: Den Ärger zeitlich begrenzen!

Was jeden Einzelnen von uns ärgert, kann individuell ganz verschieden sein. Ich halte mich für eine logisch denkende Frau mit guten Nerven. Mich kann nichts so leicht aus der

Ruhe bringen, außer wichtigen Dingen wie eine fehlende Tageszeitung in meinem Briefkasten. Das ärgert mich, und dass mein Nachbar sich nicht zum ersten Mal an meiner Zeitung vergreift, bringt mich auf die nächste Palme. Da kann ich regelrecht zur Hysterikerin werden! Hier hilft mir zumindest, den Ärger mit anderen zu teilen, mit denjenigen, die es auch betrifft. Geteilter Ärger ist halber Ärger! Jetzt, da ich darüber schreibe, kann ich eigentlich nur darüber lachen, und das ist das Allerbeste, was man gegen Ärger tun kann. Oft bringt er, genauso wie Streitereien, den gewissen »Kick« ins Leben.

Sie stehen im Stau? Nun ja, betrachten Sie diesen Stau von einer Aussichtsplattform außerhalb Ihrer selbst. Fakt ist: Es ist ein Stau. Und er wird sich irgendwann auflösen. Dass Sie sich ärgern, ändert weder etwas an seiner Dauer noch an seiner Länge. Also, bleiben Sie ruhig, da Sie keinen Einfluss auf die Verkehrsführung haben. Also, ändern Sie eben Ihre Haltung dazu!

Wir ärgern uns darüber, dass wir uns ärgern. Der Ärger aber nimmt genau so viel Raum ein, wie wir ihm zur Verfügung stellen. Daher können wir uns entscheiden, wie lange wir uns noch ärgern wollen. Oder ob überhaupt. Falls man ihn nicht ganz »wegdenken« kann, sollte man ihn zumindest räumlich oder zeitlich begrenzen.

Wie lange ärgern Sie sich durchschnittlich am Tag? Halbieren Sie die Zeit! Das ist schon ein guter Anfang und mehr als genug. Nach einiger Zeit schauen Sie schon fast von selbst auf die Uhr und ärgern sich dann nur noch fünf

Minuten. Allein diese Technik bringt Distanz und Humor ins Problem. Und der Ärger verfliegt!

Exkurs: Der eigenen Intuition vertrauen

Die menschliche Intuition ist eine nicht so ganz ernst genommene Kraft in unserem Leben. Wir benutzen sie meist unbewusst und dennoch zielsicher. Mit scheinbar traumwandlerischer Sicherheit treffen wir Entscheidungen »aus dem Bauch heraus«, beantworten Fragen, formulieren Sätze aus dem Stegreif und staunen oft selbst über diese Ergebnisse. Intuition ist, da wir sie bisher noch nicht »messen« können, eine unterschätzte Fähigkeit des Menschen.

In der Sphäre existiert alles Wissen latent, es »schlummert« sozusagen nur in uns und kann auf Abruf an die Oberfläche des menschlichen Bewusstseins gebracht werden. Der eine hört mehr, der andere weniger auf diese innere Stimme. Manche sind völlig taub für sie, aber im Prinzip ist sie nur weit unter den Ebenen des Verstandes versteckt. Und dennoch misstrauen wir oft dieser Instanz. Außer bei der ersten Begegnung mit einem Menschen: Ob wir wollen oder nicht, wir hören auf unsere innere Stimme. Dem Eindruck von Sympathie oder Antipathie können wir uns nur selten entziehen.

Im Taoismus traut man der Intuition mehr Kraft zu als dem Verstand. Intuition wird als »innere Autorität« begriffen, gegen die wir nicht handeln sollten. Viele wissenschaftliche Entdeckungen entstanden aus der Kraft der Intuition heraus. Der Verstand allein ist nicht das Mittel der Entdeckung, sondern ein Werkzeug, um sie zu erklären und zu fördern. Die mentale Fähigkeit der Intuition steht für das kreative Potenzial des Menschen, das mit allen Sinnen eher spontan und unbewusst reagiert und der weiblichen Energie der rechten Gehirnhälfte zugeordnet ist. Sie steht in Polarität zu der analytischen, rationalen, der männlichen Energie zugeordneten linken Gehirnhälfte.

In Entscheidungsprozessen und bei Problemlösungen kombiniert die Intuition sowohl Gefühle als auch Erfahrungen miteinander. Die besten Ideen hat man oft, wenn man den Denkprozess bewusst unterbricht, einfach mal an gar nichts denkt, wie beispielsweise beim Autofahren oder in der Badewanne. Intuition gedeiht am besten in einer Atmosphäre der Leere, also bestimmt nicht, während der Fernseher läuft! Eine ständige Reizüberflutung unserer Sinne von außen ist langfristig für die Intuition schädlich! Aus unseren inneren Ressourcen schöpfen wir beruflich wie auch privat neue Ideen. Wir öffnen uns so mehr und mehr unserem Unbewussten. Wie Thich Nhat Hanh sagte: »Nicht zu denken, das ist die Essenz des Zen.«

Fragen Sie sich bei jedem Problem:
- Ist es überhaupt ein Problem?
- Ist es *mein* Problem?
- Lasst es sich lösen und wie?

Fragen Sie sich bei jedem Gedanken:
- Soll dieser Gedanke meine Zukunft bestimmen?

Zusammengefasst:
- Sie allein sind der Schöpfer Ihrer Sorgen! Sie allein können sie auch wieder »entsorgen«!
- Schauen Sie Ihrer Angst in die Augen! Dann kann sie sich von selbst auflösen.
- Wer viele Ängste und Unsicherheiten hat, hat meist auch viel Gerümpel in der Wohnung! Also, entrümpeln Sie Ihre Umgebung gleich mit!
- Gestehen Sie sich das Recht zu, auch mal eine Prüfung nicht zu bestehen oder anderweitig zu versagen!
- Probleme kann man nicht loswerden. Man kann sie nur lösen oder loslassen. In dem Moment, in dem ich etwas loslasse, erledigt es sich meist von selbst.
- Lösungsorientiert zu denken heißt nicht, im Warum herumzuwühlen, sondern nach vorn zu sehen.
- Warum-Fragen führen zu nichts! Sie sind in die Vergangenheit gerichtet.
- Die Frage nach dem Wie führt direkt auf die Handlungsebene.

- Jeder hat das Recht auf seine eigenen Probleme, also Finger weg von den Problemen anderer!
- Ist ein neues Problem in Sicht? Auch bei Problemen gilt: Ein neues kann erst kommen, wenn dafür ein altes geht!
- Probleme laufen meist nicht weg. Sie lassen sich also morgen auch noch lösen.
- Bevor die Situation eskaliert, sagen Sie »Stopp« und nehmen Sie sich Zeit nachzudenken!
- Das Denken funktioniert am besten, wenn Sie sich räumlich verändern, sich bewegen, bei einem Spaziergang beispielsweise.
- Aus der Distanz betrachtet entschärft sich die Situation, und die Sichtweise verändert sich.
- Setzen Sie den anderen Grenzen: »Über dieses Problem rede ich jetzt noch fünf Minuten, und dann ist für heute Schluss!«
- Jede Entscheidung ist unvollkommen! Eine Entscheidung für etwas ist immer auch eine gegen etwas anderes.
- Falls Sie sich ärgern, dann höchstens fünf Minuten!
- Falls Sie leiden, dann höchstens zehn Minuten!
- Trainieren Sie Ihre Intuition und vertrauen Sie ihr blind!
- Vertrauen Sie Ihrem Verstand und machen Sie ihn zum Verbündeten Ihrer Intuition!
- Blicken Sie auf Ihre innere Landkarte, bevor Sie stundenlang in die falsche Richtung weiterfahren und genau dort ankommen, wo Sie garantiert nicht hinwollten!

6. Woche: Weg mit den Selbstblockaden und Eigentoren!

Was oder wer blockiert Sie Ihrer Meinung nach am meisten? Wer oder was behindert Sie Ihrer Meinung nach an Ihrer persönlichen Weiterentwicklung?

Wenn die anderen nicht wären, ginge es uns doch scheinbar so viel besser! Wenn der Ehemann nicht ständig Ansprüche stellen, die Mutter nicht ständig kränkeln, die Kinder uns nicht in Beschlag nehmen würden, ja, was würden wir da alles tun können! »Ich würde ja gern wieder studieren, aber ich habe ja drei Kinder zu versorgen!« – »Wenn mein Chef nicht gegen mich wäre, hätte ich schon längst Karriere gemacht!« – »Wenn ich nicht schwanger geworden wäre, hätte ich jetzt einen Hochschulabschluss.« Wir suchen die Gründe, etwas nicht tun zu müssen, meistens im Außen, aber sie liegen in uns selbst! Wer sonst außer wir selbst ist denn verantwortlich für das eigene Leben, sowohl privat als auch im Beruf?

Was für die einen jedoch Hindernisse sind, sind für die anderen Herausforderungen: So gibt es durchaus Frauen, die selbst mit drei kleinen Kindern Karriere machen, promovieren und Professorin werden. Doch die Verantwortung im Außen zu suchen ist nicht nur weiblich: »Ich würde mich ja auch gern selbstständig machen, aber ich habe Frau und Kinder zu ernähren« hörte ich von einigen Männern, als ich mich vor Jahren aus meinem sicheren Job im Öffentlichen Dienst verabschiedete. Ich wollte selbstständig arbeiten, und ich habe es getan. Denn was wir wirklich und von ganzem Herzen erreichen wollen, das können wir auch erreichen. Die Steine legen wir uns selbst in den Weg! Wer sabotiert uns denn? Wer hält uns fest? Keiner, außer wir uns selbst!

Es ist normal, dass uns in unserem Innern immer wieder verschiedene Stimmen zuflüstern: »Das schaffst du nie« – »Doch, das kannst du wohl«. Aber hat man sich dann entschieden, so sollte man sich die Hilfe bei jenen Freunden holen, die einen ohne Neid unterstützen. Gegen Miesmacher (»Wie willst du das denn finanzieren?«) sollte man sich schützen, indem man die Verantwortung für sein Tun voll und ganz übernimmt: »Das lass mal meine Sorge sein.«

Von wegen »widrige Umstände«

Ob es um die mangelnde Gelegenheit, das fehlende Vermögen der Eltern oder die widrigen »Umstände« im Allgemeinen geht, alles Mögliche muss oft herhalten, um das eigene Scheitern zu kaschieren. Irgendetwas kam dazwischen, war wichtiger als die Berufsausbildung. Der Lehrer war schuld, dass man das Abitur nicht bestanden hat, und überhaupt liegt die Verantwortung irgendwo da draußen! Man schafft es ganz hervorragend, durch diese Art von Geschichte Zuhörer zu finden. Die widrigen Umstände können auch ein Mann sein, dem frau gefolgt ist, ihm und seinem Lebenskonzept, dann waren es die Kinder, und irgendwann stellt sie fest, dass sie sich verlaufen hat wie Rotkäppchen im Wald. Sie stellt fest, dass das nicht ihr Weg, nicht ihr Leben ist.

Die größte Blockade in unserem Leben sind wir selbst

Es sind nicht die anderen, nicht die Partner, die uns bremsen oder uns Steine in den Weg legen. Oft grenzt das an Selbstsabotage! Wir *lassen* uns die Steine in den Weg legen und legen noch größere Brocken dazu! In dem Moment, in dem wir das begriffen haben, können wir jedoch aktiv die Verantwortung für unser Fortkommen übernehmen. Es bringt uns keinen Schritt weiter, anderen die Verantwortung für unsere eigene Stagnation zu geben. In dem Moment, in dem wir handeln und unsere eigenen Fehler machen, sind wir auch frei, das zu tun, was wir wollen. Wir brauchen dann auch keine Schuldigen mehr zu suchen! Und wir sind auch nicht länger das arme Opfer der Umstände, unserer schlimmen Kindheit, des schlechten Schulsystems, des ungerechten Chefs. Aus dieser gewandelten inneren Haltung heraus entsteht die Möglichkeit, dass wir unser Leben jederzeit selbst verändern können! Hört sich das nicht gut an?

Stattdessen: Selbst Verantwortung übernehmen!

Allerdings ist das nicht gerade der einfache Weg, denn es gilt, sich zu entscheiden und sich Gedanken zu machen. Manch einer zieht es vor, anderen zu folgen und sich von ihnen bestimmen zu lassen. Unselbstständig und abhängig zu sein hat nicht nur Nachteile. Ebenso wie bei einer Krankheit, durch die man Zuwendung erfährt, bekommt man Hilfe und Unterstützung: »Ach ja, die Arme, hat ja keinen Führerschein!« Also findet sich mal wieder jemand, der sie fährt. Ein eigenverantwortliches Leben zu führen bedeutet jedoch, sich um sich selbst zu kümmern und seine eigenen Bedürfnisse ernst zu nehmen. Dann sind wir uns selbst etwas schuldig und sollten daher auf uns achten, gut zu uns selbst sein, unser Selbstbewusstsein aufbauen und alles vermeiden, was uns in dieser Richtung blockiert.

Eigenverantwortung befreit! Denn wir können alles tun, wenn wir bereit sind, dafür die Verantwortung zu übernehmen. Ich kann meinen Partner belügen, wenn ich bereit bin, die Konsequenzen zu tragen. Und die könnten sein, dass er mich verlässt. Und ich darf mich dann wirklich nicht beschweren! Verantwortung für das eigene Handeln zu übernehmen heißt zu wissen, was man will. Oder zumindest, was man nicht will. Ein offen ausgesprochenes »Das will ich nicht« ist der erste Schritt zur Klarheit, der andere weiß dann genau, woran er ist. Das, was man tut, gern zu tun und alles andere nach und nach aus dem Leben zu verbannen wäre dann einer der ersten Schritte in Richtung Glück.

Stattdessen: Mehr Klarheit!

Verantwortung zu tragen heißt auch, das eigene Leben aufzuräumen. Das äußerliche wie innere Gerümpel sollte keinen Platz in Ihrem Leben haben. Auf ein Space-Clearing der Umgebung, durch das Entrümpeln des Hauses kann die Klärung im Innern folgen und umgekehrt. Bei einem »aufgeräumten« Innenleben ist jedes Ding, jede Person an seinem Platz. Gehen Sie in Gedanken die Menschen durch, die Teil Ihres Innenlebens sind: Steht jeder, wo er soll, oder geistert einer hin und her, stört, hat eigentlich keinen »Platz«? Dann räumen Sie auf! Eine innere Klarheit, eine Linie kommt auch den Menschen zugute, mit denen man Tag für Tag zu tun hat. Diese im »Unklaren« zu lassen kann nicht zu einer erfolgreichen Beziehung führen. Auch hier ist Klarheit die erste Voraussetzung für Erfolg. Und was Erfolg für Sie ganz persönlich bedeutet, bestimmen Sie selbst! Aber wie auch immer er sich für Sie gestalten soll: Klarheit im Sinne von Klärung Ihrer eigenen Ziele und Absichten ist unumgänglich!

Weg mit der eigenen Unzufriedenheit!

Wer kennt sie nicht – jene Tage, an denen man einfach mal schlechte Laune hat und nicht angesprochen werden will? Ich sage mir dann selbst: »Also gut, dann bist du eben heute mal schlecht drauf« und genehmige mir eine »üble« Stunde an diesem Tag. Aber nur eine, denn das reicht! Auch bei schlechter Laune helfen zeitliche Grenzen. Diejenigen, die überwiegend schlecht gelaunt sind und das ihre Mitmenschen ständig spüren lassen, sind im Grunde zutiefst unzufrieden mit sich selbst. Wenn das Leben nicht »rund« läuft und man das Gefühl hat, nicht am richtigen Platz zu sein, dann stimmt etwas nicht! Dann ist man chronisch beleidigt, nörgelt ständig oder begegnet seinen Mitmenschen mit offener Aggression.

Wird die eigene Unzufriedenheit zur Charaktereigenschaft und ständigen Haltung, die sich auf das menschliche Miteinander auswirkt, dann ist zu überlegen, was man am eigenen Leben verändern müsste, um sich wieder wohl mit sich selbst zu fühlen. »Wenn die Kinder erst groß sind, der Chef in Rente ist, der Regen aufgehört hat«, geht es uns aber sicher nicht wesentlich besser. Wer im Außen die Ursachen für seine Unzufriedenheit sucht, der sucht vergeblich! Also verändern Sie etwas! Sie werden Ihre Mitmenschen kaum dazu bringen, netter, höflicher oder intelligenter zu werden. Wenn Sie Ihr eigenes Glück abhängig machen vom Wohlwollen Ihrer Umwelt und von deren Verhalten, dann werden Sie vergebens auf diesen Zustand warten. Das Glücklichsein ist vielmehr eine innere Haltung, die weder an Äußerlichkeiten noch an materiellen Besitz gebunden ist. Somit ist dieser Zustand auch für jeden erreichbar.

Stattdessen: Glücksgefühlen nachspüren!

Versuchen Sie einmal, sich zu erinnern: Wann waren Sie in der Vergangenheit so richtig glücklich? Als Sie zum ersten Mal in die Augen Ihrer großen Liebe schauten? Als Sie Ihre

Prüfung bestanden haben? Was löste in Ihnen tiefe Glücksgefühle aus? Der Blick vom Gipfel nach dem Aufstieg? Die Geburt Ihres ersten Kindes?

Was immer es war, wie immer sich diese Empfindung anfühlte, halten Sie das Bild zusammen mit der Empfindung fest und konservieren Sie es so in Ihrem Innern. In Krisenzeiten, wenn man mental angeschlagen ist, hilft es, sich daran zu erinnern und sich vorzustellen, dass man das Gefühl in den Händen hält. Solche Bilder geben uns Kraft und das Gefühl, etwas Wertvolles zu besitzen. Mit diesem Gefühl kann man in schwierigen Situationen anderen viel sicherer entgegentreten. Denn keiner kann es uns nehmen! Das sind unsere inneren Schätze, die unsere Seele dauerhaft zu stärken vermögen.

Stattdessen: Gut für sich selbst sorgen!

Gehen Sie in sich: Wie müssten sich die anderen verändern, damit es Ihnen besser geht? Der Mann sollte sich mehr um Sie kümmern, die Schwiegermutter weniger nörgeln. Ist das machbar? Kaum! Suchen Sie sich Möglichkeiten, wie Sie sich selbst zufriedener machen können! Was wollen Sie? Dass es den anderen besser geht? Ihrer Familie wird es gut gehen, wenn es Ihnen gut geht und wenn Ihre schlechte Laune endlich aufhört! Also, kümmern Sie sich mehr um sich selbst! Gerade Mütter haben hier immer gute Ausreden, denn ihr schlechtes Gewissen ist allgegenwärtig. Wenn sie sich dann noch um sich selbst kümmern sollen, dann sind sie vollkommen überfordert!

Indem Sie sich mehr um die anderen kümmern als um sich selbst, schaffen Sie die Grundlage für Ihre eigene Unzufriedenheit und bremsen sich selbst aus. Wenn Sie gut mit sich selbst umgehen, Ihre Grenzen definieren, Nein sagen, dann können Sie sich auch wieder mit ganzem Herzen um andere kümmern. Ansonsten schaffen Sie sich selbst ein Defizit und fühlen sich von den anderen ausgenommen, obwohl Sie sich nur selbst ausnehmen! Unzufriedenheit ist destruktiv, und sollten Sie es allein nicht schaffen, so suchen Sie sich Hilfe von außen. Unzufriedenheit isoliert jedenfalls langfristig, denn wer will sich schon mit einem Miesepeter verabreden? Darum müssen Sie sich aus der Isolation befreien. Gehen Sie auf Menschen zu und reden Sie darüber! So tun Sie etwas für sich und für Ihre Seele.

Weg mit störenden Verhaltensmustern!

Aber nicht nur die Probleme der anderen belasten uns. Oft sind unsere eigenen Vorstellungen und Muster die wahren »Blockaden« für unsere persönliche Entwicklung. Wir bremsen uns selbst aus mit Überzeugungen wie »Das kann ich nicht« oder »Das gehört sich nicht«. Die Überzeugung »Wenn man aus dem Haus geht, muss die Wohnung aufgeräumt sein« etwa führt dazu, dass man sich Stress mit dem Putzen macht, da man ansonsten unter Schuldgefühlen leidet. Wer dieses Muster nicht sein Eigen nennt, dem ist diese Art von Schuldgefühl absolut unbekannt.

Beliebte Muster sind auch Pauschalsätze wie »Das tut man nicht!« oder »Was würden denn die Leute sagen?«. In beiden Fällen weiß man eigentlich gar nicht so genau, was man nicht tun darf bzw. wer das festlegt. Noch diffuser ist die Frage, was denn unbekannte Menschen dazu sagen würden. Obwohl man diese nicht kennt, will man es ihnen recht machen. Dahinter steckt in beiden Fällen eine Erfahrung, die meist zurück in die Kindheit reicht: »Wenn ich das mache, was die anderen von mir erwarten, bekomme ich Lob, Anerkennung und somit Liebe.« Wer die Erfahrung gemacht hat, Liebe über Krankheit zu erfahren, für den ist natürlich die Krankheit ein Quell der Aufmerksamkeit. Und entsprechend oft wird er dann eben krank sein.

Auch der Glaubenssatz »Ohne Leid geht es nicht« sucht immer wieder Bestätigung. Das Muster, nicht glücklich sein zu dürfen, führt dazu, dass man ständig etwas sucht, was einen unglücklich macht. Also findet dieser Zeitgenosse immer etwas zu meckern, damit es ihm nur nicht allzu gut gehen kann! Wer mit dem Spruch »Eigenlob stinkt« groß geworden ist, tendiert auch später zur Unterbewertung seiner eigenen Arbeit und des eigenen Wertes. In der Folge kann das dazu führen, dass man sich »unter Wert« verkauft. Und für den »Käufer« kann es derart peinlich werden, dass er die Leistung seines Gegenübers nicht weiter in Anspruch nehmen will.

Übernommene Muster blockieren den Geist

Viele dieser Verhaltensmuster sind oft so alt, dass wir ihre Herkunft nicht einmal mehr erklären können! Es sind Prägungen aus frühkindlichen Zeiten, durch Eltern und Schule, sozusagen die »Software«, die unser weiteres Leben bestimmt. Ein Kind merkt sehr schnell, dass es dann gelobt wird, wenn es das tut, was der andere will. Und da wir unsere Eltern lieben und ihnen gefallen wollten, haben wir das getan, was diese von uns erwartet haben. Unsere Eltern wiederum haben dies von ihren Eltern übernommen, und so leben ganze Generationen mit dem »Das tut man nicht« und »Das ist nicht richtig«, ohne jemals gefragt zu haben, ob das für den Einzelnen selbst auch so stimmt.

Ohne uns oft darüber im Klaren zu sein, verbreiten wir diese Verhaltensmuster weiter. Unüberlegt dahingesagte Sprüche wie »Geld allein macht nicht glücklich« oder auch »Wer erfolgreich ist, bleibt allein« spiegeln eine ganz bestimmte Einstellung zu den Grundlagen des Lebens wider. Je häufiger wir so etwas aussprechen, desto mehr gräbt es sich in unser Inneres ein. Also stopp! Überlegen Sie doch einmal: Soll dieses Muster Ihr weiteres Leben bestimmen? Schießen Sie damit vielleicht ein Eigentor? Sind Sie von Ihren eigenen Sprüchen wirklich überzeugt, oder geben Sie nur etwas weiter, was Sie selbst nie hinterfragt haben?

Aus diesen Prägungen entstehen unsere Verhaltensweisen und Reaktionen und verfestigen sich im Laufe der Jahre, ohne dass wir uns dessen bewusst wären. Wir reagieren und handeln also meist nicht nur aus unserem »freien Willen«

heraus, überlegt und jedes Mal anders, sondern meist automatisch so, wie wir das schon immer tun, ohne den Sinn zu hinterfragen. Kaum eine Aussage drückt so viel Starrheit aus wie »Das war schon immer so«. Bei Menschen, die zum Horten und Sammeln neigen, drückt sich diese Erstarrung in ihren Sammlungen aus. Kein Wunder, wenn diese Menschen auch noch über steife Gelenke oder ähnliche »erstarrte« Krankheiten jammern.

Starre gesellschaftliche Konventionen, wie beispielsweise als Frau immer nett und höflich zu sein, auch wenn man vor Ärger platzt, können auf Dauer gesundheitsschädlich sein. Nicht zu widersprechen, auch wenn einem danach ist, verursacht Magengeschwüre. Sich zu entschuldigen, wenn man von anderen angerempelt wird, ist ebenso ein altes Muster, das keinen Sinn macht – außer dass man sich mal wieder über sich selbst ärgert.

Welche seltsamen Verhaltensmuster es gibt, die kaum nachvollziehbar sind, sieht man am besten in anderen Kulturen. In Japan gilt es als ausgesprochen unhöflich, ein klares Nein zu äußern. Eine Ablehnung wird undeutlich umschrieben und nicht deutlich ausgesprochen. Deutsche Verhandlungspartner haben im Umgang damit natürlich ein Problem, und Missverständnisse sind vorprogrammiert. Die Japaner zu verändern ist utopisch, also bleibt hier nur die Möglichkeit, eine entsprechende Umgangsweise mit diesem Muster zu erlernen. Denn gegen die Glaubenssätze anderer sind wir machtlos! Sie verändern zu wollen bedeutet lange Kämpfe mit wenig Aussicht auf Erfolg.

Ich musste aufgrund dieser Erfahrung meine Pläne ändern, als ich im Alter von 18 Jahren allein nach Berlin zog. Dort suchte ich mir ein Gymnasium, an dem ich Abitur machen wollte, und stellte mich vor. Die Rektorin lehnte mich als allein wohnende Schülerin ab mit den Worten: »Wo kein Druck ist, ist auch keine Leistung.« Ich versuchte gar nicht erst, diese Frau von meiner (damals sehr starken) Motivation zu überzeugen. Denn in eine Schule, in der diese Einstellung herrschte, wollte ich nicht gehen!

Stattdessen: Muster auflösen und eine neue Haltung annehmen!

Sie haben es in der Hand, Ihre Muster aufzulösen und gegen neue einzutauschen. Diese zu erkennen kann schmerzhaft sein, denn es tut weh, sich von Altem zu trennen. Die alten, destruktiven Muster gegen neue, konstruktive zu ersetzen gelingt oft nur mit professioneller Hilfe. Suchen Sie zunächst einmal nach Ihren ganz persönlichen Mustern, immer wiederkehrenden Reaktionen, und kommen Sie sich selbst auf die Schliche!

Ein weit verbreitetes weibliches Muster ist: »Ich werde nur geliebt, wenn ich es allen recht mache.« Stellen Sie sich jetzt vor, was sich in Ihrem Leben verändern würde, wenn Sie sich nicht mehr nach diesem Muster verhalten würden: Sie würden auch einmal anderen die Meinung sagen! Endlich Ihre Wut zeigen! Sie hätten keine Angst mehr, verlassen zu werden, und könnten auch mal Nein sagen! Schreiben Sie sich die Vorteile auf und visualisieren Sie bestimmte bekannte Situationen, in denen Sie ab sofort anders reagieren wollen.

Schon allein durch das Aufschreiben und Ihre Vorstellung wird sich etwas verändern. Und wenn es nur ein winzig kleiner Schritt in eine andere Richtung ist! Beobachten Sie sich und Ihre ganz persönlichen »Strickmuster«. Die der anderen sind Ihnen sowieso bekannt, aber die können Sie nun einmal nicht umstricken! Im Prinzip ist jeder Mensch in der Lage, sein Leben jederzeit neu zu gestalten, wenn er sich dazu entschließt. Sie können morgen kündigen und übermorgen auswandern – wenn Sie das wirklich wollen, wird sich ein Weg finden. Der einzige Haken daran ist, dass nur Sie allein es tun können! Ebenso können Sie auch von heute auf morgen Ihre Haltung verändern und die daraus entstehenden Konsequenzen tragen. »Ich würde schon gern, aber meine Mitarbeiter werden sich doch wundern, wenn ich plötzlich das und das verändere.« Woher wollen Sie wissen, wie wer reagiert? Vielleicht kommt diese Veränderung auch anderen sehr gelegen? Oft sind »die anderen« nur eine Entschuldigung für die eigene fehlende Initiative. »Meine Mutter wäre sauer, wenn ich in eine andere Stadt ziehen würde!« Woher wollen Sie das wissen? Alles nur Spekulation! Vielleicht würde Sie sich ja freuen! Also weg mit den alten Mustern! Das Entrümpeln der Wohnung kann auch ein erster Auslöser sein, alte, überkommene Muster und Haltungen aufzugeben und sich für Neues zu öffnen.

Weg mit den alten Programmen!

Innere und äußere Regeln wie auch übernommene Werte bestimmen das Leben. Moralvorstellungen definieren, was gut und böse ist, was eine Frau tun und was sie lassen soll, wie der ideale Vater auszusehen hat. Eine Vielzahl solcher »Programme« haben wir verinnerlicht und oft ohne nachzudenken zu unseren eigenen Überzeugungen gemacht. So entsteht aus dem Muster »Man kann anderen nicht trauen« die Überzeugung, alles nur allein machen zu können. Und von da aus ist es nur noch ein Katzensprung zu der Überzeugung: »Mir hilft ja doch keiner.« Wenn ich davon überzeugt bin, frage ich natürlich auch niemanden, und somit hilft mir auch keiner. Damit ist meine Überzeugung wieder einmal bestätigt. Und ganz schnell ist man von dieser Überzeugung aus bei dem Gefühl, ein Opfer der Umstände oder der anderen zu sein.

Alte Überzeugungen binden einen nicht nur energetisch, sondern lähmen auch psychisch und physisch. Der Glaubenssatz »Mir hilft ja doch keiner« (der absolut austauschbar ist!) kann weiter zu der Überzeugung führen, ganz allein und ohne Hilfe durchs Leben gehen zu müssen. Diese Überzeugung verselbstständigt sich, erzeugt im Gehirn neue Bilder, und plötzlich werden aus den Mitmenschen Feinde, die einem nicht helfen wollen. Negative Überzeugungen wirken wie sich selbst erfüllende Prophezeiungen und ziehen genau das an, was man eigentlich los sein will!

Stattdessen: Überzeugungen überprüfen!

Nicht aus realen Erfahrungen, sondern aus der eigenen Einbildung rekrutieren wir Vorurteile, mit denen wir Situationen und Personen beurteilen. Ob eine Überzeugung der Wirklichkeit standhält, muss jedoch immer wieder überprüft werden, ansonsten blockiert man sich in der eigenen Erfahrung selbst. »Ich kann mir schon vorstellen, wie es auf diesem Fest zugehen wird« hindert uns daran, die Erfahrung selbst zu machen. Wir »behindern« uns somit selbst, indem wir uns von einem Teil des Lebens ausschließen. Wie würden Sie sich ohne Ihre blockierenden Überzeugungen fühlen? Was würden Sie dann plötzlich tun können? An dieser Vorstellung werden Sie merken, ob Sie das überhaupt brauchen. Jemand hilft mir bei der Hausarbeit, sodass ich mehr Zeit habe. Aber was mache ich jetzt mit der Zeit? Habe ich dadurch ein neues Problem, so sollte ich an meiner alten Überzeugung lieber festhalten. Würde ich aber von einer Veränderung profitieren, so sollte ich lieber die alte Überzeugung entsorgen und mich auf die neue Erfahrung freuen!

Weg mit den überkommenen Gewohnheiten!

Versuchen Sie einmal, als Neuling in einem Unternehmen gegen die Argumentation anzugehen: »Das haben wir bisher immer so gemacht.« Weil man es immer schon so gemacht hat, sieht man auch keine Notwendigkeit, die Dinge zu vereinfachen, zu verändern oder abzuschaffen. Die Frage nach dem Warum stellt sich hier gar nicht. Aber kaum eine Aussage ist lähmender! Menschen, die an ihren alten Gewohnheiten wie an Krücken festhalten, da sie ihnen Sicherheit in einer unsicheren Welt geben, sind von Veränderung, auch wenn sie Verbesserungen bedeuten würde, schwer zu überzeugen.

Bei solchen »Gewohnheitstieren« muss man diplomatisch vorgehen und Veränderungen in fast »homöopathischen« Dosen vornehmen! Sie sind in solch einem Fall, wenn überhaupt, nämlich nur in winzig kleinen Schritten möglich. Das Neue muss sich quasi nahtlos aus dem Alten entwickeln. Gewohnheitstiere nehmen es eher in Kauf, Dinge umständlich zu erledigen, als sich neue Methoden anzugewöhnen. Sie nehmen lieber gewohnte Umwege, als Abkürzungen auszuprobieren. Diese Menschen hängen an Vertrautem, auch wenn es mit mehr Aufwand oder sogar mit Schmerzen verbunden ist. Im Vertrauten fühlen sie sich wohl und geborgen. Neues, Ungewohntes treibt ihnen hingegen den Schweiß auf die Stirn und erzeugt Stress. Was normale Menschen als positiven und neuen Kick erleben, ist für sie ein plötzlich hereinbrechender Albtraum.

Stattdessen: Mehr Lebendigkeit im Leben!

Wenn Sie sich als Gewohnheitstier wohl fühlen, dann stehen Sie doch zu Ihrem Muster und leben Sie damit! Sollte Sie dies jedoch privat wie auch beruflich belasten, weil Sie nicht in der Lage sind, mit Neuerungen zu leben und auf sie panisch reagieren, so sollten Sie in kleinen Schritten versuchen, etwas Neues in Ihr Leben zu bringen, jedoch ohne das Alte, das Ihnen ja Sicherheit gibt, loszulassen. Dazu müssen Sie sich nicht unbedingt eine neue Sportausrüstung kaufen und einen Berg besteigen. Suchen Sie sich das Abenteuer im Alltag! Erinnern Sie sich noch daran, wie Sie als Kinder »Klingeln geputzt« haben? Wie lange liegt denn Ihr letzter Streich zurück? Können Sie sich überhaupt daran erinnern? Pflegen Sie solche »dummen Ideen«, denn sie sind Ihre wirklichen Schätze!

Für den Anfang reicht es vielleicht schon, wenn Sie jeden Tag etwas tun, das Sie noch nie getan haben! Beginnen Sie mit Kleinigkeiten: Gehen Sie einen anderen Weg, kaufen Sie bei einem anderen Bäcker ein und durchbrechen Sie somit alte Gewohnheiten! Wie wäre es denn einmal mit einem ganz neuen Verhalten? Wie würden Sie sich denn fühlen, wenn Sie plötzlich das Gegenteil von dem tun würden, was andere scheinbar von Ihnen erwarten? Sie haben sicher genug Fantasie, sich das vorzustellen. Falls nicht, probieren Sie es einfach aus! Anstatt sich klein zu machen und zu entschuldigen, fragen Sie doch den penetrant drängelnden Typen in der Warteschlange: »Wollen Sie auf den Arm?« Und ändern Sie den Satz »Das mache ich immer so« in »Das mache ich mal so, mal so«.

Stattdessen: Etwas Verrücktes tun!

Auch wenn Sie nicht gerade der geborene Künstler sind, können Ihre kreativen Ideen Ihr eigenes Leben bereichern.

Tun Sie doch mal etwas, das Sie schon immer tun wollten! Oder etwas Verrücktes! Wollten Sie nicht schon immer einen Porsche fahren? Falls es zum Kauf nicht reicht, mieten Sie sich doch einmal einen nur für einen Tag! Tun Sie es! Mit vergleichsweise geringem Aufwand kann man aus jedem Tag einen besonderen machen: Tun Sie also täglich etwas, das Sie noch nie vorher getan haben! Lassen Sie sich etwas einfallen. Haben Sie schon jemals in der Badewanne Eis gegessen? Oder den Salat mit Gänseblümchen angereichert? Oder im Wald laut geschrien? Lassen Sie doch einfach mal das Telefon klingeln oder räumen Sie Ihren Frühstückstisch nicht sofort ab. Lassen Sie das Mittagessen ausfallen und laden Sie sich stattdessen zum Kaffee bei einer Freundin ein. Durchbrechen Sie einfach Ihre alten Gewohnheiten! Wenn Sie Ihre eigene Kreativität fördern, heben Sie die Routine des Alltags auf.

»Schlechte« Erfahrungen blockieren nur scheinbar

Wir geben die Schuld dafür, dass wir nicht wagen, etwas zu tun, oft unserer scheinbar schlechten Erfahrung. »Als ich wegen der Gehaltserhöhung angefragt habe, hat er mich ganz komisch angesehen!« Also trauen Sie sich nun nicht mehr! Aber Erfahrungen gehören zu unserem Reichtum, die schlechten erst recht! Wo wären wir ohne die Geschichten, die sich damit verbinden? Erfahrungen sind etwas, das man erlebt, nicht mehr und nicht weniger. Und keine zu machen heißt, nicht zu leben! Ob sie »schlecht« sind, entscheidet allein Ihre ganz persönliche Bewertung! Und statt sich auf neue »schlechte« Erfahrungen zu freuen, fahren Sie Vermeidungsstrategien. Aber damit vermeiden Sie das Leben!

Meine Erfahrungen mit dem korsischen Gesundheitswesen habe ich einer Notoperation während eines Urlaubs zu verdanken. Freiwillig hätte ich mich nie in diesem winzigen Krankenhaus von diesem schräg aussehenden Anästhesisten betäuben lassen. Aber ich habe es überlebt, und dazu noch erstaunlich gut! Ich kann entscheiden, ob ich daraus eine grausame Erfahrung oder mein interessantestes Urlaubserlebnis mache.

Stattdessen: Neue Erfahrungen suchen!

Scheinbar schlechte Erfahrungen gehören in die Schatztruhe! Die wichtigsten Lektionen im Leben lernt man auf diese Art und Weise: »Erst wer sich selbst die Finger verbrennt, versteht, was Feuer ist!« Nichts ist schlimmer, als die Schuld für eigenes Versagen seinen in der Kindheit gemachten Erfahrungen zu geben. Dass schlechte Erfahrungen in der Kindheit besonders traumatisch sind, halte ich für eine Erfindung der Erwachsenen. Ich habe Hundebisse, Knochenbrüche und Auseinandersetzungen mit meinen Eltern in bester Erinnerung. Die Vergangenheit als Rechtfertigung für gegenwärtiges Versagen heranzuziehen ist billig und sinnlos. Wir hatten alle eine schlimme Kindheit und sollten als Erwachsene, jedenfalls spätestens jetzt, die Verantwortung für unser weiteres Leben übernehmen.

Weg mit der Prinzipienreiterei!

Der Mensch braucht Werte als Gerüst für sein Leben. Prinzipien sind kleine Querstreben, die man auch mal austauschen kann, ohne dass die gesamte Statik darunter leidet! Prinzipien können einen einengen und wertvolle Erfahrungen verhindern. In bestimmten Phasen des Lebens mag es wichtig und vernünftig sein, beispielsweise das Prinzip zu haben, keinen Alkohol zu trinken. Aber falls sich die Lebensumstände ändern, müssen sich auch die Prinzipien ändern können. Man missachtet ja nicht gleich die Zehn Gebote, nur weil man in seinem Leben neue Prioritäten setzt.

Das Leben ist Wandel, und in den verschiedenen Lebensphasen wandeln sich eben auch die Einstellungen. Also, verabschieden Sie sich von alten Prinzipien oder Entscheidungen, die Sie momentan blockieren und nichts bringen! Ich habe zehn Jahre meines Lebens keinen Alkohol getrunken. Damals hat das für mich sicherlich einen Sinn gemacht. Warum, kann ich heute nicht mehr so genau sagen. Aus der Entscheidung wurde ein Prinzip, dessen Sinn mir im Laufe der Jahre selbst nicht mehr klar war. Inzwischen habe ich mich anders entschieden und trinke ab und zu wieder ein Glas Rotwein, weil es mir einfach schmeckt.

Prinzipien können Sie, falls diese Sie behindern, also jederzeit verändern oder abschaffen! Dass Sie sich nun anders entscheiden, bedeutet nicht, dass Sie früher eine falsche Entscheidung getroffen haben. Das Leben ist Wandel, und damals waren die Zeiten eben anders. In Ihr heutiges Leben passen heutige Entscheidungen und auch andere Meinungen. Die alten wird man am besten dadurch los, dass man nicht mehr an ihnen festhält! Dann können sie sich auch langsam von allein verflüchtigen.

Stattdessen: Veränderungen akzeptieren!

Der Tag geht, und die Nacht kommt, die Flut löst die Ebbe ab. Es wäre sinnlos, dagegen vorgehen zu wollen! Natürliche Zyklen bestimmen unser Leben und lösen einander ab. Sich gegen natürliche Veränderungen und Veränderungen im eigenen Leben zu wehren ist ebenso sinnlos wie der Versuch, die Zeit anhalten zu wollen. Das Leben ist Wandlung, und das einzig Sichere im Leben ist, dass es keine Sicherheit gibt.

Alles unterliegt einer Veränderung. Ein Möbelstück aus Holz altert, wird morsch und zerfällt auf der Mülldeponie im Laufe der Jahre zu Erde oder geht im Feuer in Asche und Rauch auf. Pflanzen übergeben wir dem Kompost und den Schmutz beim Putzen dem Wasser. Unsere Nahrung transformiert unser Körper in Energie. Alles, was wir loslassen, ist zwar nicht mehr in unserer unmittelbaren Nähe, aber es ist immer noch energetisch vorhanden. Selbst wenn sich jemand einfach »aus dem Staub gemacht« hat, zeigt allein die Tatsache, dass wir noch an ihn denken, dass irgendetwas von ihm noch da ist. Nichts geht verloren, nur der Zustand verändert sich.

Weg mit Gewissensbissen und Schuldgefühlen!

Das schlechte Gewissen ist ein Gefühl, das wir als von außen kommend erleben. Eine Freundin erzählte mir: »Meine Mutter macht mir immer ein schlechtes Gewissen, wenn ich sie besuche.« Wie gelingt ihr das? Sagt sie: »Kind, ich mache dir jetzt ein schlechtes Gewissen«? Sicherlich nicht. Das schlechte Gewissen meiner Freundin entsteht aus ihren Gedanken, ihre Mutter erwarte von ihr, dass sie ihr bei der Vorbereitung ihres Geburtstages hilft. Nun hat sie aber keine Zeit dazu und fühlt sich daher schlecht. Sie hat ein »schlechtes Gewissen«. Dieses Gefühl entsteht in uns und nicht irgendwo außerhalb von uns, und es ist ein Ergebnis unserer Gedanken oder auch unserer Einbildung. Wenn wir uns diese Zusammenhänge deutlich machen, können wir Verantwortung auch für unser schlechtes Gewissen übernehmen und uns entscheiden, ob wir es haben wollen oder nicht.

Das schlechte Gewissen entsteht auch aufgrund unserer eigenen inneren Wertvorstellungen, und zwar dann, wenn wir gegen sie handeln. Wenn jemand Vegetarier ist und gegen seine Werte handelt, indem er Fleisch isst, dann meldet sich, sozusagen als innere moralische Instanz, sein schlechtes Gewissen. Dieses Gefühl fungiert individuell und gesellschaftlich als natürliche Bremse gegen unmoralisches Handeln (was auch immer der Einzelne oder die jeweilige Gesellschaft darunter verstehen mag), ist wichtig für das Zusammenleben mit anderen.

Schuldgefühle entstehen aber auch in uns aufgrund unserer eigenen Vorstellungen, ein guter Mensch sein und es allen recht machen zu müssen. Mit diesen Gefühlen verdienen ganze Wirtschaftszweige ihr Geld: Wir sind schlechte Mütter, wenn wir keine Bio-Babykost kaufen, schlechte Ehefrauen, wenn wir keinen italienischen Kaffee kochen, schlechte Mitmenschen, wenn wir der Stiftung zur Rettung einheimischer Fledermäuse nichts spenden.

Die meisten Schuldgefühle sind selbst gemacht, weil wir denken, die anderen würden das und das von uns verlangen. Deshalb können auch nur wir sie wieder beseitigen. »Ich müsste mehr Verständnis für meine Kinder haben, geduldiger mit meinem Chef sein, netter zu meinen Nachbarn, besser in der Schule … Wer von uns kennt sie nicht, die Selbstvorwürfe, die wie eine Schallplatte mit Sprung in unserem Kopf herumeiern. Aber Tatsache ist nun einmal, dass der Mensch gut und böse ist, nett und unfreundlich, geduldig und zickig in einem. Wie es Tag und Nacht gibt und wir nicht nur die eine Seite der Medaille haben können, so, wie wir auch Sommer und Winter akzeptieren müssen, so sollten wir die Polarität in uns endlich auch annehmen. Immer nur »gut« sein zu wollen führt zu einem selbst gemachten Druck, dem keiner standhält! Wünschen Sie nicht manchmal einem anderen die Pest an den Hals? Könnten Sie nicht ab und zu jemandem vors Schienbein treten? Falls nein, sind Sie vielleicht schon erleuchtet, oder aber Sie leben nur halb. Diese einseitig »guten« Menschen, die ihre negativen Seiten nicht leben, treffen komischerweise im Leben ständig auf streitsüchtige Nachbarn, aggressive Partner oder hinterhältige Kollegen.

Stattdessen: Mehr Selbstwert leben!

Sie bekommen die »schlechten« Seiten an sich, die Sie selbst verurteilen und nicht leben, eben von anderen gespiegelt. Eigentlich sollte man zu seinem streitsüchtigen Chef sagen: »Vielen Dank, dass Sie so herumschreien, dann muss ich es wenigstens nicht tun!« Wenn Sie selbst aber auch zu Ihren dunklen Seiten, Ihren Schatten stehen, dann nimmt das Druck von Ihnen. Sich immer beherrschen, immer nett sein zu müssen ist eine utopische Forderung an uns selbst, die auf Dauer ungesund ist.

Dass wir zu unseren Mitmenschen »nett und freundlich« sind, versteht sich meist von selbst. Wenden wir dieses Prinzip uns selbst gegenüber an, dann heißt das, uns selbst nicht allzu kritisch zu betrachten und uns selbst auch mal einen Fehler zu verzeihen! Gönnen Sie sich selbst auch mal etwas Gutes: Gehen Sie einen Kaffee trinken oder zur Massage oder zum Shoppen, oder tun Sie, was immer Sie eben unter »Gönnen« verstehen. Sie müssen selbst herausfinden, was Sie glücklich macht, bevor Sie es von anderen erwarten. Denn woher soll Ihr Partner wissen, welches Ihre Lieblingsblumen sind, wenn Sie es selbst nicht einmal wissen? Also, kaufen Sie sich selbst mal einen Strauß, bevor Sie das von Ihrem Partner erwarten!

Die allererste Person, die Sie persönlich stärken kann, sind Sie selbst! Sie selbst können am meisten für sich tun, sich gesund ernähren, harmonisch einrichten, schöne Aktivitäten pflegen und all das andere, was Ihnen persönlich gut tut. Kurz: Ihre eigene Wertschätzung ist die Grundlage Ihres Glücks. Schon in der Bibel steht: »Liebe deinen Nächsten wie dich selbst.« Denn wie kann man seinen Partner lieben, wenn man sich nicht zunächst selbst liebt? Wie kann man Wertschätzung von seiner Umgebung erwarten, wenn man sich selbst nicht wertschätzt? Kleidung beispielsweise sagt viel aus über die eigene Wertschätzung und transportiert das auch nach außen. Wenn ich schlampig daherkomme und mir selbst keinen ordentlichen Look gönne, wie will ich denn dann von anderen Wertschätzung erfahren? Stärken Sie sich also selbst, dann sind Sie auch stark genug, andere Menschen zu stärken.

Weg mit blockierenden Denkmustern!

Unser Kopf scheint voller lähmender und destruktiver Gedanken zu sein. Wir sabotieren uns selbst mit alten Denkmustern: »Das kann ich nicht, das schaffe ich nicht, das traue ich mir nicht zu.« Diese Gedanken schließen eine eigene Veränderung aus, machen uns klein und zerstören uns. Gedanken erzeugen in uns Bilder und Emotionen, und dadurch verfestigen sich diese Gedanken wiederum. Darum weg mit dem Geplapper der boykottierenden Gedanken! Schließlich kommen diese nicht von außen, wir erzeugen sie nämlich selbst! Gedanken sind Gedanken und nicht die Realität – Bilder und Ideen, die in uns entstehen! Beispielsweise sehe ich, wie am Tisch neben mir ein paar Leute lachen. Ich kann jetzt denken: »Das ist aber eine lustige Truppe.« Ich kann aber auch denken »Oje, sie lachen über mich!« Oder ich kann gar nichts denken und einfach nur wahrnehmen, dass diese Menschen lachen.

Unsere Gedanken sind unsere ganz eigene Züchtung. Wir pflegen, gießen und päppeln sie oder lassen sie vertrocknen. Wir produzieren sie selbst und können genauso gut die Produktion auch wieder einstellen! Da unsere Gedanken unsere Haltungen ebenso bestimmen wie unsere Emotionen, müssen wir uns bei jedem Gedanken, der uns blockiert, fragen: »Soll dieser Gedanke in Zukunft mein Leben bestimmen?« Falls ich von mir denke, dass ich unfähig und untalentiert bin, kann ich mich entscheiden, ob ich von diesem Gedanken meine Zukunft bestimmen lasse oder ob ich mich für einen anderen Gedanken entscheide. Wer hindert mich denn daran, zu denken: »Ich habe ein Talent, mit Menschen umzugehen«? Negative Gedanken können keine positive Wirkung haben. Wenn ich mir nichts zutraue, werde ich nicht fähiger, und wenn ich unfreundlich über den anderen denke, wird er mir kaum freundlicher entgegentreten!

Gedanken sind Energie

Jeder ist für seine Gedanken selbst verantwortlich. Man kann sie aus der Distanz betrachten und sie verändern. Ständige Gedankenkontrolle ist eine Illusion, stattdessen kann man es anfangs mit zehn Minuten täglich versuchen. Das Aufschreiben hilft hier. Fragen Sie sich bei jedem Gedanken: »Ist das tatsächlich so oder denke ich mir das aus?« Die Sonne scheint, das ist eine unumstößliche Tatsache. Die Befürchtung, dass es morgen wahrscheinlich wieder regnen wird, entsteht allerdings nur in meinem Kopf!

Vollkommen unproduktiv und nur belastend sind Gedanken, die Emotionen wie Ärger, Rache und Wut auslösen. Der Gedanke »Ich bin wütend auf meinen Nachbarn, weil er keine Rücksicht auf mich nimmt« bringt gar nichts, außer, dass er das negative Gefühl verstärkt und bindet. Gedanken sind Energie! Und nur dadurch, dass ich sie loslasse, werde ich sie los. Eine Möglichkeit des Loslassens ist die zeitliche Begrenzung: Ich denke jetzt noch fünf Minuten daran, und dann mache ich etwas anderes! Man kann Gedanken auch einen bestimmten Raum zuweisen. So habe ich, wie schon gesagt, bei mir in der Wohnung Gedanken an meine Steuer und mein Konto aus dem Schlafzimmer verbannt. Sie werden sehen: Mit einiger Übung gelingt auch das.

Stattdessen: Gedanken gestalten und kontrollieren!

Gedanken sind oft schlimmer als die Realität. Wir schaffen es, ein kleines Problem unendlich groß werden zu lassen, indem wir ständig in entsprechender Weise daran denken. Schlimm genug, dass meine Tochter mich belogen hat. Es ist passiert, ich bin verletzt, daran kann man nichts mehr ändern, es lässt sich nicht rückgängig machen. Aber durch das ständige Denken daran quäle ich mich nur noch mehr. Das Verletzen ist vorbei, es dauerte nur wenige Minuten. Aber die selbstzerstörerische Wirkung der Gedanken hält weiterhin an.

Aber wir leiden nicht nur an dem, was passiert ist, sondern auch an Gedanken, die noch nicht einmal Realität geworden sind. In Gedanken entstehen Vorstellungen von möglichen Krankheiten und Risiken, die überall lauern. Aber diese Gedanken können den Ausbruch gerade solcher Krankheiten unterstützen. Sie selbst haben es in der Hand, ob Sie Ihr Bewusstsein auf die Fülle oder auf die Leere lenken. Denken Sie nur an das berühmte Beispiel vom Glas, das halb voll und zugleich halb leer ist. Wenn man allerdings seine Aufmerksamkeit ständig auf ein Defizit richtet, sich immer vor Augen hält, was man nicht hat, verankert sich im Körper auch das Gefühl von Defizit und Mangel. Und dieses Defizit kann sich wiederum körperlich in Form von Krankheit verfestigen.

Stattdessen: Blockierende Gedanken in die rote Tonne!

Darum bestimmen Sie selbst Ihre Gedanken! Sie können sie lenken und leiten, ihnen einen Raum und einen zeitlichen Rahmen zuweisen. Fragen Sie sich: »Was wäre, wenn ich diesen Gedanken nicht mehr hätte, wie würde ich mich dann fühlen?« Besser? Dann halten Sie dieses Gefühl doch fest. Oder gibt es einen Grund, an dem Gedanken festzuhalten? Fühlen Sie sich dann besser? Haben Sie dann das Mitgefühl Ihrer Umwelt, das Sie vielleicht brauchen? Ich habe für mich eine Technik entwickelt, um die mich selbst blockierenden Gedanken zu entsorgen. Zuvor sehe ich mir den Gedanken an: »Ich kann nicht mit Geld umgehen«, sagt er mir. Ich frage mich nun: »Ist das denn wirklich so?« Meine Antwort ist Nein, denn ich gehe seit Jahren mehr oder weniger erfolgreich damit um.

Danach knete und bearbeite ich den Gedanken, betrachte ihn von allen möglichen Standpunkten aus: »Ich kann gut mit Geld umgehen«, »Das Geld geht gut mit mir um« oder »Das Geld kann nicht mit mir umgehen«. Ich spiele damit, und schon allein dadurch relativiert sich dieser blockierende Gedanke. Er hat sich schon fast von allein verflüchtigt. Ich schaue ihn mir noch einmal an und packe ihn dann in die rote Tonne. So stelle ich mir meinen persönlichen Gedanken-Mülleimer vor. Sie können sich auch einen basteln, wie immer er auch bei Ihnen aussehen mag. Vielleicht ist es eine Schachtel, in die Sie Zettel mit den Gedanken legen, die Sie entsorgen wollen. Die Zettel lassen sich natürlich auch verbrennen und somit transformieren. Sollte der Gedanke wieder auftauchen, so sagen Sie ihm, dass er nicht mehr Teil Ihres Denkens, sondern bereits in der Tonne oder transformiert ist.

Stattdessen: Gedanken distanziert betrachten!

Indem ich meine Gedanken von außen distanziert betrachte, lasse ich mich nicht forttragen von Emotionen. Indem ich mir sage, dass ich dieses Gefühl, das der Gedanke in mir auslöst, nicht mag und mir ein anderes Gefühl vorstelle, kann ich den Gedanken langsam zum Verschwinden bringen. Gedanken nicht denken zu wollen funktioniert nämlich nicht! »Ich will nicht mehr daran denken« kommt in unserem Innern an als »Ich will noch immer daran denken«. Es hat dieselbe Energie und »füttert« den Gedanken weiterhin. Besser ist es, den Gedanken zu akzeptieren und ihn aus der Distanz zu betrachten: »Aha, da bist du wieder, anscheinend brauche ich dich noch, aber du kannst auch gern gehen!« Stellen Sie sich vor, wie Sie sich ohne diesen Gedanken fühlen würden. Versuchen Sie, dieses Gefühl einen Moment festzuhalten. Der Körper kann es in sich verankern; aus diesem neuen Gefühl heraus, das Sie sich als Ziel vorstellen, kann sich der Gedanke irgendwann einmal überflüssig fühlen und das Weite suchen. Wenn ich weiß, dass ich den Gedanken nicht mehr brauche, um mich gut zu fühlen, geht er hoffentlich von allein.

Schluss mit der unrealistischen Selbsteinschätzung!

»So wie der kann ich auch malen« war der Kommentar eines Bekannten beim Betrachten eines abstrakten Gemäldes. »So ein Buch könnte ich auch schreiben« ist vielleicht ein Gedanke, der dem Leser kommt. Kein Zweifel, können können wir vieles! Aber der Unterschied zwischen erfolgreich und erfolglos sein liegt allein im Handeln! Denn was erfolgreiche Menschen von den rein verbalen »Könnern« unterscheidet, ist das Tun. Viele können sicherlich weitaus besser schreiben als ich, aber sie tun es eben nicht. Wenn man herausfinden möchte, ob man das Talent zum Autor hat, bleibt einem einfach nichts anderes übrig, als sich die Mühe zu machen und mit dem Schreiben anzufangen.

Mit allem anderen ist es ähnlich. Eine Bekannte wollte mich für einen Vortrag in ihrem Verein engagieren. Ich veranschlagte die Zeit, die ich zur Vorbereitung dieses Themas brauchen würde, mit zwei Tagen. Sie selbst, absolut fremd in dieser Thematik, äußerte daraufhin, sie glaube, den Vortrag »eigentlich« auch allein halten zu können. Ich unterstützte sie sofort in ihrer Haltung und zog mich zurück. Hier lag ein ganz typischer Fall von Selbstüberschätzung vor, von jemandem, der offenbar nicht wusste, dass alles Arbeit ist und einem nichts zufliegt. Auch mir nicht, die ich regelmäßig Vorträge halte.

»Ich könnte ja eigentlich auch malen, wenn ich ein Atelier hätte«: Hier treffen gleich zwei Einschränkungen aufeinander. Zum Glück muss man ja nicht malen, weil man kein Atelier hat! Und wer den inneren Drang hat zu malen, der schafft das auch in seiner Küche, auf dem Balkon oder in der Ein-Zimmer-Wohnung. Achten Sie in Gesprächen auf das kleine Wörtchen »eigentlich«. Es drückt eine Einschränkung aus. Manch einer kaschiert mit diesem Wörtchen die eigene Unfähigkeit zu handeln. Bei »Eigentlich könnte ich das auch« schwingt sogar Neid mit. Eine Steigerung stellt die Vergangenheitsform dar: »Ich hätte mich selbstständig machen können« oder »Ich hätte damals auch promovieren können«. Was erwidert man einem solchen Gesprächspartner? »Und warum hast du es dann nicht?« Es bleibt ein Gefühl der Peinlichkeit.

Stattdessen: Nicht reden, sondern handeln!

Ob man es gekonnt *hätte,* wird man nie erfahren! Man muss es einfach tun und auch ein Scheitern in Kauf nehmen. Als ich mich zur Aufnahmeprüfung an der Hochschule der Künste anmeldete, obwohl ich jahrelang keinen Stift in der Hand gehalten hatte, riskierte ich eine Niederlage. Aber ich wollte es wenigstens versucht haben! Also erzählte ich, um die Blamage so gering wie möglich zu halten, nur einer Freundin davon. Und dann gab ich mein Bestes. Ich nahm Urlaub, um mich ganz auf meine Mappe zu konzentrieren, und siehe da – es hat geklappt! Und selbst, wenn es nicht geklappt hätte – was hätte ich denn verloren? Einen Versuch war es allemal wert! Sonst würde ich wohl heute erzählen: »Damals hätte ich mich auch an der Kunsthochschule bewerben können, aber …«

Schluss mit der Selbstunterschätzung!

Die eigene Über- und die Unterschätzung sind nur zwei Seiten ein und derselben Medaille, die den Namen »falsche Selbsteinschätzung« trägt. Diejenigen, die sich überschätzen, schweben über den Dingen, und diejenigen, die sich unterschätzen, kommen aus ihrem Kellerloch nicht heraus. Dass jeder von uns schon etwas geleistet hat, zeigt das bisherige Leben. Es ist also nicht die fehlende Leistung, die hier blockiert, sondern die eigene Sichtweise, die diese eigene Leistung nicht anerkennt. Machen Sie sich eine Liste all der Dinge, die Sie im Leben schon erreicht haben, und all dessen, was Sie beherrschen! Falls Sie damit überfordert sind, hilft Ihnen sicherlich gern ein Freund auf die Sprünge. Nehmen Sie sich pro Leistung einen Zettel und schreiben Sie auf: »Ich habe meinen Realschulabschluss gemacht.« Neuer Zettel: »Ich habe meine Führerscheinprüfung bestanden.« Dritter Zettel: »Ich kann wunderbar kochen.« Diese Zettel packen Sie in eine Schachtel, in die Sie immer wieder einen Blick werfen, wenn Sie das Gefühl haben, dass Sie »überhaupt nichts« könnten.

Stattdessen: Die kleinen Monster einfangen

Ich selbst kenne dieses Gefühl nur zu gut. Die inneren Selbstzweifel, die mir zuflüstern: »Das kannst du nicht«, nenne ich »die kleinen Monster«. Ich stelle mir kleine Monster vor, die es sich auf meiner Schulter gemütlich machen, sich mit ihren kleinen Krallen so richtig an mir festhaken und mir während der Arbeit ins Ohr flüstern: »Du kannst doch überhaupt nicht schreiben, das liest sich ja wie erste Klasse Grundschule...!« – »Du kannst ja gar nicht zeichnen, was soll denn das Gekrakel?« Bei meinem ersten Buch waren diese Selbstzweifel ganz besonders groß, und so habe ich mir eine Technik ausgedacht, mit der ich die Monster zum Schweigen bringen konnte: Ich packte zwei kleine Plastikmonster aus dem Spielwarenladen in eine kleine Schachtel. Diese verschnürte ich mit dicken Knoten und stellte sie gut sichtbar für mich neben meinen PC. Jedes Mal, wenn sich diese kleinen Monster wieder regten, wusste und sah ich, dass sie eingesperrt waren und nichts mehr zu melden hatten. Diese Schachtel stand ein gutes Jahr lang auf meinem Schreibtisch; aber heute brauche ich sie schon seit langem nicht mehr!

Schluss mit dem »Könnte«!

Die Aussage »Eigentlich könnte ich auch...« hat so viel Wert wie eine Seifenblase. Aber einen Vorteil haben diese »Eigentlich-Könner«: Sie trauen sich wenigstens etwas zu. Dennoch: Ungeheure Fähigkeiten und Talente liegen brach, und Ideen bleiben auf der Strecke, wenn man im »Könnte« als einer Illusion stecken bleibt. Eine Idee muss in die Tat umgesetzt oder wenigstens auf den Weg gebracht werden. Die »Nichts-Könner« hingegen geben gleich auf, indem sie sich erst gar nichts zutrauen. Diese Spezies fährt sozusagen mit angezogener Handbremse durchs Leben und blockiert sich daher von vornherein selbst. Also, trauen Sie sich etwas zu! Können hat neben Talent vor allem mit Technik und Übung zu tun. Vieles lässt sich lernen oder üben. Das Wenigste fällt einem vom Himmel in den Schoß!

Stattdessen: Eigene Ziele und Visionen entwickeln!

Jeder Mensch hat ein ganz eigenes kreatives Potenzial, bestimmte Fähigkeiten und Talente, und wird von irgendetwas angetrieben. Was das ist, muss aber jeder für sich selbst entdecken. Die eigene Kindheit mit ihren Träumen kann uns auf diese Fährte führen. Spüren Sie den Wünschen tief in Ihnen nach. Was haben Sie als Kind gern gespielt? Mit welchem Spielzeug? Welches Material fühlte sich für Sie schon immer gut an? Was war Ihr erster Berufswunsch? Als was haben Sie sich zu Fasching verkleidet? Die Antworten führen uns in das Innere unserer Seele. Leider wird so etwas oft als kindliche »Spielerei« abgetan und nicht ernst genommen. Aber im Wesentlichen zeigen diese Spielereien unser innerstes Selbst. Ich selbst war gar nicht so schlecht in meinen Malkünsten, nur sagte es mir keiner. Heute tue ich kaum noch etwas anderes. Ich entwerfe, skizziere meine Ideen, zeichne. Falls Sie selbst nicht auf die richtige »Fährte« kommen, suchen Sie sich Unterstützung von außen in Gestalt eines Mentors, Coachs oder Lehrers, der zusammen mit Ihnen nachspürt und Sie auf Ihrem Weg begleitet.

Stattdessen: Fähigkeiten trainieren!

Als ich meine erste Vorlesung halten sollte, bin ich fast gestorben vor Lampenfieber. Tagelang habe ich vor diesem Termin gezittert. Heute macht es mir Spaß, vor Hunderten von Leuten Vorträge zu halten! Dazwischen liegt eine ganze Menge Arbeit. Es ist wie beim Ballett: Damit die Sprünge leicht und locker aussehen, ist hartes Training notwendig. In meinem Fall war es Sprechtechnik und Weiterbildung in Rhetorik, und noch heute steht vor jedem gelungenen Seminar oder Vortrag die inhaltliche Vorbereitung. »Können« ist also machbar, und es ist in den meisten Fällen auch lernbar. Hören Sie auf, zu sagen: »Das kann ich nicht« oder »Das schaffe ich nicht«! Das einzige Mittel, herauszufinden, ob Sie etwas können, ist, es einfach zu tun.

Stattdessen: Ziel anpeilen und sofort beginnen!

Um sich auf den Weg zu machen, braucht man ein Ziel. Man kann natürlich auch jahrelang wild in der Gegend herumlaufen oder im Zickzack durchs Leben gehen, aber erst ein klares Ziel setzt ungeahnte Energien frei. Wenn das Ziel klar ist, kann man auf dem Weg dorthin um Hilfe und Führung fragen. Aber wie will man sich am Straßenrand nach der Richtung erkundigen, wenn man nicht einmal selbst weiß, wohin man will? Ob es sich hierbei um kleine oder große Ziele handelt, ist sekundär. Die ernste Absicht und der erste Schritt sind entscheidend. Anfänger tun sich übrigens am leichtesten mit nahen Zielen! Also fragen Sie sich:

- Wo wollen Sie in einem Jahr sein?

- Wie wäre der erste Schritt, wie der zweite?
- Wer (außer Ihnen selbst) hindert Sie daran, es endlich zu tun?

Wenn aus Ihren Plänen ein konkretes Ziel erwächst, dann muss der erste Schritt ziemlich schnell folgen – am besten innerhalb der nächsten zwei Tage, sonst verpufft Ihr Tatendrang wieder! Die Handlungsebene zu betreten heißt, seinem Ziel ein Stück näher zu kommen. Danach werden Sie auch Mittel und Wege finden, wie Sie dorthin kommen, sowie Menschen, die Sie dabei unterstützen werden. Die Ziele sollten innerhalb der eigenen Fähigkeiten liegen und Ihre momentanen Möglichkeiten nicht überschreiten. Ansonsten überfordern Sie sich und untergraben damit Ihre eigene Energie.

Exkurs: Weniger Spannung, mehr Entspannung

In irgendeiner Weise steht fast jeder von uns die meiste Zeit unter Spannung. Ob im Beruf oder in der Schule, im Prüfungsstress oder in zwischenmenschlichen Beziehungen. Das führt zu »Verspannungen«, die sich auf der körperlichen Ebene beispielsweise in Muskelverspannungen oder Kopfschmerzen bemerkbar machen können und auch auf Geist und Seele wirken.

Unser Lebenswandel schreit geradezu nach täglicher Entspannung. Denn wie ein Seil reißt, das zu lange zu stark gespannt ist, reißt uns zunächst nur der Geduldsfaden, wir werden reizbar und aggressiv, bevor es zu einem Ausfall verschiedener anderer Körpersysteme kommen kann. Egal in welchem Alter Sie sind und welcher Tätigkeit Sie nachgehen: Jeder Mensch muss für sich Techniken finden, jederzeit kontrolliert einen entspannten Zustand zu erreichen. Manch einem gelingt das instinktiv von allein, andere brauchen »Krücken« wie Yoga, Tai Chi, Meditation oder autogenes Training. Da ich selbst sehr wenig Zeit habe und viel unterwegs bin, habe ich meine eigenen Techniken entwickelt, die ich mit wenig Mitteln und überall anwenden kann.

Eine dieser Techniken ist das Umdefinieren von alltäglichen Verrichtungen. Sie können natürlich ins Fitnessstudio gehen, ich selbst bin nicht der Typ dafür. Ich erkläre den Hausputz zum Konditionstraining und strenge mich entsprechend an, unterstützt durch laute Musik. Eine großartige Ausrüstung brauche ich hierzu nicht. Wo das möglich ist, nehme ich die Treppe anstelle des Aufzugs. Selbst auf Rolltreppen kann man laufen! Besonders effektiv ist auch die Mischung aus körperlicher Betätigung und seelischer Entspannung. Das stärkt Körper, Geist und Seele. Ich selbst habe mir angewöhnt, den Morgen mit dem »Sonnengruß«, einer Übung aus dem Yoga, zu begrüßen. Je nach Lust und Laune lässt sich diese ritualisierte Übung fünf Minuten oder auch länger machen.

Die Grundlage für den Tag bildet die Entspannung durch den nächtlichen Schlaf. Wer zu wenig schläft, ist nicht voll leistungsfähig. Aber der Schlaf will gut »vorbereitet« sein. So braucht man nach der Arbeit mindestens noch zwei Stunden, ehe der Geist abgeschaltet hat und sich schlafen legen kann. Das Schlafzimmer als wichtigster Raum im Haus sollte schön gestaltet sein, das Bett eine gute Matratze haben. Und denken Sie daran: Die Energien der Dinge im Raum wirken auch auf den Menschen, wenn das Licht aus ist! Wer es sich erlauben kann, sollte einen kleinen Mittagsschlaf halten. Schon eine Viertelstunde regeneriert die Seele und den Teint!

Mit den Elementen der Natur sind wir auf seelischer Ebene eng verbunden. Dort geht es uns gut, dort fühlen wir uns wohl. Der eine liebt das Grün der Wiesen, der andere die Ruhe des Waldes. Viele zieht es in die Berge oder ans Meer. Damit verbindet fast jeder Mensch eine tiefe Sehnsucht. Auch die heilende Wirkung des Wassers und seiner Umgebung steht außer Frage. Und wenn das Meer nicht vor unserer Tür liegt, dann müssen wir das Wasser eben suchen. Die entspannende Wirkung einer Dusche oder eines Vollbades kann fast jeder von uns ohne großen Aufwand bewusst genießen! Stellen Sie sich dabei vor, wie das Wasser Sie von Ihren Sorgen und Ihrem Stress reinigt, wie Ihre Probleme sich mit dem Wasser verbinden und über den Ausguss das Haus verlassen! Das Element Feuer übt eine ebensolche Faszination auf uns aus. Abends eine Kerze oder noch besser ein Feuer im Kamin anzuzünden hat eine absolut entspannende Wirkung: Wir starren ins Feuer und vergessen den Alltag.

Das Element Luft bei einem Spaziergang zu riechen, den Wind auf dem Körper zu spüren und sich dabei die Probleme aus dem Kopf pusten zu lassen ist ebenfalls eine frische, vollkommen kostenlose Entspannungsart! Und die heilende Kraft der Erde spürt wiederum der, der einen Garten hat und in direkten Kontakt mit diesem Element tritt. Wir müssen aber nicht unbedingt im Garten buddeln, wir können den Kontakt zur Erde auch bei jedem bewussten Schritt erfahren. Auf dem weichen, federnden Waldboden lässt sich die Verbundenheit zur Erde deutlich spüren. Beine und Füße haben wir ja ständig bei uns, also kann man auch in der Stadt mal eine Station früher aussteigen und ein Stück zügig zu Fuß gehen.

Das Gehen eignet sich auch ganz besonders gut zur aktiven Meditation. Egal, wo Sie es tun, ob im Büro oder in der Natur: Spüren Sie Ihre Füße bei jedem Schritt auf der Erde und zählen Sie beim Einatmen und beim Ausatmen jeweils bis vier. Vier Schritte einatmen, vier Schritte ausatmen. Zählen Sie einfach oder denken Sie sich ein schönes Wort wie »Sonne«, »Wärme« oder »Ruhe« oder Ihr persönliches Mantra, das Sie sich bei jedem Schritt dazudenken.

Meditieren ist einfach und billig; Sie müssen dazu nicht einmal unbedingt still sitzen. Meditative Entspannung findet man auch im Alltag. Überhaupt lässt sich aus allen möglichen Aktivitäten eine Art Meditation machen und in den Alltag einbauen. Tun Sie doch einfach das, was Sie gerade tun, ganz bewusst und entspannt: Wenn ich gehe, gehe ich, wenn ich esse, esse ich. Tun Sie nicht mehrere Dinge gleichzeitig, sondern entspannen Sie beim Bügeln, beim Anstreichen, beim Unkrautzupfen oder beim Kopieren, indem Sie ganz bei sich sind. Gerade die monotonen Arbeiten eignen sich hervorragend zum Abschalten.

Als Belohnung für einen anstrengenden Tag gefällt mir persönlich die Mon-Chéri-Meditation (eine Erfindung meiner Lehrerin Elke Götter) besonders gut: Sehen Sie sich bewusst eine Mon-Chéri-Praline an, fühlen Sie sie, packen Sie sie ganz langsam und mit Genuss aus, riechen Sie an ihr, lecken Sie an ihr, stecken Sie sie ganz langsam in den Mund, schließen Sie die Augen, genießen Sie den Geschmack der Schokolade und knacken Sie genüsslich die Kirsche!

Mentales Space-Clearing nach der Drei-Kisten-Methode

Gehen Sie einmal Ihr Leben durch, als wenn Sie durch Ihr Haus gehen würden, um dort jeden Raum und jeden Schrank nach Gerümpel abzusuchen.

Das Leben mental zu entrümpeln bedeutet, sich bei jeder Aktivität, jedem Menschen, jedem Gedanken, jedem Problem, jeder Verhaltensweise, jeder Überzeugung zu fragen: »Will ich daran festhalten oder es loswerden? In welche der drei Kisten gehört es?«

Entrümpeln Sie auf diese Weise Ecke für Ecke Ihrer inneren Räume, sortieren Sie, räumen Sie Ihr Leben auf und geben Sie den wichtigen Dingen den richtigen Stellenwert.

- **Kiste Nummer eins:** Dieser Gedanke, dieses Verhalten, diese Einschätzung, dieses Vorurteil blockiert mich und soll mein Leben nicht länger bestimmen! Ich entscheide mich, all dies ziehen zu lassen, und packe es in eine große Kiste mit der Nummer eins.

- **Kiste Nummer zwei:** Davon kann ich mich, so gern ich es will, noch nicht trennen. Ich habe es schon öfter versucht, aber irgendwie kommt dieses Muster immer wieder zu mir zurück. Also brauche ich es wohl noch eine Weile. Irgendwann lasse ich es ziehen; bis dahin akzeptiere ich es, denn ich weiß, es dauert nicht mehr lange!

- **Kiste Nummer drei:** Diese Haltungen und Werte sind meine Schätze! Ich werde sie hüten wie meinen Augapfel! Sie stärken und unterstützen mich, daher gebe ich Ihnen entsprechenden Raum in meinem Leben.

Stellen Sie sich zwischendurch immer wieder folgende Fragen:

- Wer oder was blockiert mich?
- Blockiere ich mich mal wieder selbst?
- Wie kann ich mich selbst stärken?
- Wer oder was kann mich bei meinen Vorhaben unterstützen?

Zusammengefasst:

- Die größte Blockade sind nicht die anderen, sondern man selbst.
- Jeder Mensch ist für sein Glück selbst verantwortlich.
- Wir können alles tun, solange wir bereit sind, dafür die Verantwortung zu übernehmen.
- Jeder kann sein Leben jederzeit verändern.
- Versuchen Sie nicht, die Dinge zu verändern; Sie können nur Ihre Einstellung den Dingen gegenüber verändern!
- Jeder Mensch ist so, wie er ist, vollkommen in Ordnung.
- Sie müssen nicht alles können und erst recht nicht alles wissen!
- Wenn Sie an Gedanken, Meinungen und Überzeugungen nicht mehr festhalten, können diese Sie verlassen.
- Ihre Erfahrungen sind Ihre ganz persönlichen Schätze.
- Kontrollieren Sie Ihre Gedanken!
- Gedanken sind Energie, also fragen Sie sich bei jedem Gedanken: Soll er in Zukunft mein Leben bestimmen?
- Vertrauen Sie Ihrer Intuition und Ihrem Verstand!
- Definieren Sie Ihre Visionen und Ziele!
- Bleiben Sie offen und neugierig!
- Wer sich für seine Mitmenschen interessiert, bekommt diese Aufmerksamkeit zurück.
- Seien Sie besonders nett zu sich selbst und behandeln Sie sich mit Nachsicht!
- Pflegen Sie täglich Ihre Seele, Ihren Geist und Ihren Körper!

- Lachen Sie über sich und nehmen Sie auch alles andere nicht so ernst!
- Umgeben Sie sich mit schönen Dingen, genießen Sie Kleinigkeiten und danken Sie den Göttern!
- Nehmen Sie Lappalien leicht!
- Wenn es Ihnen gut geht, geht es Ihrer Umgebung auch gut.
- Nur wenn Sie sich selbst etwas wert sind, erfahren Sie auch Wertschätzung durch andere.

7. Woche: Weg mit den Illusionen!

Eine wunderschöne Fee steht vor Ihnen und spricht: »Heute ist dein Glückstag, du hast drei Wünsche frei!« Was würden Sie sich wünschen?

Die menschliche Fantasie ist unerschöpflich! Es gibt nichts, was es in unseren Vorstellungen und Träumen nicht gibt! Wir sitzen am Schreibtisch und sind in Gedanken auf den Gletschern der Alpen. »Wenn ich jetzt Urlaub hätte …« Schnell holt uns die Realität wieder ein: Arbeit ist angesagt, Geld haben wir auch keines. Schon wieder meldet sich irgendwoher eine Stimme: »Wenn ich nur im Lotto gewinnen würde« – dann ab in die Karibik und Faulenzen bis ans Ende unserer Tage! Doch das ist nichts als Illusion, die Wirklichkeit sieht anders aus. Anstatt das Leben in die Hand zu nehmen und uns selbst zu verändern, erwarten wir, dass ein Wunder geschieht und uns ein Prinz aus unserem Elend errettet. Leider bringen uns diese Tagträume nichts. Da sie sich nie erfüllen werden, sollten wir keinen Gedanken mehr daran verschwenden.

Wer in Illusionen lebt, lebt nicht im Hier und Jetzt. In einer Welt voller Seifenblasen verpasst man sein eigenes, völlig einzigartiges Leben. Manche Menschen leben auch das Leben anderer. Entweder sie passen sich in ihren Bedürfnissen vollkommen dem Partner an oder reisen beispielsweise als Fans einer Rockband von Konzert zu Konzert, nehmen dafür Urlaub und kündigen, falls es keinen Urlaub mehr gibt. Manche Fans geben ihr ganzes Geld für solche Reisen aus und belagern ihr Idol, nur um einmal einen Blick auf den Star zu werfen. Diese extreme Form der gelebten Illusion zeigt, wie weit man sich vom eigenen Leben entfernen kann. Im Extremfall enden solche »Scheinexistenzen« in der psychiatrischen Abteilung des örtlichen Krankenhauses – dann nämlich, wenn Realität und Illusion völlig verschmelzen.

Weg mit dem »Wenn«!

Jeder von uns denkt einmal: »Wenn ich nur mehr Geld hätte... ja, was wäre denn dann? »Dann hätte ich keine finanziellen Probleme mehr, würde es meinem Chef zeigen, könnte meinen Kindern alles kaufen, hätte keine Magenschmerzen mehr, würde öfter in Urlaub fahren, würde mir ein Haus bauen, hätte weniger Stress und wäre also vollkommen glücklich!«

Wir suchen eine Veränderung unserer gegenwärtigen Situation, die »Er-Lösung« von all unseren Problemen und die Erfüllung unserer Wünsche von außen. Anstatt an uns selbst die Frage zu richten, wie wir selbst etwas verändern können, flüchten wir uns in diese »Wenn«-Vorstellungen. Hier machen wir es uns gemütlich, hier können wir warten, bis ein Wunder geschieht, und uns so lange ganz entspannt und tatenlos zurücklehnen.

Doch all das sind kindische Vorstellungen. Wir fallen in diesen Momenten in frühkindliche Zeiten zurück und benehmen uns unreif. Die allgemeine Tendenz, das eigene Wohlbefinden und Glück von anderen Umständen abhängig zu machen, zeigt sich auch im Phänomen der Schönheitsoperation. »Wenn ich einen größeren Busen, eine andere Nase, weniger Figurprobleme hätte, wäre ich selbstbewusster, zufriedener und würde mehr geliebt werden.« Ein ebenso teurer wie gefährlicher Trugschluss! Denn die wenigsten Betroffenen erfahren durch diese äußere Veränderung mehr inneres Glück.

Diese »Wenns« sind gedanklich auf die Zukunft gerichtet. Es sind Möglichkeitsformen, reine Spekulationen. Richtig kompliziert wird es dann, wenn sie auf die Vergangenheit angewendet werden: »Wenn ich dich vor zehn Jahren nicht geheiratet hätte …« Ja, was dann? Eben – man weiß es nicht, denn es ist ja anders gekommen. All dies ist also reine Spekulation! Und wenn lange genug spekuliert wird, kann der Geist irgendwann nicht mehr zwischen Fiktion und Realität unterscheiden. So zu denken ist pure Energieverschwendung. Ebenso gibt es Menschen, für die »früher alles besser« war. Führten vor ein paar Jahren nur die Großväter und Großmütter solche Reden im Mund, so werden die Menschen, die diese Haltung an den Tag legen, heute immer jünger. Doch diese Einstellung drückt eine innere Stagnation und Unbeweglichkeit aus. Oft wehren sich diese Leute gegen den unvermeidlichen Wandel des Lebens und blockieren sich damit nur selbst. Das Gemeinsame aller Aussagen ist ihre absolute Sinnlosigkeit. Sie ändern nichts an der heutigen Wirklichkeit, am momentanen Leben. Ganz im Gegenteil, sie lähmen und machen uns handlungsunfähig!

Stattdessen: Raus aus der Opferrolle!

Ein solches Denken ist destruktiv, weil es zeigt, dass wir mit unseren Gedanken und Energien nicht in der Gegenwart leben. Das macht uns zu Opfern der Umstände und hindert uns daran, unser Schicksal selbst in die Hand zu nehmen. Wenn wir partout nicht im Lotto gewinnen, können wir auch leider nichts verändern. Sobald wir in »Wenn«-Kategorien denken, verlassen wir die Handlungsebene. Darum sollten wir endlich die Finger davon lassen. Fragen wir uns doch lieber, wie wir auch ohne Lottogewinn zu einem Porsche kommen, und gehen wir dieses Ziel an. Was wäre der erste Schritt? Vielleicht eine Sparbüchse, auf der »Porsche« steht und in die Sie jede Woche etwas Geld abzweigen? Was auch immer Sie tun, treten Sie aus der Illusion heraus und auf die Handlungsebene, dann kann Ihr Wunsch auch real werden.

Das Geheimnis lautet schlicht und einfach: Wozu ich bereit bin und wofür ich stehe, dafür kann ich auch die Verantwortung übernehmen. Und was hindert mich daran, es sofort in die Praxis umzusetzen? Was ich lebe und wonach ich handle, hat mehr Kraft als pure Worte und »Ver-Sprechen«.

Weg mit dem »Sollte«!

Zu den äußeren Faktoren, die wir gern ändern würden, zählen oft genug auch unsere Mitmenschen. So vieles wäre anscheinend einfacher, wenn die anderen oder der Partner sich verändern würden. Wenn er nur nicht so viel trinken würde, wäre die Welt anscheinend wieder in Ordnung. Aus dieser Wunschhaltung heraus entstehen utopische Anforderungen an den anderen wie »Du solltest nicht mehr trinken«. Doch auch jeder Satz mit »sollte« ist ein illusionärer Satz. Tatsache ist, dass er nicht der Realität entspricht. Fakt ist, dass die Menschen zu spät kommen, fremdgehen, lügen, zu viel essen. Sie tun, was sie tun müssen, und wir selbst können sie nicht ändern. Wir vergeuden unsere Gedanken an Tatsachen, die sich unserer Kontrolle entziehen, also können wir auch gleich aufhören, uns weiter darüber Gedanken zu machen. Sie sind vergeudete Energie!

Da man selbst vollkommen in Ordnung zu sein scheint, könnte doch auch alles andere so schön sein – wenn nur die anderen sich danach verhalten würden. Beziehungen könnten dann funktionieren, und wir selbst wären glücklich. Doch auch hier unterliegen wir einer völligen Fehleinschätzung der Situation und flüchten uns wieder in die Opferrolle. Hier sind wir wieder bei dem anderen und nicht bei uns selbst! Wir können und dürfen den anderen nicht ändern, also bleiben wir in unserer Unzufriedenheit. Dem anderen geht es gut mit sich selbst! Die Grundlage für Veränderungen jeglicher Art liegt jedoch nur bei jedem selbst. Nicht der andere, sondern man selbst muss sich verändern, erst dann tut sich auch etwas beim anderen. Hierfür gibt es ein kluges chinesisches Sprichwort: »Willst du das Geschehen der Welt verändern, dann bringe zunächst Ordnung ins eigene Leben.«

Stattdessen: Unterschiedliche Wahrnehmungen respektieren!

Wir alle betrachten den gleichen Himmel. Er scheint blau zu sein. Aber gibt es denn wirklich eine objektive Realität? Jeder von uns verfügt doch über eine ganz eigene Wahrnehmung und sieht durch seine ganz persönliche Brille. Jeder hat einen unterschiedlichen Standpunkt, und jeder beurteilt das, was er sinnlich wahrnimmt, auf der Basis seiner eigenen Erfahrung. So konstruiert sich jeder aufgrund seiner eigenen Erfahrungen auch seine eigene Realität und Wirklichkeit. Von dieser eigenen Wahrheit aus vergleicht er sich mit anderen und bewertet die anderen danach.

Es gibt also keine »richtige« oder »wahre« Fassung der Realität, sodass jede Realität auch »umkonstruiert« werden kann, gerade so, wie es nützlich erscheint. Und was nicht in unsere eigene Welt passt, das lehnen wir ab.

Weg mit den Luftschlössern!

Das Schwelgen in den eigenen Illusionen nennen wir auch »Luftschlösser bauen«, während es bei den Franzosen »Schlösser in Spanien bauen« heißt. Beiden Schlössern ist gemeinsam, dass sie weit von der Realität des Betrachters entfernt sind. Eine ganze Seminar- und Beratungsindustrie lebt denn auch davon, »Bausparverträge« für solche Luftschlösser zu verkaufen. Eine Illusion ist es beispielsweise, zu glauben, dass allein durch die »richtige« Einstellung materielle Reichtümer angehäuft werden können. Durch plakative Parolen wie »Tschakka, du schaffst es!« wird vermittelt, dass man nur an das glauben muss, was man sich wünscht. Zur Hälfte ist das auch vollkommen richtig, denn ich kann nichts erreichen, woran ich nicht glaube. Aber ich kann auch nichts erreichen, wofür ich nichts tue! Ich kann noch so sehr eine Karriere als Tänzerin visualisieren und mir auf den Spiegel im Badezimmer schreiben, dass ich talentiert und schön bin, aber wenn ich die vierzig überschritten habe, kann ich es trotzdem vergessen! Also ist und bleibt es Illusion. Da hilft auch kein Schlachtruf!

Eine ganze Industrie lebt von den Träumen junger Menschen, ein Star zu werden. Diejenigen, die ihren eigenen Traum ernst nehmen, unterscheiden sich von den Traumtänzern dadurch, dass sie für ihr Ziel arbeiten. Sie nehmen Tanz- und Gesangsunterricht und üben, während andere vor dem Fernseher hängen. Dafür verzichten sie vielleicht auch auf anderes. Die eigenen Träume zu erkennen und zu versuchen, sie zu realisieren, ist eine Art, Träume wahr werden zu lassen. Dazu gehört aber auch, zwischen realisierbaren Träumen und Seifenblasen zu unterscheiden. Einen Millionär zu heiraten bleibt zum Beispiel eine Illusion, solange man kein Heiratsinstitut beauftragt hat, einen ausfindig zu machen.

Stattdessen: Träume verabschieden und Visionen angehen!

Träume bleiben Träume, solange man sie nicht praktisch umsetzt. Träume, die außerhalb der Realität des eigenen Lebens liegen, sollte man begraben, ansonsten behindern sie uns bei der Verwirklichung machbarer Projekte. Sie wollten schon immer nach Australien auswandern? Dann tun Sie es! Machen Sie den ersten Schritt. Oder reden Sie nur seit Jahren davon? Dann haken Sie endlich den Traum ab und reden Sie auch nicht mehr darüber. Dann werden Sie frei für etwas ganz Neues!

Jenseits der dreißig noch eine Sportlerkarriere zu starten ist in den meisten Fällen sicher ebenfalls vergebliche Liebesmüh. Also, konzentrieren Sie sich besser auf Dinge, die sich in Ihrem Alter und mit Ihren speziellen Fähigkeiten noch realisieren lassen. Vielleicht sind Sie ja zum Steppen noch nicht zu alt! Machen Sie das Tanzen zu Ihrem Hobby, aber wenden Sie sich beruflich anderen Zielen zu.

Begraben Sie unrealistische Träume und entwickeln Sie Visionen! Diese sollten im Rahmen Ihrer persönlichen und beruflichen Möglichkeiten liegen und unterscheiden sich von den Träumen durch ihre Machbarkeit. Visionen sollten so konkret wie möglich formuliert sein und Antwort geben auf die Fragen: »Was will ich erreichen, wie will ich es erreichen, und wie sieht der erste Schritt dazu aus?« Visionen sind sozusagen umsetzbare Pläne. Also seien Sie konkret! Sagen Sie nicht nur »Ich will schreiben«, sondern »Ich will ein Buch schreiben«. Aus der Absicht »Ich will« muss dann noch die Verpflichtung »Ich werde« entstehen: »Ich werde ein Buch über das Leben auf Island schreiben.«

Der erste Schritt zu diesem Buch sollte in den nächsten 48 Stunden gemacht werden! Sonst bleiben Sie wieder in der Absicht und somit in der Theorie stecken! Beginnen Sie beispielsweise mit der Gliederung, machen Sie sich eine Liste der in Frage kommenden Verlage, stellen Sie einen Zeitplan auf. Falls Sie allein nicht auf die Handlungsebene gelangen, sondern gern in den Illusionen stecken bleiben, lassen Sie sich von außen helfen. Suchen Sie sich einen Coach, der Ihre Absichten unterstützt. Aber tun Sie es sofort! Denn erfahrungsgemäß verpuffen alle guten Vorsätze, wenn man sich nicht innerhalb von 48 Stunden an ihre Verwirklichung macht. Egal, wie klein die Bewegung in diese Richtung auch ist: Eine lange Reise beginnt immer mit dem ersten Schritt!

Weg mit den unrealistischen Wünschen!

Wenn man eines Tages keine Wünsche mehr hat und sozusagen wunschlos glücklich ist, dann hat man wahrscheinlich auch keine Ziele mehr – ein Zustand, der gleichermaßen langweilig wie unvorstellbar ist. Die einen haben eine ganze Liste von Wünschen, die sie auch artikulieren können, und anderen scheinen ihre Wünsche abhanden gekommen zu sein. Wenn Sie Freunden ein Geschenk machen wollen und diese nach deren Wünschen fragen, wie viele antworten konkret? Diejenigen, die keine Wünsche äußern, laufen große Gefahr, unnütze Dinge geschenkt zu bekommen. Ich führe immer eine ganze Liste mit Büchern und CDs, nur für den Fall, dass mich jemand fragt oder ich mir mal selbst einen Wunsch erfüllen möchte.

Materielle Wünsche lassen sich realisieren oder verwerfen. Interessant fand ich den Fall eines Kunden, der sich eine Garage für einen roten Ferrari bauen ließ. Der Ferrari selbst war noch in weiter Ferne, aber die Garage wurde gebaut. Breit genug und mit blauen Fliesen. Diesem Wunsch wurde damit Raum gegeben. Ich habe wenig Zweifel daran, dass dieser Mann seinen Ferrari bekommen wird. In dem Moment, in dem man auch hier auf die Handlungsebene geht, das heißt spart oder anderweitig darauf hinarbeitet, gibt man dem Wunsch einen ersten Impuls. Ohne diesen Impuls verpuffen die meisten Energien für die Sehnsucht anstatt fürs Handeln. Das Gehirn versteht nur konkrete Zielvorgaben! Dann kann sich auch etwas bewegen.

Wünsche sind Energie

Jeder Wunsch ist Energie und hat grundsätzlich die Tendenz, sich zu verwirklichen, das heißt in Erfüllung zu gehen. Also passen Sie auf, was sie sich wünschen! Wollen Sie es wirklich haben und auch die Konsequenzen tragen? Sie hätten gern einen Garten? Möchten Sie wirklich einen Teil Ihrer kostbaren Zeit im Sommer opfern, um Unkraut zu jäten, Rasen zu mähen und vor dem Urlaub nach jemandem zu suchen, der Ihre Blumen gießt? Im Winter Sträucher zu schneiden oder aber einen Gärtner zu bezahlen? Denn das ist der Preis für das eigene Fleckchen Grün.

Sie würden gern ein Cabrio fahren? Sind Sie dann auch bereit, Ihr altes Auto zu verkaufen und höhere Kosten zu tragen? Sie wünschen sich eine Beziehung? Was bringen Sie in die Beziehung ein, und was sind Sie bereit, dafür loszulassen? Worauf können Sie jetzt schon verzichten? Welches Alte geben Sie dafür auf? Denn wenn Sie sich etwas Neues wünschen, sollten Sie bereits jetzt Platz machen, obwohl es noch außer Sichtweite ist! Sie wollen erfolgreich sein? Ein Star werden? Gut, wenn Sie dafür bereit sind, Ihre Privatsphäre zu opfern! Sie wünschen sich mehr Verantwortung in Ihrem Job? Das bekommen Sie nur gegen mehr Arbeit. Wollen Sie dafür weniger Freizeit, mehr Besprechungen, mehr öffentliche Auftritte in Kauf nehmen?

Noch einmal: Um Wünsche zu verwirklichen, muss man konkret werden. »Ich wünsche mir nette Kinder« ist nicht konkret genug. Was sollen sich die Kinder darunter vorstellen? »Ich will, dass ihr euch beim Frühstück nicht streitet« hingegen ist nachvollziehbar und aussagekräftig. Wir sind in vielen Bereichen des Lebens zu diffus, nicht präzise genug. »Ich will glücklich sein.« Ja, in Ordnung, aber wie soll das konkret aussehen, was versteht man denn selbst unter Glück? Der eine ist glücklich, wenn die Scheidung endlich durch ist, der andere, wenn ein Partner in Sicht kommt. Wie soll man zu sich und seinen Absichten stehen, wenn man sie nicht konkretisieren kann? Woher sollen die Götter wissen, worin sie mich unterstützen sollen, wenn ich nicht mal selbst weiß, was ich will? Das kommt einem Bestellschein an ein Versandhaus gleich, den man zwar ausfüllt, aber vergisst, den Artikel einzutragen. Es kommt eine rote Hose oder eine grüne Bluse. Und da beschweren Sie sich? Sie haben doch Ihre Bestellung vollkommen offen gelassen!

Richtig abenteuerlich wird es, wenn man sich wünscht, dass der andere einem jeden Wunsch von den Augen ablesen möge – eine nicht wenig verbreitete, zugegeben ziemlich romantische Vorstellung vieler Frauen. Der Partner hätte vielleicht nicht so große Probleme mit dem »Lesen«, wenn die Frau ihre Wünsche selbst kennen würde. So aber kann sie wohl kaum vom anderen erwarten, dass er etwas erfüllt, von dem sie selbst nichts weiß!

Stattdessen: Konkret werden!

Alles, was man mit »möchte« formuliert, beinhaltet noch einen Vorbehalt. Vielleicht ist das Ziel zu groß und erfordert noch einige Zwischenschritte? Wenn zu dem »Möchte« noch ein »Eigentlich« hinzukommt, wird es noch vager. Dieses »Eigentlich« ist eine Selbsteinschränkung, die Unsicherheit zeigt. Ich möchte zwar gern einen Vortrag halten, aber vielleicht sollte ich mein Wissen vorher noch vergrößern oder noch einen Rhetorikkurs besuchen. Und wenn ich dann bereit bin, kann ich den Satz auch mit »werde« aussprechen. »Ich werde einen Vortrag halten« zeigt, dass ich mir das jetzt zutraue und dazu stehen kann.

In dem Moment, in dem man feststellt, dass Wünsche außerhalb der eigenen Reichweite liegen, gehen sie wieder ein ins Reich der Illusionen. Aber von diesen wollten wir uns doch verabschieden! »Ich möchte morgen auf den Mond fliegen« ist zwar ein schöner Wunsch, aber die Umsetzung ist mehr als fraglich. Wenn man sich jedoch von diesen unrealistischen Wünschen verabschiedet, entsteht Platz für neue, vielleicht kleinere Dinge, die sich verwirklichen können. Wenn Sie sich verabschiedet haben, werden Sie staunen, was plötzlich ganz von allein kommt!

Weg mit den übertriebenen Erwartungen!

In unserem Kopf entstehen mancherlei Vorstellungen und Bilder, die sich verfestigen, je mehr man daran denkt. Beispielsweise freuen Sie sich auf Ihren Urlaub. Sie buchen ein Hotel in einer einsamen Bucht mit Sandstrand und türkisblauem Meer. Schon der Prospekt festigt ein Bild Ihres Urlaubs in Ihnen. In Ihrer Vorfreude malen Sie sich alle möglichen Details aus: abenteuerliche Ausflüge in die Umgebung, Bootsfahrten und Unterwasserlandschaften. In den Wochen vor der Reise nimmt dieses Bild immer konkretere Formen an. Es ist Ihr eigenes Bild. Ihr Partner hat vielleicht gar keine, vielleicht aber auch ganz andere Vorstellungen. Er träumt davon, endlich mal am Strand zu liegen und nichts zu tun. Nun kommen Sie an, der Himmel ist verhangen, das Meer ist grau, und das Bild gleicht in keiner Weise dem Prospekt. Sie sind enttäuscht! Sie haben zu viel erwartet, und daher sind Enttäuschungen vorprogrammiert. Hätten Sie nichts erwartet, so wäre genügend Platz für Überraschungen gewesen.

Ob Urlaub oder Alltag, wir erwarten zu viel vom Leben, wir haben überhöhte Ansprüche und überfordern uns selbst und unsere Mitmenschen. Wir haben übertriebene Erwartungen, wie wer oder was zu funktionieren hat. Ich stelle mir vor, wie nett es wäre, morgen mit Freunden auszugehen und thailändisch essen zu gehen. Das Wasser läuft mir jetzt schon im Mund zusammen. Ich rufe meine Freunde an, mache ihnen den Vorschlag, nur leider haben sie morgen keine Zeit. Jetzt bin ich natürlich enttäuscht! Schnell sind wir dabei, die anderen dafür zu verurteilen, dass sie uns enttäuscht haben, aber in Wirklichkeit liegt die Täuschung bei uns. Wir haben uns selbst getäuscht, etwas vorgetäuscht. Bevor ich mich freue, sollte ich das nächste Mal eben früher anfragen.

Stattdessen: Machbares wünschen!

Bei wiederkehrenden Familienfesten wie Weihnachten oder Muttertag neigt man dazu, diese mit Erwartungen derart zu überfrachten, dass es zwangsläufig schief gehen muss. Denn wenn die Familie nicht einmal ein alltägliches Abendessen ohne Streitereien hinter sich bringen kann, warum soll es dann bei einem fünfgängigen Menü plötzlich klappen? Dramen sind hier vorprogrammiert. Ebenso enttäuscht einen der Partner, der abends nach der Arbeit müde ist, während man selbst sich auf ein gemütliches Dinner zu zweit »eingestellt« hat.

Der beste Schutz vor Enttäuschungen ist es, erst gar keine Erwartungen zu haben und für alles offen zu sein. Eine andere Möglichkeit wäre, den anderen über die eigenen Erwartungen zu informieren: »Das und das erwarte ich heute Abend oder für den Rest unseres gemeinsamen Lebens von dir …« Wenn wir aber plötzlich feststellen, dass unsere Realität nicht mit unseren Wünschen übereinstimmt, dann tritt Frust und Enttäuschung ein. Aber diese Enttäuschung, dieses schlechte Gefühl haben wir selbst verursacht! Wir können uns vieles wünschen, müssen aber dann auch mit dem Schmerz leben, wenn sich diese Wünsche nicht erfüllen lassen.

Exkurs: Ganz im Hier und Jetzt

Mit unserem Körper sind wir zwar hier, aber mit unseren Gedanken meist schon immer einen Schritt weiter. Wir sitzen in der Bahn und freuen uns auf das Ziel, anstatt aus dem Fenster zu schauen und den Weg dorthin zu genießen. Dann sind wir am Ziel und überlegen uns schon wieder, wo wir abends essen gehen und was wir danach tun werden.

Doch wer auf einen späteren Zeitpunkt hin lebt (»Wenn erst mal Freitag ist«, »Wenn ich in Rente bin«), verpasst die Gegenwart. Und das ist die einzig reale Zeit, alles andere ist Illusion. Die Vergangenheit ist vorbei (auch wenn früher alles viel »schöner« oder »besser« war), und die Zukunft ist noch nicht da. Nur das Jetzt zählt, aber wir verpassen es meist. Es geht uns darin wie den Touristen, die die schönsten Orte dieser Welt nur durch den Sucher ihrer Kamera sehen, anstatt sie »in Lebensgröße« zu betrachten.

Im Moment lesen Sie diese Zeilen, das ist Ihre einzige Wirklichkeit. Alles andere ist pure Illusion. Vielleicht sitzen Sie auf einem Stuhl oder in der Bahn, oder Sie liegen im Bett. Es gibt nur eine einzige Realität, und in dieser befindet sich der Körper – hier und jetzt! Ja, jetzt, in dieser Sekunde! In dieser Sekunde bin ich sicher, und mir kann nichts passieren! In diesem Moment gibt es keinen Grund, Angst zu haben. Angst vor der Zukunft, vor der Prüfung. Wenn Sie in der Prüfung sitzen, haben Sie Angst, die Prüfung nicht zu bestehen. Auch diese Angst bezieht sich nicht auf die Gegenwart, sondern immer auf einen zukünftigen Zustand. In diesem Moment aber sind Sie geborgen und in Sicherheit – also versuchen Sie, dieses Gefühl festzuhalten und zu genießen!

Mit seiner ganzen Aufmerksamkeit an dem Ort zu sein, an dem sich der Körper gerade befindet, kann doch so schwer gar nicht sein. Gedanklich bei den Menschen zu sein, mit denen man an einem Tisch sitzt, ganz bei dem Menschen zu sein, neben dem man im Bett liegt. Aber das Leben ganz im Hier und Jetzt zu leben scheint eine der schwierigsten Übungen zu sein! Es setzt bewusstes Handeln voraus. Wenn wir vollkommen im Hier und Jetzt leben würden, wüssten wir, wo wir unsere Autoschlüssel abgelegt haben, und müssten auch nicht unser Parkticket suchen. Wir würden unsere Aufmerksamkeit ganz unserer momentanen Tätigkeit widmen und nicht mehrere Dinge gleichzeitig tun. Trotz der alltäglichen Hektik wären wir innerlich ruhig und präsent. Im Taoismus wird der vollen geistigen Präsenz in der Gegenwart großer Wert beigemessen. Wer ganz in der Gegenwart lebt, ist zentriert und ruhig. Er hat eine starke Präsenz und Ausstrahlung. Diese Präsenz kommt beim Gegenüber an. Sie funktioniert im persönlichen Gespräch wie auch am Telefon. Jeder Gesprächspartner merkt, ob Sie nebenher etwas anderes tun oder ob Sie im Augenblick nur für ihn da sind.

Den Moment zu leben schließt jedoch nicht aus, dass wir uns Gedanken über unsere Zukunft machen oder planend vorausdenken. Wir sollten nur das, was wir tun, ganz bewusst und zur richtigen Zeit tun. Eigentlich wäre es ganz einfach: nur zu essen, wenn wir essen. Nur zu denken, wenn wir uns hinsetzen, um nachzudenken. Nur spazieren zu gehen und die Natur zu genießen, wenn wir durch den Wald laufen. Denn was nützt es uns, wenn wir uns wünschen, woanders zu sein? Wir sitzen am Schreibtisch und wünschen uns in die Karibik, doch das ist nichts als Illusion. Selbst wenn man krank im Bett liegt, hilft es, die momentane Situation anzunehmen und Ja dazu zu sagen. Wenn ich zu etwas Ja sage, halte ich es nicht mehr fest. Denn was ich akzeptiere, das lasse ich los, und so steht es auch der Krankheit frei zu gehen!

Ganz im Hier und Jetzt zu sein ist eine effektive Art der Meditation ohne viel Aufwand. Sagen oder denken Sie sich einfach beim Abwaschen: »Ich wasche jetzt ab und tue nichts anderes. Jetzt wasche ich den Teller ab und jetzt die Gabel.« Auf diese Weise können Sie das Fokussieren üben und sich dabei gleichzeitig entspannen. Fokussiert sein bedeutet, konzentriert und auf das jeweilige »Problem« gerichtet zu sein. Ich tue das, was ich jetzt tue, bei vollem Bewusstsein und nicht wie im Traum. Ich lasse mich dabei nicht ständig ablenken und bin somit hundertprozentig bei meiner Arbeit. So lassen sich die Aufgaben der Reihe nach erledigen.

Können Sie sich an Zustände erinnern, die Ihre volle Aufmerksamkeit hatten? Etwa, als Sie im Kino saßen, voll in den Film abgetaucht waren und um sich herum Raum und Zeit vergaßen? Dieser Zustand des »Abtauchens« (auch Floating genannt) ist ein sicheres Zeichen für die volle Präsenz im Hier und Jetzt. Wenn man ein Instrument spielt oder singt, wenn man tanzt und wenn man liebt, wenn man ein Buch liest und dabei Raum und Zeit vergisst, wenn man eine Rede hält oder wenn man ein Bild malt, dann ist man – die entsprechende Hingabe vorausgesetzt – voll und ganz im Hier und Jetzt.

Fragen Sie sich bei jedem »Wenn«-Satz:
- Ist er pure Illusion?
- Oder ist er machbar?

Zusammengefasst:
- Kontrollieren Sie Ihre Gedanken und unterscheiden Sie dabei zwischen Realität und Tagträumerei.
- Fragen Sie sich bei jedem Gedanken: Ist er Realität oder handelt es sich nur um meine Vorstellung?
- Gedankenkontrolle bedeutet auch: Ist das, was ich denke, auch das, was ist?
- Verabschieden Sie sich von unerfüllbaren Träumen! Dann erst ist Platz für Neues.
- Lassen Sie bei Wünschen Vorsicht walten! Sie könnten in Erfüllung gehen.
- Jeder muss sich seine Wünsche selbst erfüllen, dafür etwas tun und auch auf etwas verzichten.
- Verabschieden Sie sich von der »Lotto-Mentalität« und werden Sie selbst konkret tätig!
- Lassen Sie die Opferrolle hinter sich! Handeln Sie jetzt!
- Formulieren Sie Ihre Visionen! Wie sieht der erste Schritt in diese Richtung aus? Gehen Sie ihn noch heute!
- Konzentrieren Sie sich auf das, was ist, und trauern Sie nicht dem nach, was war. Denn was vorbei ist, ist vorbei.

- Die einzige Realität ist jetzt, genau in diesem Moment.
- Hier und jetzt spielt die Musik. Sie werden nie mehr jünger sein als genau heute. Also genießen Sie diesen Moment bewusst!

Das Sieben-Wochen-Programm

Sieben Wochen mal sieben Tage ergibt 49 Tipps, die Sie sofort und ohne großen Aufwand umsetzen können. Das Sieben-Wochen-Programm können Sie auch jederzeit wiederholen. Alles, was Sie dazu brauchen, ist ein Stift und Papier. Vielleicht ein Heft oder ein Tagebuch? Darin können Sie sowohl die nachfolgenden Übungen als auch Ihre ganz persönlichen Notizen festhalten.

1. Woche: Weg mit allem, was zu viel ist!

In dieser Woche ist Ihr Privatleben dran. Misten Sie Ihr Leben rigoros aus! Fragen Sie sich bei jeder Aktivität: Stärkt oder schwächt sie mich? Ist mir das, was ich tue, auch wirklich wichtig? Lohnt sich der Aufwand oder vergeude ich meine kostbare Zeit? Es ist an der Zeit, Prioritäten im täglichen Leben zu setzen und alten Ballast loszulassen.

1. Montag
Der Tag des Entrümpelns

Als Einstieg ins mentale Entrümpeln beginnen Sie in Ihrer unmittelbaren Umgebung.

- Entrümpeln Sie Ihren Wohnzimmerschrank nach der Drei-Kisten-Methode:
  - In die erste Kiste kommt der Müll. Dazu gehört alles, was angeschlagen, defekt, schäbig ist. Wie lange hatten Sie dieses Teil schon nicht mehr in der Hand? Dann weg damit!
  - In die zweite Kiste kommen Dinge, die noch ein anderer gebrauchen könnte. Sie müssen aber vollkommen in Ordnung sein. Diese Kiste kann man auch auf dem Flohmarkt verkaufen oder an Menschen verschenken, die sie brauchen.
  - Die dritte Kiste ist Ihre ganz persönliche Schatzkiste. Dort hinein kommen die Schätze, die Ihnen beim Entrümpeln begegnen. Vielleicht eine Urlaubserinnerung? Die Kinderzeichnungen, die schon seit Jahren an der Wand hängen?
- Nach dieser Aktion haben Sie sich eine Pause verdient. Tun Sie sich selbst etwas Gutes! Vielleicht kaufen Sie sich einen Blumenstrauß oder gehen Kaffee trinken?

2. Dienstag
Der Tag der Bilanz

- Was haben Sie heute alles getan? Listen Sie jede Aktivität auf.

- Stufen Sie jeden Punkt als unverzichtbar (+), verzichtbar (-) oder mit Fragezeichen (?) ein.
- Notieren Sie bei jedem Punkt den ungefähren Zeitaufwand!
- Zählen Sie die »verzichtbaren« Minuten zusammen! Das ließe sich also rein theoretisch an Zeit gewinnen, die Sie für sich selbst nutzen könnten.
- Sie wünschen sich mehr Freiraum und mehr Lebensqualität? Dann streichen Sie einiges aus Ihrer Liste und aus Ihrem Leben und setzen Sie Prioritäten!
- Trösten Sie sich, man kann im Leben nicht alles haben bzw. alles machen, und es muss auch nicht jeder die Eigernordwand besteigen! Gönnen Sie sich dafür jeden Tag eine halbe Stunde ganz für sich selbst!

3. Mittwoch
Fernsehfreier Mittwoch: Weg mit dem mentalen Ballast!

- Entrümpeln Sie Ihr Bücherregal und Ihre Video- bzw. DVD-Sammlung!
- Machen Sie sich eine Liste, was Sie persönlich mental »vergiftet«. Welche Gesprächsthemen, welche Filme, welche Bücher tun Ihnen nicht gut? Alles ist Energie! Auch die Dinge in Ihrem Haus! Auf welchen Schund und Schrott können Sie verzichten?
- Entschlacken Sie doch heute einmal, indem Sie einen »Fernseh-Fasten-Abend« machen! Warum erklären Sie ab heute nicht gleich jeden Mittwoch (oder einen ande-

Wenn Sie eine der vier Fragen bejahen können, dann macht diese Aktivität Sinn in Ihrem Leben. Falls nicht, dann können Sie diese Position vielleicht ganz aus Ihrem Leben streichen? In diesem Fall trennen Sie sich auch von der Ausrüstung! Weg damit! Jetzt ist Platz für etwas Neues in Ihrem Leben!

2. Woche: Weniger Arbeitsstress

Bilanzieren Sie in dieser Woche Ihr Berufsleben und Ihren Haushalt. Fragen Sie sich bei all Ihren Tätigkeiten: Tut mir diese Tätigkeit gut oder schwächt sie mich langfristig? Ist das überhaupt meine Aufgabe? Kann ich sie delegieren?

8. Montag
Der Tag des Delegierens

- Hurra, es ist Montag! Freuen Sie sich auf eine interessante Arbeitswoche! Falls Ihnen Ihre Arbeit keinen Spaß macht, haben Sie mehrere Möglichkeiten: Verändern Sie Ihre Situation, kündigen Sie oder ändern Sie Ihre Einstellung zur Arbeit! Tun Sie einfach so, als hätten Sie Freude daran!
- Reduzieren Sie den Aufwand Ihrer privaten Tätigkeiten. Listen Sie die Tätigkeiten auf und streichen Sie beispielsweise unsinnige Arbeiten wie das Bügeln von Handtüchern.
- Was können Sie im Haushalt an wen delegieren?

- Machen Sie sich heute eine Liste der Dinge, die morgen zu erledigen sind, und setzen Sie das, was Sie nicht geschafft haben, auf die Liste für den nächsten Tag. Was können Sie streichen?
- Machen Sie sich am Anfang der Woche einen Übersichtsplan, in dem Ihre Termine (auch abends) eingetragen sind. Was wollen Sie streichen bzw. absagen?

9. Dienstag
Der Tag des Entrümpelns

- Heute ist Ihr Schreibtisch an der Reihe! Räumen Sie alles, was darauf liegt, auf den Boden und genießen Sie den Anblick der leeren Arbeitsfläche. Dann nehmen Sie sich jedes Schriftstück vor und legen es auf einen der vier Stapel:
  - Wegwerfen.
  - Ablegen und in Ordnern abheften.
  - Delegieren oder weiterleiten. Falls Sie allein arbeiten, kommt es auf den nächsten Stapel.
  - Sofort erledigen.

  Stapel Nummer zwei können Sie auch gleich noch abarbeiten, Stapel vier ebenso. Nun dürfte Ihr Schreibtisch so gut wie leer sein! Und so sollte er jeden Abend aussehen!
- Gratulation, Sie haben viel geleistet! Gönnen Sie sich eine ganz besondere Belohnung!

10. Mittwoch
Der Tag der Bilanz

- Wer oder welche Aufgabe stresst Sie am meisten?
- Wofür würden Sie sich gern mehr Zeit nehmen?
- Durchdenken Sie den morgigen Tag und machen Sie sich am Ende des Arbeitstages einen Plan für den nächsten Tag, der aufführt, was zu erledigen ist, wer angerufen werden muss etc.
  Dann gehen Sie ruhiger in den Feierabend!
- Machen Sie eine Liste Ihrer Tätigkeiten (im Haus oder bei der Arbeit).
  Fragen Sie sich bei jedem Punkt:
  - Gehört das wirklich zu meinem Job?
  - Oder ist das gar nicht meine Aufgabe?
  - Was kann ich an wen delegieren? – Und wie sieht der erste Schritt aus?

11. Donnerstag
Der Tag der Visionen

Machen Sie eine Bestandsaufnahme Ihres beruflichen Ist-Zustands und entwickeln Sie eine realisierbare Vision!

- Schreiben Sie eine Arbeitsplatzbeschreibung.
- Wo wollen Sie in einem Jahr sein?
- Und wo in fünf Jahren?
- Formulieren Sie Ihre Visionen! Was wollen Sie beruflich im Leben erreichen? Wie würden Sie sich fühlen, wenn Sie dort angekommen wären? Versuchen Sie diesem Gefühl nachzuspüren!

- Kaufen Sie sich heute noch ein Buch, das Sie in Ihrem Ziel unterstützen könnte! Und beschaffen Sie sich gleich noch ein zweites Buch, vielleicht einen Krimi, und zwar nur zu Unterhaltungszwecken!

12. Freitag
Der Tag des Gesprächs

- Konzentrieren Sie sich heute bewusst auf die Gespräche in Ihrer Umgebung! Fragen Sie sich bei jedem Gespräch, ob Sie daran teilnehmen oder nur zuhören möchten.
- Entziehen Sie sich dem kollektiven Jammern und dem »Endlich ist Freitag«-Jubel.
- Ziehen Sie eine Bilanz Ihrer Woche: Welche Tätigkeiten könnten Sie ganz streichen, und was könnten Sie in der nächsten Woche besser machen?

13. Samstag
Der Tag ohne Freundschaftsdienste

- In welche Fallen sind Sie in dieser Woche wieder getappt?
- Falls am Wochenende Freundschaftsdienste warten, so überdenken Sie diese für die Zukunft. Berechnen Sie den Zeit- und Geldfaktor und sagen Sie gegebenenfalls nein. Aber falls Sie es doch tun, tun Sie es von Herzen!
- Unternehmen Sie heute etwas, das Sie schon immer mal tun wollten, aber noch nie getan haben. Vielleicht eine Stadt in Ihrer Nähe besichtigen? Eine Ausstellung besuchen? Rodeln gehen?

14. Sonntag
Der Tag ohne Informationsstress

- Haben Sie zu Hause Zeitschriften, die Sie eigentlich nie lesen? Dann kündigen Sie das Abo!
- Welches Thema interessiert Sie wirklich? Auch wenn es mit Ihrer Arbeit nichts zu tun hat: Kaufen Sie sich dazu ein Buch oder bilden Sie sich weiter! Sonntag ist ein Tag, an dem man sich selbst etwas Gutes tun sollte! Pflegen Sie Ihre Interessen!

3. Woche: Weg mit den Nervensägen!

Nehmen Sie die Menschen, die Ihr Leben begleiten, unter die Lupe und fragen Sie sich bei jedem: Stärkt oder schwächt er mich? Bereichert er mein Leben? Begegnen Sie Ihren Mitmenschen bewusster. Schätzen und pflegen Sie die Menschen, die Ihnen wirklich etwas bedeuten!

15. Montag
Der Tag des Entrümpelns

- Sortieren Sie heute alle Menschen aus Ihren Adresskarteien, Ihrem Telefon- und Handyspeicher aus, mit denen Sie in Zukunft nicht mehr verkehren wollen. Auf wen könnten Sie in Zukunft gut und gern verzichten?
- Entrümpeln Sie Brief- und Handtasche und werfen Sie alte Visitenkarten weg!
- Es gibt sicher eine Person in Ihrem Leben, die Sie ver-

nachlässigt und lange nicht angerufen haben. Holen Sie das heute nach! Oder schreiben Sie ihr wenigstens eine Karte!

16. Dienstag
Der Tag der Bilanz

- Listen Sie alle Menschen auf, die Ihr Leben begleiten oder die Sie noch gedanklich beschäftigen, und sortieren Sie sie entsprechend der Beziehung, die Sie zu ihnen haben. Sind es Familienangehörige, Freunde, Bekannte, flüchtige Bekannte, Menschen aus Ihrem früheren Leben, Kunden, Geschäftsfreunde?
- Wer ist hiervon wesentlich in Ihrem Leben? Wer unterstützt Sie und Ihre Ziele wirklich? Machen Sie eine Liste Ihrer persönlichen VIPs!
- Falls Ihnen hier »Vampire« begegnen, sortieren Sie diese wieder aus.
- Überlegen Sie sich bei denjenigen, die Sie nicht aus Ihrem Leben streichen können, wie Sie Ihre Einstellung zu ihnen verändern könnten.
- Haben Sie heute schon einem nahe stehenden Menschen etwas Nettes gesagt? Dass Sie ihn schätzen, mögen oder lieben, sich auf ihn freuen, ihn vermissen? Oder Sie platzieren einfach »nur« ein kleines Kompliment am Rande. Ihnen fällt nichts ein? Versuchen Sie es mal!

17. Mittwoch
Der Tag der geschäftlichen Kontakte

- Schreiben Sie zwei Listen: Auf der ersten stehen die Kunden und Geschäftspartner, zu denen Sie einen sehr guten Kontakt haben. Auf der zweiten diejenigen, auf die Sie lieber verzichten würden.
- Lassen Sie die nervenden Kunden ziehen, indem Sie auf einen Zettel den Namen schreiben und ein Transformationsritual durchführen. Wenn nichts Altes geht, kann nämlich nichts Neues kommen! Das heißt umgekehrt auch, dass eine neue Person in Ihr Leben tritt, wenn eine alte geht. Und das betrifft Kunden, Freunde und Partner gleichermaßen!
- Stellen Sie sich für die Zukunft vor, nur noch von zahlungsfähigen, netten Kunden umgeben zu sein.
- Machen Sie heute einmal einem Ihrer Kollegen, Mitarbeiter, Nachbarn ein kleines Kompliment – und meinen Sie es ernst!
- Verschicken Sie an einen guten Kunden oder Geschäftspartner einen Blumenstrauß mit Dank für die gute Zusammenarbeit!

18. Donnerstag
Der Tag der alten Beziehungen

Eine neue Beziehung ist schlecht möglich, wenn die alte nicht geachtet wurde! Falls Sie im Außen schon von Ihrem Partner getrennt sind, sich aber innerlich noch nicht ganz lösen konnten, führen Sie ab und zu folgendes Ritual durch:

- Was hat Ihnen Ihr Ex-Partner an guten Impulsen und Erinnerungen hinterlassen? Würdigen Sie es, auch wenn es schmerzhaft sein sollte (sich an Negatives zu erinnern wäre weitaus leichter)!
- Schreiben Sie auf einen Zettel eine Dankesliste: »Ich danke dir für die schönen Reisen, dafür, dass du mir das Segeln beigebracht hast …« Transformieren Sie diesen Zettel, indem Sie ihn verbrennen oder zum Schiffchen falten und an einem Bach aussetzen.

19. Freitag
Der Tag der Stärkung

Welches Verhältnis haben Sie zu Ihrer Verwandtschaft? Wer aus Ihrer Umgebung stärkt oder schwächt Sie in Ihrer persönlichen Entwicklung?

- Distanzieren Sie sich innerlich von Gejammer und Klatsch über andere sowie von denjenigen, die Ihre Entwicklung bremsen oder alles nur negativ betrachten.
- Beschäftigen Sie sich mit der Familie, aus der Sie stammen! Legen Sie beispielsweise einen Stammbaum an.
- Sehen Sie sich zusammen mit Ihren Kindern alte Fotoalben an und erzählen Sie ihnen Geschichten aus Ihrer Familie.
- Welche Menschen sind wesentlich in Ihrem Leben? Wen würden Sie einen Freund, wen einen Bekannten nennen?

- Gehen Sie heute Abend mit guten Freunden essen.
- Kaufen Sie sich eine Biografie eines Menschen, der Sie fasziniert, und lesen Sie sie.
- Planen Sie für den Sonntag einen Familienbesuch und melden Sie sich bei den Verwandten an!

20. Samstag
Der Tag des Partners

Dieser Tag gehört Ihrem Privatleben. Verbringen Sie zumindest den Abend mit Ihrem Partner!

- Sagen Sie Nein, wenn Sie abends zu einer gesellschaftlichen Verpflichtung eingeladen werden, zu der Sie nur widerwillig hingehen!
- Unternehmen Sie etwas mit Ihrem Partner! Es muss ja nicht gerade ein Fernsehabend dabei herauskommen!
- Sagen Sie Ihrem Partner, was Sie an ihm schätzen!

21. Sonntag
Der Tag der rosaroten Brille

- Versuchen Sie heute mal, Ihren Partner und Ihre Kinder weder zu kritisieren noch an ihnen herumzunörgeln. Nehmen Sie das, was ist und wie es ist, und lassen Sie sich nicht auf Streit ein.
- Heute statten Sie den geplanten Familienbesuch ab. Um ihn so angenehm wie möglich zu machen, begrenzen Sie ihn zeitlich und tun Sie das vorher kund!
- Vergessen und vergeben Sie dabei alte Streitereien und begraben Sie das Kriegsbeil!

4. Woche: Weg mit dem »Halbherzigen«!

Im Umgang mit Halbfertigem gibt es nur zwei Möglichkeiten: Entweder Sie bringen es sofort zu Ende, oder Sie stehen dazu, dass Sie es nie beenden werden. Dann haken Sie es für alle Zeiten ab!

22. Montag
Der Tag der Bestandsaufnahme

Gehen Sie Ihr Haus, Ihren Schreibtisch und Ihre Schränke durch. Machen Sie eine Liste:

- Was ist halb fertig in Ihrem Haus? Sind noch immer einige Lampen nicht aufgehängt? Liegt Angefangenes auf Ihrem Schreibtisch herum? Wälzen Sie nicht zu Ende Gedachtes in Ihrem Kopf? Geistert noch Halblebiges auf der Beziehungsebene herum?
- Wie würden Sie sich fühlen, wenn Sie die Dinge zu Ende bringen würden?
- Teilen Sie all das in zwei Stapel auf: Der eine wird gleich entsorgt und der andere sofort erledigt!

23. Dienstag
Der Tag des Entrümpelns

- Entrümpeln Sie Ihren Kühlschrank und Ihre Speisekammer. Was ist seit längerem angebrochen und noch immer nicht aufgebraucht? Werfen Sie es weg und kaufen Sie in Zukunft kleinere Packungen ein, um solche Reste zu vermeiden.

- Kochen Sie heute Abend etwas Schönes. Kaufen Sie ein nach dem Motto: Qualität vor Quantität! Es darf also lieber etwas weniger vom Besseren sein, dann bleibt auch nicht so viel übrig!

24. Mittwoch
Ein Tag ohne Aufschub

- Was schieben Sie seit Wochen oder Tagen vor sich her? Listen Sie diese Aufgaben auf und beschäftigen Sie sich damit!
- Die Beschäftigung damit ist der erste Schritt zur Lösung. Ignorieren bringt gar nichts.
- Machen Sie sich heute eine Liste mit den Tätigkeiten, die Sie morgen zu erledigen haben. Berücksichtigen Sie die richtige Reihenfolge je nach Dringlichkeit, und schreiben Sie den geschätzten Zeitaufwand dazu!

25. Donnerstag
Heute mal eines nach dem andern!

- Halten Sie sich heute an die Liste, die Sie gestern gemacht haben! Beginnen Sie mit Punkt eins und arbeiten Sie sich der Reihenfolge nach durch!
- Lassen Sie sich dabei nicht unterbrechen und bringen Sie alles zu einem Ende!
- Erledigen Sie nicht zwei oder mehr Dinge parallel! Lassen Sie sich nicht ablenken!

26. Freitag
Der Tag der beruflichen Bilanz

- Listen Sie die beruflichen Tätigkeiten auf, die Sie meist nur halb erledigen, vielleicht auch nicht so gut können, nicht gern oder schlampig machen.
- Welche können Sie an Kollegen delegieren oder an freie Mitarbeiter vergeben?
- Von welchen Aufgaben können Sie sich ganz trennen?
- Falls Sie eine Aufgabe nicht loswerden, ändern Sie Ihre Einstellung dazu! Tun Sie so, als ob sie Ihnen Spaß machen würde!
- Was würden Sie gern Neues tun?
- Welche anderen Aufgaben, die bisher außerhalb Ihres Tätigkeitsbereichs liegen, würden Sie gern zum Teil Ihrer Arbeit machen?

27. Samstag
Der Tag der Klärung

- Welche unausgesprochenen Konflikte schwelen bei Ihnen? Welche Beziehungsprobleme sind unerledigt?
- Welche zwischenmenschlichen Dinge haben Sie noch zu klären? Stehen Entschuldigungen aus?
- Wie würden Sie sich fühlen, wenn diese Dinge erledigt wären?
- Wie könnte eine Klärung aussehen? Überlegen Sie sich Ihr Vorgehen! Und unternehmen Sie etwas!
- Machen Sie den ersten Schritt innerhalb der nächsten 48 Stunden!

28. Sonntag
Der Tag der Leidenschaften

- Finden Sie Ihre Leidenschaft! Machen Sie sich eine Liste zu folgenden Fragen:
  - Was wollte ich als Kind immer werden? – Worin gehe ich ganz auf?
  - Wobei vergesse ich Raum und Zeit?
- Führen Sie bewusst diese Momente herbei!
- Gönnen Sie sich heute Abend etwas, das Sie leidenschaftlich gern tun!

5. Woche: Weniger Sorgen, Ängste und Probleme

Fragen Sie sich bei jedem Problem: Ist es überhaupt ein Problem? Ist es *mein* Problem? Lässt es sich lösen und wie? Fragen Sie sich bei jedem Gedanken: Soll dieser Gedanke meine Zukunft bestimmen?

29. Montag
Ein Tag ohne Sorgen

Wer sich viel sorgt, der sammelt und hortet auch oft viel und sucht Sicherheit in den Dingen, mit denen er sich umgibt.

- Räumen Sie heute Ihren Keller auf und entsorgen Sie alles Alte, Schäbige und lange nicht mehr Gebrauchte!
- Listen Sie Ihre Sorgen auf und fragen Sie sich bei jeder:

Ist sie real? Ist sie akut? Was kann mir wirklich passieren? Sie werden sehen, schon allein beim Aufschreiben erledigt sich manches von allein.

- Schreiben Sie eine Sorge, von der Sie sich trennen wollen, auf ein Blatt Papier und transformieren Sie sie. Wie immer es Ihnen gefällt: Übergeben Sie Ihre spezielle Sorge dem Feuer, der Luft, dem Wasser oder der Erde.

30. Dienstag
Der Tag der Probleme

- Nehmen Sie sich eine halbe Stunde Zeit und listen Sie Ihre Probleme auf. Das Aufschreiben hilft auch hier. Fragen Sie sich danach bei jedem Problem:
  - Ist es überhaupt ein Problem? – Ist es *mein* Problem?
  - Lässt es sich lösen? Und wie sieht der erste Schritt in diese Richtung aus?
  - Zünden Sie für ein ganz spezielles Problem eine Kerze an und sagen Sie zu ihm: »Du kannst gern bleiben, hier ist auch noch Platz für dich. Aber du darfst dich auch gern mit dem Rauch verbinden und auflösen!«

31. Mittwoch
Der erste Tag der Angst

- Listen Sie Ihre Ängste auf in der Reihenfolge der Bedrohlichkeit. Betrachten Sie jede einzeln und fragen Sie sich:
  - Wobei bremst du mich?
  - Was bringst du mir an Vorteilen?
  - Was kann mir mit dir schlimmstenfalls passieren?

- Lachen entspannt und hilft, nicht nur gegen Ängste. Überlegen Sie, was Sie zum Lachen bringen könnte. Gibt es einen Film, der das schafft? Dann kaufen Sie sich das Video und legen Sie es griffbereit in die Nähe des Fernsehers.
- Ihr heutiger Abend sollte lustig werden. Lassen Sie sich etwas einfallen! Und laden Sie Freunde dazu, damit Sie nicht allein lachen müssen!

32. Donnerstag
Der zweite Tag der Angst

Nehmen Sie sich heute eine ganz spezielle Angst vor.

- Könnten Sie sich vorstellen, sich zu überwinden und etwas dagegen zu tun? Vielleicht haben Sie Angst, sich bei Ihrem Nachbarn zu beschweren? Dann klingeln Sie noch heute bei ihm und machen ihn freundlich, aber bestimmt auf die Lärmbelästigung aufmerksam. Vielleicht haben Sie Höhenangst? Dann steigen Sie doch mal auf den Kirchturm. Sie fürchten Wasser? Dann belegen Sie endlich einen Schwimmkurs.
- Suchen Sie sich langfristig Ihre ganz persönliche Entspannungstechnik! Gehen Sie spazieren, schwimmen oder meditieren Sie! Melden Sie sich zu einem Yoga- oder Qi-Gong-Kurs an! Falls das nichts für Sie ist, probieren Sie etwas anderes aus, das Ihrer Meinung nach zur Entspannung von Seele, Geist und Körper beitragen kann.

33. Freitag
Ein Tag der Entscheidung

Bei welchen Gelegenheiten haben Sie Probleme, sich zu entscheiden? Im Restaurant, wenn es um die Bestellung des Essens geht? Beim Einkaufen? Im Beruf?

- Listen Sie diese Gelegenheiten auf.
- Gehen Sie jeden einzelnen Punkt durch und schreiben Sie dazu, welche Möglichkeiten der Entscheidung es hier gäbe.
- Wie würden Sie intuitiv entscheiden? Die größte Hilfe bei Entscheidungen ist die eigene Intuition. Schauen Sie sich diese einmal genauer an. Wo hören Sie bisher (erfolgreich) auf sie?
- Pflegen Sie heute ganz bewusst Ihre Intuition, indem Sie Ihre Sinne schulen! Schmecken Sie die Speisen auf Ihrer Zunge, riechen Sie an Blumen, betrachten Sie ein Bild, lauschen Sie den Vögeln und fühlen Sie den Wind auf Ihrer Haut! Versuchen Sie, beim Telefonklingeln zu erspüren, wer gerade anrufen könnte.

34. Samstag
Der Tag ohne Ärger

Heute ist Wochenende! Diese Zeit ist viel zu schade, um sich zu ärgern! Die restliche Woche übrigens auch.

- Worüber oder über wen ärgern Sie sich? Wie fühlt sich dieses Gefühl an?
- Machen Sie es sich bewusst: Der Ärger ist Ihr ganz persönliches Gefühl! Nicht der andere ärgert Sie, sondern

Sie entscheiden sich dafür, sich ärgern zu lassen! Also können Sie auch beschließen, sich nicht mehr zu ärgern!

- Wie würden Sie sich ohne Ärger fühlen? Was würde Ihnen fehlen?
- Falls der Ärger wieder auftaucht, erlauben Sie ihm, fünf Minuten zu bleiben!
- Wer oder was beglückt Sie wirklich? Worüber können Sie sich von Herzen freuen?
- Gönnen Sie sich heute einen Moment oder am besten einen Abend der Freude! Sie finden sicher etwas, über das Sie sich wirklich freuen können.

35. Sonntag
Ein Tag für Neues

Heute ist der Tag, um etwas zu tun, das Sie noch nie getan haben! Es sollte etwas sein, das Sie genießen können und das Ihnen Spaß macht! Es muss nicht mit viel Aufwand verbunden sein und braucht auch nichts zu kosten! Wie wäre es mit einem Picknick? Einer Nachtwanderung mit Ihren Kindern? Egal, was es ist, Ihnen fällt sicher etwas mehr oder weniger Verrücktes ein, das Sie schon immer tun wollten!

6. Woche: Weg mit den Selbstblockaden und Eigentoren!

Nicht so sehr die anderen, sondern vielmehr wir selbst legen uns Steine in den Weg. Erkennen Sie Ihre Blockaden und entfernen Sie diese aus Ihrem Leben! Stellen Sie sich zwischendurch immer wieder folgende Fragen: Wer oder was blockiert mich? Blockiere ich mich mal wieder selbst? Wie kann ich mich selbst stärken? Wer oder was kann mich bei meinem Vorhaben unterstützen?

36. Montag
Der Tag der uralten Strickmuster

- Machen Sie sich eine Liste all Ihrer Verhaltensmuster, Einstellungen, Vorurteile und Überzeugungen und fragen Sie sich bei jedem einzelnen Punkt: Bringt mich dieses Muster weiter oder blockiert es mich?
- Wählen Sie eine solche blockierende Einstellung aus, schreiben Sie sie auf einen Zettel und transformieren Sie sie mit Hilfe von Wasser oder Feuer.
- Setzen Sie an ihre Stelle Ihren ganz persönlichen, neuen Glaubenssatz, der in der nächsten Zeit Ihr Leben bestimmen soll! Beispielsweise: »Ich bin voller Ideen und Energie und habe alles, um ein glückliches Leben zu führen.«
- Schreiben Sie diesen Glaubenssatz auf einen Zettel und hängen Sie ihn gut sichtbar an die Wand!

37. Dienstag
Der Tag des Space-Clearings

Als Einstimmung ins mentale Entrümpeln beginnen Sie in Ihrem Kleiderschrank.

- Werfen Sie die Kleidungsstücke weg, die wirklich schäbig und völlig aufgetragen sind.

- Verschenken oder geben Sie all jene Stücke in den Altkleidersack, die Ihnen nicht mehr passen, die Sie ein Jahr lang nicht getragen haben oder die Ihnen nicht mehr gefallen.
- Jetzt dürften nur noch Kleidungsstücke in Ihrem Schrank hängen, die Ihnen passen und die Sie wirklich tragen.
- Entrümpeln Sie nun auch Ihre »inneren Räume«, räumen Sie Ihr Leben auf und geben Sie den wichtigen Dingen den richtigen Stellenwert! Listen Sie Ihr mentales Gerümpel auf! Das bedeutet, sich bei jeder Aktivität, jedem Menschen, jedem Gedanken, jedem Problem, jeder Verhaltensweise, jeder Überzeugung zu fragen: »Will ich daran festhalten oder es loswerden?«
- Sortieren Sie Ihr mentales Gerümpel nach der Drei-Kisten-Methode!
- Wenn Sie im Schlafzimmer angelangt sind, überlegen Sie, wie Sie dieses noch schöner gestalten können. Denn das Schlafzimmer ist der wichtigste Raum im Haus; dort sollte es Ihnen besonders gut gehen!

38. Mittwoch
Ein Tag ohne boykottierende Gedanken

Welche Gedanken schwirren ständig in Ihrem Kopf herum?

- Halten Sie sie fest und schreiben Sie sie auf! Wollen Sie sie wirklich behalten? Falls nicht, entsorgen Sie sie in eine imaginäre rote Tonne!
- Denken Sie daran: Sie können Ihre Gedanken kontrollieren!

- Denken Sie doch einfach mal nichts oder tun Sie etwas (etwa tanzen, Sport treiben, Musik hören, malen), das die Gedanken ausschaltet.

39. Donnerstag
Der Tag der Eigenverantwortung

- Machen Sie sich eine Liste von den Blockaden in Ihrem Leben:
  - Wer oder was bremst Sie?
  - Welche Vorteile ziehen Sie daraus?
  - Wie bremsen Sie sich selbst?
  - Und wie können Sie sich selbst fördern?
- Denken Sie daran: Sie sind für sich selbst verantwortlich! Sie können so gut wie alles erreichen, wenn Sie es wirklich wollen. Denn wer könnte Sie dann noch bremsen?
- Tun Sie heute etwas für Ihr körperliches, geistiges und seelisches Wohl!

40. Freitag
Der Tag der kleinen Monster

Was flüstern Ihnen Ihre kleinen, blockierenden Monster zu? Was können Sie angeblich nicht? Was schaffen Sie nie?

- Sperren Sie die kleinen Monster ein oder schreiben Sie ihr Geplapper auf einen Zettel und verbrennen Sie ihn!
- Notieren Sie auf je einen Zettel Ihre Fähigkeiten und Kenntnisse: »Ich kann gut kochen«, »Ich kann gut verhandeln«, »Ich kann gut mit Geld umgehen«, »Ich beherrsche fünf Sprachen« etc.

- Schauen Sie sich den Berg an Zetteln an. Das ist Ihr Reichtum!
- Formulieren Sie Ihre Ziele und Visionen. Wie sieht der erste praktische Schritt in diese Richtung aus?

41. Samstag
Ein Tag ohne schlechtes Gewissen

- Wer oder was macht Ihnen ein schlechtes Gewissen? Und wodurch? Schreiben Sie die entsprechenden Auslöser oder Personen auf (»Mein Chef, weil er mich terminlich drängt«). Denken Sie aber daran: Das schlechte Gewissen entsteht letztlich in Ihnen, es ist hausgemacht!
- Enttarnen Sie Ihr schlechtes Gewissen! Was ist Fakt? Der Chef drängt! Na und?
- Sie produzieren Ihr eigenes schlechtes Gewissen, also können Sie es auch wieder abstellen!
- Stärken Sie lieber Ihren Selbstwert! Wer soll Sie lieben, wenn Sie sich nicht einmal selbst lieben?
- Heute ist Samstag. Tun Sie sich etwas Gutes. Gehen Sie in die Sauna, kaufen Sie sich ein Paar neue Schuhe, essen Sie ein Eis. Und machen Sie sich nicht schon wieder ein schlechtes Gewissen! Eis macht samstags nämlich nicht dick.

42. Sonntag
Der Tag der Entspannung

- Der Sonntag bietet Ihnen sicher Gelegenheit, Seele, Geist und Körper zu verwöhnen. Schlafen Sie lange, lesen Sie ein Buch, hören Sie Musik, unterhalten Sie sich mit netten Menschen, meditieren Sie. Tun Sie, was immer Ihnen gut tut.
- Fragen Sie sich: Was brauche ich zum Glücklichsein? Spüren Sie früheren Glücksgefühlen nach!
- Und seien Sie vor allem nett und nachsichtig mit sich selbst!

7. Woche: Weg mit den Illusionen!

Unterscheiden Sie endlich zwischen Realität und Fiktion! Schätzen Sie sich selbst und Ihre Möglichkeiten realistisch ein und erfüllen Sie sich selbst Ihre erfüllbaren Wünsche! Fragen Sie sich bei jedem »Wenn«-Satz: Ist er pure Illusion? Oder ist er machbar?

43. Montag
Der Tag der Luftschlösser

- Schreiben Sie alle »Wenn«-Sätze auf, die Ihnen im Kopf herumgehen oder die Ihnen zu Ihrem Leben einfallen (zum Beispiel: »Wenn ich mehr Zeit hätte, könnte ich mich öfter mit den Kindern beschäftigen.«).
- Betrachten Sie jeden einzelnen Satz und fragen Sie sich,

ob dieser Sachverhalt nicht vielleicht schon eingetreten ist. Bringen Sie diese Sätze in eine Wirklichkeitsform: »Ich nehme mir die Zeit, um jeden Tag zehn Minuten mit den Kindern zu spielen.«

- Schreiben Sie die Glaubenssätze, von denen Sie sich verabschieden wollen, auf je einen Zettel und transformieren Sie sie. Ob Sie dabei ein kleines Feuer machen oder aus dem Zettel ein Schiffchen falten und dieses in einem Bach aussetzen, bleibt Ihnen überlassen.
- Verabschieden Sie sich von jedem Zettel mit dem Satz: »Ich lasse dich jetzt ziehen!«
- Schauen Sie sich Ihr Leben an: Welche Wünsche haben sich bisher für Sie schon erfüllt? Betrachten Sie Ihren Reichtum!

44. Dienstag
Der Tag der Erdung

- Heute ist es an der Zeit, Ihren Speicher nach der Drei-Kisten-Methode zu entrümpeln. Der Speicher steht für die Zukunft, und daher blockiert das Gerümpel dort oben Ihre weitere Entwicklung! Falls Sie keinen Speicher haben und Ihren Keller auch bereits entrümpelt haben, nehmen Sie sich einen Raum oder Schrank vor, der es Ihrer Meinung nach nötig hat!
- Erden Sie sich mit der folgenden Meditation, die besonders für alle Meditationsanfänger und diejenigen geeignet ist, die nicht stillsitzen können. Sie ist in der freien Natur genauso wie in der Stadt oder zu Hause mach-

bar. Diese Übung bewegt und zentriert und hilft auch, wenn Entscheidungen zu treffen sind: Spüren Sie Ihre Füße auf dem Boden und gehen Sie los. Sie fühlen deutlich die Verbindung zwischen den Fußsohlen und der Erde. Jetzt richten Sie Ihre Aufmerksamkeit auf Ihren Atem. Atmen Sie ruhig und tief. Zählen Sie beim Einatmen jeweils langsam bis vier und machen Sie dabei vier Schritte. Beim Ausatmen zählen Sie wieder bis vier, ebenfalls mit vier Schritten. Achten Sie nur auf den Bodenkontakt und Ihren Atem.

45. Mittwoch
Der Tag der Opferlämmer

In welchen Bereichen fühlen Sie sich als »Opfer« der äußeren Umstände oder irgendwelcher Personen?

- Listen Sie diese auf und die Gründe, warum es Ihrer Meinung nach so gekommen ist: »Ich finde keinen Mann, denn ich hatte eine schlimme Kindheit.«
- Bemitleiden Sie sich ein letztes Mal und gehen Sie danach diese Liste wieder durch.
- Jetzt übernehmen Sie selbst die Verantwortung für Ihr Leben! Schreiben Sie hinter jeden Punkt, was Sie selbst tun können, um die Situation zu verändern! Falls keine Veränderung möglich ist, akzeptieren Sie es einfach, wie es ist, aber übernehmen Sie auch dafür die Verantwortung.
- Gehen Sie in einem ersten Schritt einen der Punkte an und handeln Sie sofort!

46. Donnerstag
Ein Tag der Wünsche

Heute haben Sie einen Wunsch frei! Welche Wünsche bestimmen Ihr Leben? Machen Sie sich eine lange Liste.

- Gehen Sie die Liste durch und checken Sie jeden einzelnen Wunsch ab: Ist er absolut illusionär (-), fragen Sie sich, ob Sie das wirklich wollen (?), oder ist es machbar (+)?
- Streichen Sie die absolut illusionären Wünsche, eventuell auch die mit dem Fragezeichen. Konzentrieren Sie sich auf die mit dem Pluszeichen versehenen Wünsche.
- Nun wählen Sie einen dieser Wünsche aus. Wie würden Sie sich fühlen, wenn er in Erfüllung ginge? Was hätten Sie davon? Worauf würden Sie für diesen Wunsch verzichten?
- Visualisieren Sie diesen Zustand und gehen Sie den ersten Schritt in diese Richtung! Machen Sie einen Plan und verfolgen Sie nur diesen einen Wunsch. Falls Sie sich ein Haus wünschen, könnten Sie noch heute einen Bausparvertrag abschließen. Falls Sie sich einen Porsche wünschen, dann legen Sie eine Sparbüchse an (und wenn es zum Porsche nicht reicht, haben Sie immerhin die Anzahlung für einen kleinen gebrauchten Wagen zusammen).

47. Freitag
Ein Tag ohne Druck

- Schreiben Sie sich alle Sätze auf, die für Sie mit »Ich sollte« beginnen.
- Fragen Sie sich bei jedem Satz, warum Sie das sollten: »Warum soll ich eigentlich mit dem Rauchen aufhören?« Falls Sie keinen guten Grund finden, streichen Sie diesen Satz aus Ihrem Leben und transformieren Sie ihn!
- Die Absichten, die Sie wirklich ernst meinen, formulieren Sie um: »Ich werde«. Und fügen Sie auch gleich noch den Zeitpunkt hinzu! »Ich werde in den nächsten drei Tagen nur noch die Hälfte essen.« Dieser Satz hat doch viel mehr Kraft als: »Ich sollte mal ein bisschen abnehmen!«
- Was wollten Sie schon lange einmal an einem Freitagabend tun? Nehmen Sie es sofort in Angriff!

48. Samstag
Der Tag der Visionen

Sehen Sie sich Ihr momentanes Leben an und fragen Sie sich:

- Was werde ich in Zukunft tun, und was werde ich lassen? Machen Sie eine Liste! Aber denken Sie daran: Ihre Ziele und Visionen sollten Ihren Fähigkeiten entsprechen. Die Zeit der Luftschlösser ist vorbei! Und Märchenprinzen, die auf Schimmeln vorbeireiten und Frauen retten, werden auch immer seltener!
- Greifen Sie sich aus Ihrer Liste einen Punkt heraus. Das ist Ihr erstes Ziel! Definieren Sie den ersten Schritt und

tun Sie ihn! Denken Sie daran: Selbst eine lange Reise beginnt immer mit dem ersten Schritt!

49. Sonntag
Ein Tag ganz im Hier und Jetzt

- Heute haben Sie frei! Das bedeutet, dass Sie heute einmal nichts tun müssen. Sie dürfen ausschlafen, Sie dürfen im Bett frühstücken. Nach den Strapazen der letzten 48 Tage haben Sie sich das auch redlich verdient.
- Genießen Sie den heutigen Tag! Wenn Sie Zeitung lesen, lesen Sie Zeitung. Wenn Sie Kaffee trinken, trinken Sie Kaffee. Wenn Sie spazieren gehen, spüren Sie den weichen Waldboden. Genießen Sie das süße Nichtstun und leben Sie ganz im Hier und Jetzt!

Zu guter Letzt: Die Seele streicheln

Die Seele ist ein empfindliches Pflänzchen, ein kostbarer Schatz. Sie zu hegen heißt, ihr nur das Beste zu gönnen und mentalen Müll von ihr fern zu halten. Wir müssen uns nicht jede Streiterei mit anhören, keiner zwingt uns, Horrorfilme anzusehen oder mit anderen mitzujammern. Konzentrieren wir uns lieber auf das Wesentliche und unser Wohlergehen!

Warum achten wir auf unsere mentale Gesundheit nicht genauso wie auf unsere häusliche Hygiene? Hier sind wir überaus penibel: Wir putzen unser Haus und halten Ordnung. Wir trennen Müll, sammeln Wertstoffe und vermeiden unnötigen Abfall schon im Vorfeld durch den Kauf von Mehrwegverpackungen. Wir entsorgen unsere Reste vorbildlich und regelmäßig. Warum übertragen wir also dieses Entsorgungssystem nicht auch auf unser Innenleben? Was spricht dagegen, unseren mentalen Ballast wöchentlich zu entsorgen, Probleme gleich zu klären und schon von vornherein darauf zu achten, dass kein potenzieller Müll in unser inneres Haus getragen wird? Die Seele zu schützen heißt, sich gegen negative Einflüsse abzugrenzen und die Tür nicht jedem zu öffnen.

Die Seele zu stärken bedeutet auch, auf mehr Qualität

anstelle von Quantität zu achten. Liebe Freunde, die wir ins Haus lassen, bewirten wir gern. Gute Gespräche mit besonderen Menschen tun der Seele ausgesprochen wohl! Aber auch Sie selbst müssen gut für sich sorgen, sich verwöhnen und auch von anderen verwöhnen lassen. Denn die Seele ist eine Genießerin! Eine schöne Umgebung erfreut sie genauso wie gute Musik, schöne Bilder und interessante Bücher. Die Seele liebt Überraschungen und die Reizung aller Sinne. Darum erfreuen Sie sie jeden Tag, indem Sie etwas Schönes tun: Tanzen Sie barfuß, verwöhnen Sie Ihren Gaumen, streicheln Sie ein Tier, betrachten Sie die Natur und lauschen Sie ihren Lauten! Die Seele braucht die Kraft der Natur, hier tankt sie auf, hier findet sie Klärung, hier ist sie an ihrer Quelle. Sie ist unendlich tief und grenzenlos, sehnt sich nach Klarheit der Gedanken und Ziele. Ein klärendes Gespräch erleichtert sie, Danken und Vergeben tun ihr unsagbar gut!

Die Seele ist zeitlos, sie kennt kein Alter, ist wissend und weise. Wie ein verspieltes Kind braucht sie Leichtigkeit und Lachen! Und ab und zu Stille, sei es auch nur für wenige Minuten. Zünden Sie ihr auch immer wieder ein inneres Feuer an: Ihre Seele verlangt es nach Wärme – denn ohne Liebe würde sie erfrieren.

Literatur

Arias, Juan: Bekenntnisse eines Suchenden. Juan Arias im Gespräch mit Paulo Coelho, Zürich: Diogenes 2001

Bamberger, Günter G.: *Lösungsorientierte Beratung,* Weinheim: Beetz 2001

Birkenbihl, Vera F.: Das 30-*Tage-Trainingsprogramm Kommunikation und Rhetorik,* Kreuzlingen/München: Hugendubel 2003

Boerner, Moritz: *Byron Katies The Work. Der einfache Weg zum befreiten Leben,* München: Goldmann 1999

Carlson, Richard: *Don't sweat the small stuff at work,* New York: Hyperion 1998

Chen, Chao-Hsiu: *Lächelnde List. 3 x 36 Erfolgs-Strategeme aus dem alten China,* Kreuzlingen/München: Hugendubel 2001

Dahlke, Ruediger, Baldur Preiml und Franz Mühlbauer: *Die Säulen der Gesundheit. Körperintelligenz durch Bewegung, Ernährung und Entspannung,* München: Goldmann 2001

Dalai Lama: *Vision des Herzens. Wieso ich die Zukunft optimistisch sehe,* Freiburg/Basel/Wien: Herder 1999

Fischer, Theo: *Wu wei. Die Lebenskunst des* Tao, Hamburg: Rowohlt 1992

Fischer-Rizzi, Susanne: *Botschaft an den Himmel. Anwendung, Wirkung und Geschichten von duftendem Räucherwerk,* München: Hugendubel 1996

Gawain, Shakti: *Meditationen im Licht. Neue Meditationen und Übungen zur kreativen Visualisierung,* München: Heyne 1992

Gladwell, Malcolm: *Der Tipping Point. Wie kleine Dinge Großes bewirken können,* Berlin: Berlin 2000

Gibran, Khalil: *Der Prophet,* Düsseldorf/Zürich: Walter 2001

Guderian, Claudia: *Arbeitsblockaden erfolgreich überwinden,* München: Kösel 2003

Kingston, Karen: *Heilige Orte erschaffen mit Feng Shui. Ein Anleitungsbuch,* München: Econ 2000

Küstenmacher, Werner Tiki, und Lothar J. Seiwert: *Simplify your* life. *Einfacher und glücklicher leben,* Frankfurt/New York: Campus 2001

Laotse: *Tao Te King. Das Buch vom Sinn und Leben,* übersetzt und mit einem Kommentar von Richard Wilhelm versehen, München: Diederichs 1998

Li, Christine, und Ulja Krautwald: *Der Weg der Kaiserin. Wie Frauen die alten chinesischen Geheimnisse weiblicher Lust und Macht für sich entdecken,* Bern/München/Wien: Scherz 2000

Linn, Denise: *Die Magie des Wohnens. Ihr Zuhause als Ort der Kraft, der Kreativität und der Zuflucht,* München: Goldmann 1996

Müller, Gabriele, und Kay Hoffman: *Systemisches Coaching. Handbuch für die Beraterpraxis,* Heidelberg: Carl-Auer-Systeme 2002

Osho: *Das Buch vom Ego. Von der Illusion des Ichs zur Freiheit des Seins,* München: Heyne 2000

Pohle, Rita: *Lebensräume gestalten mit Feng Shui,* München: Hugendubel 1998

Pohle, Rita: *Weg damit! Entrümpeln befreit,* Kreuzlingen/München: Hugendubel 2001

Pohle, Rita: Weg *damit! Business ohne Ballast,* Kreuzlingen/München: Hugendubel 2002

Roberts, Monty: *Das Wissen der Pferde und was wir Menschen von ihnen lernen können,* Bergisch Gladbach: Lübbe 2000

Russell-Hochschild, Arlie: *Keine Zeit. Wenn die Firma zum Zuhause wird und zu Hause nur Arbeit wartet,* Opladen: Leske + Budrich 2002

Seneca: *Vom glücklichen Leben,* Frankfurt am Main/Leipzig: Insel 1992

Sheldrake, Rupert: *Das Gedächtnis der Natur. Das Geheimnis der Entstehung der Formen in der Natur,* Bern/München/Wien: Scherz 1996

Tarnas, Richard: *Idee und Leidenschaft. Die Wege des westlichen Denkens,* Frankfurt am Main: Zweitausendeins 1997

Thich Nhat Hanh: *Die Sonne, mein Herz. Wie Glück entsteht,* Freiburg/Basel/Wien: Herder 1997

Über die Autorin

Rita Pohle, Dr. phil., M.A., Industrial Designerin HdK, studierte zunächst Germanistik und Politologie an der Freien Universität Berlin, dann Industrial Design an der Hochschule der Künste Berlin. Sie lebt in Stuttgart und arbeitet selbstständig als Interior und Industrial Designerin, seit 1996 im eigenen Büro »design & consulting«.

Als Designerin gestaltet sie Arztpraxen, Ladengeschäfte, Geschäfts- und Privaträume nach den Prinzipien des chinesischen Feng Shui. Darüber hinaus berät sie Firmen und Privatleute in Gestaltungs- und Konzeptionsfragen und unterstützt durch lösungsorientiertes Coaching. Sie hält Vorträge und veranstaltet Seminare zu den Themen Feng Shui, Space-Clearing und Selbstmanagement.

design & consulting
Dr. Rita Pohle
Heumadener Straße 11 ·D-70329 Stuttgart
Tel. 07 11/42 57 28 · Fax 07 11/42.57 15
pohledesign@compuserve.com
www.spaceclearing.de
www.fengshuidesign.de

Register

Das Leben lieben lernen

David Richo
Wie die Seele erwachsen wird
Lieben lernen
Grenzen setzen
Innerlich reifen

191 Seiten, gebunden mit Schutzumschlag
ISBN-10: 3-7205-2657-7
ISBN-13: 978-3-7205-2657-9

Wie die Seele erwachsen wird ist ein erfolgreicher Klassiker der amerikanischen Lebenshilfe-Literatur. David Richo fragt in diesem Buch danach, was es eigentlich heißt, erwachsen zu sein. Dieses ungewöhnlich dichte und erhellende Handbuch hilft allen, die innerlich reifen und lernen möchten, sich selbst, die Mitmenschen und das Leben zu lieben. Es ist eine spannende Wegbeschreibung zum Kern des eigenen Selbst, die tiefe Einsichten und praktische Lebenshilfe gekonnt miteinander verknüpft.

ARISTON